天臺文化

从声音到文学，分享人类情谊

日本风物记

之美 物哀

物の哀れ
日本風物誌

葛维樱 吴丽玮 —— 等著

天地出版社 | TIANDI PRESS

总　序

杂志的极限何在?

这个问题没有标准答案,需要不断拓展边界。

中国传统媒体快速发展20余年,随着互联网和移动互联网时代的到来,尤其是智能手机的普及,新媒体应运而生,使传统媒体面临转型及与新媒体融合的挑战。这个时候,传统媒体《三联生活周刊》需要检视自己的核心竞争力,同时还要研究如何保持生命力。

这本杂志的极限其实也是"他"的日常,是记者完成90%以上的内容生产。这有多不易,我们的同行,现在与未来,都可各自掂量。

这些日益成熟的创造力,下一个有待突破的边界在哪里?

新的方向,从两个方面展开:

其一,《三联生活周刊》作为杂志,能够对自己所处的时代提出什么样的真问题?

有文化属性与思想含量的杂志,其重要的价值是"他"的时代感与问题意识。在此导向之下,记者将他们各自寻找的答案,创造出一篇一篇的文章,刊发于杂志上。

其二,杂志设立什么样的标准来选择记者创造的内容?

杂志刊发是一个结果,也是这个过程的指向,《三联生活周刊》期待那些被生产出来的内容,能够被称为知识。以此而论,文章发表在杂志上不是终点，这些文章能否发展成一本一本的书籍，才是检验。新的极限在此！挑战在此！

书籍才是杂志记者内容生产的归宿，这源自《三联生活周刊》的一次自我发现。2005年，《三联生活周刊》的抗战胜利系列报道获得广泛关注。我们发现《三联生活周刊》所擅长的不是刊发的速度，而是内容的深度。这本杂志的基因是学术与出版，而非传媒。速度与深度是两条不同的赛道，深度追求，最终必将导向知识的生产。当然，这不是一个自发的结果，而是意识与使命的自我建构，以及持之以恒的努力。

生产知识，对于一本有着学术基因，同时内容主要由自己记者创造的杂志来说，似乎自然。我们需要建立一套有效率的杂志内容选择、编辑的出版转换系统。但是，新媒体来临，杂志正在发生蜕变与升级。"他"能够持续并匹配这个新时代吗？

我们的"中读"APP，选择在内容的轨道上升级，研发出第一款音频产品——"我们为什么爱宋朝"。这是一条由杂志封面故事、图书、音频节目，再结集成书、视频的系列产品链，也是一条艰难的创新道路，所幸，我们走通了。此后，我们的音频课，基本遵循音频—图书联合产品的生产之道。很显然，所谓新媒体，不会也不应当拒绝升级的内容。由此，杂志自身的发展与演化，自然而协调地延伸至新媒体产品生产。这一过程结出的果实便是我们的《三联生活周刊》与"中读"文丛。

杂志和中读的内容变成了一本本图书，它们是否就等同创造了知识呢？

这需要时间，以及更多的人来检验，答案在未来……

《三联生活周刊》主编　李鸿谷

序一

熟悉又陌生的日本

　　我们似乎天然地认为日本的文化与我们很相似，位于奈良的日本国宝唐昭提寺由中国的鉴真和尚兴建，参观那里犹如回到盛唐。对日本文化、美学影响巨大的禅宗在平安时代末期由中国传入日本，在镰仓、室町时代兴盛起来。在中国的几个宋代文物展上，不断有人说，那些古物一望便知，是今日所见的日本美学的源头。

　　可是细究起来，中国与日本又是如此的不同。我们以大为美，大山大水，大开大合，大团圆；日本人却以小为美，一头扎进琐碎里自得其乐，追求"小确幸"。我们强调对称性，以成双成对为好，日本人却有非对称性的"强迫症"，传说千利休在为茶庭铺设踏脚石时，以豆子撒地来确保石头分布的不规则性。日本人还以奇数为吉祥，连送礼的数量都要确保是奇数。中国人会想：为什么日本人陷入对非对称性的迷思呢？而百科全书式的日本学者加藤周一同样曾经在文章中发问：为什么中国人会产生对对称性的偏好呢？

　　中国人在日本问路，写汉字比讲英文有用，一句话里总有几个字是双方都能明白的，就像中国和日本的关系，我们有互通的渊源。可毕竟是两个不同的国家，日本是亚欧大陆东端的岛国，文明从西往东传到日本，再往东就掉进了太平洋。"黑船"打开日本国门之前，日本主要受中国文化的影响，明治维新之后，日本人又全面向欧美学习。

每一种外来文化都没有全然地改变日本，它们在这个岛国沉淀下来，形成了如今的日本文化。根据加藤周一的分析，这是日本文化具有双重构造的结果。在古代，日本贵族官僚受到佛教和中国文化的影响，可大众却有自己的文化。佛像造型是国际化的，《万叶集》却是本土的。从明治维新到第二次世界大战，日本的科学、技术、工业化都是西方的，生活方式却一直是本民族的。

我们现在看到的日本是第二次世界大战之后的面貌，经济、科技、生活方式全面西化。1964年，日本承办了东京奥运会，之后又举办了大阪世博会、札幌冬奥会。人口向城市集中、东京地价飞涨，富裕的日本人在巴黎抢购LV（路易威登）就像在大卖场一样。日本人强大的购买力让欧美的奢侈品柜台配有日语导购。在日本人的度假胜地夏威夷，香奈儿开了美国第一家独立门店，比纽约都早。

经济的高速发展也带来了副作用，环境污染、通勤距离长，每天上下班要经受地狱一般的拥挤。1970年到1972年，日本NHK（日本广播协会）做了关于国民生活的调查，结论是"经济高速增长的弊病日益激化，目前为止一直被歌颂的经济增长失去了国民的支持"。

1980年西友百货开发了一个"无品牌"的产品系列，创立者辻井乔回忆，这源于对当时充斥的追逐品牌之风气的厌倦。因此他的新系列产品只采用了单色的朴素包装，设计师田中一光认为，在一个包装过度、色彩过多的环境里，去掉多余的装饰和色彩很有新鲜感。这个品牌就是"无印良品"。

在经济形势变化和对消费方式的反思中，20世纪70年代日本兴起了"慢跑热"，90年代又从身体健康扩展到精神健康，兴起了"治愈热"。80

年代日本的企业不断鼓吹"更高档",终于在90年代让消费者十分疲惫,产生了追求"简约"的意识。而"简约"正是明治维新之前日本的传统生活方式。

本来全心全意追逐欧美的日本,掉转了方向。日本的设计师们从70年代就开始从日本传统文化和审美里寻找灵感,NHK的《日本人的意识调查》发现,从20世纪80年代到21世纪,日本居民"看到古寺、传统民居备感亲切"的人数比例持续增加。日本的传统文化,不仅有京都的贵族文化,还有乡土的、庶民的文化,地方工匠的传统工艺品、手工制品也同样在日本流行。日本社会学者三浦展也观察到,以城市生活为主题的媒体,不约而同地推出日本历史、地方传统的特辑……

对我们来讲,日式生活的这些前因后果是否似曾相识呢?根据日本观光厅的数据,2015年前10个月,中国公民去日本旅行的游客比2014年同期增长100%,2014年前7个月比2013年同期增长90.8%。这些数字背后,是中国人对日本的强烈兴趣。与欧美相比,日本对我们而言,是熟悉的陌生人。但显然,我们现在明确意识到了日本的"陌生",而这正是那些陡增的数据里所蕴藏的、推动中国人到日本观光的内在动力。

《三联生活周刊》资深主笔　杨璐

序二

多元又个性的日本

从明治维新开启到 2018 年正好 150 周年，正是西方美学观念被引入日本的时间。经过东西方文化冲突的十字路口，日本先全面向西，然而最终没有入欧，也无法脱亚，优越感与劣等感并存，近年又走向了回归。福泽谕吉的现代化与夏目漱石的现代化不同。强调内心本位的夏目漱石越来越被知识界提到了前面。这两种现代化形成作用力的成果是：工业化与全面教育。

像不像中国？对日本进一步的观察，为中国今天多元文化格局的形成提供了另一种视角。日本是全世界将传统保留得最好的国家，但同时它也带动了"断舍离"的风潮。这种看似矛盾的现象并不新鲜。爱尔兰裔日本作家小泉八云早就发现，日本人可以毫无怜惜地丢弃一切，什么也不需要就能生活得好好的。不抹去旧事物，并在原地址上安顿新事物；让新旧并行不悖，让不同的文化出现在同一时空。神社的宫司和寺庙的住持，彼此之间没有大的冲突，好像早就心照不宣地商议好似的，婚礼在神社举办，费用归宫司；葬礼在寺庙举行，费用归住持。

在这面精美无匹的镜子里，我看到了许多触动人心的美景：正仓院的"唐物"让我想起敦煌的飞天，奥之细道的山水让我想起《诗经》。但吃饭时有一元硬币掉进缝隙，店员马上主动多给找一元；穿着不太合脚的拖鞋走路有些晃，旅馆经理追过来送上一双大一号的鞋。这些看似简单的表象——收纳、家居、便利店、美食和服务精神等——让我们的粗线条神经不断被触动。日本独有的细枝末节，是内在感受和外在表现双重作用的结果，也是传统与现代结合造就的产物。我们很容易在现代空间里，感受到来自过去的召唤。日本直到1870年才确立神道教的国家宗教地位。在此前提下，美学以宗教的名义，承担了社会、心理、意识形态领域的多重角色。

让我惊讶的是即使在很小的地方，日本也没有放弃本地的一点点文化特色。我们去一个小镇看了"火祭"，去另一个小城看了烟火大会，数不清的图书馆、美术馆几乎不断有各种活动，再寥落的车站都会有清晰的信息指示，告诉你怎么玩。情绪和感性这些日本式的美学本源，在这些地方很容易被强烈地感知到。一方面，物质和信息正在解放人，固定的人生模式被打破了，价值观被消解；另一方面，消费社会将美学当作了清凉药，在人与现代社会产生的问题中，试图做良性的尝试。将人与自然进行一元化的融合，是日本人对季节、风土、地理的依赖。

17世纪的江户（今东京）在日本闭关锁国的状态下已经拥有百万人口，东京至今仍然是世界最大的城市之一。300年前日本已经形成了消费文化。参勤交代制度产生了两个重大的影响。

第一，当时江户有一半人是这些隔年入住的大名和他们千人级别的随从，由此产生了大量消费。1673年江户有了明码实价不打折的越后屋，1884年英国才有了玛莎百货。消费城市从那时已经开始形成。

尽管没有经历过摧毁文化的战争，明治维新时代藩主被强制离开守地前往东京，大部分以政治为核心的建筑群迅速被损毁。今日日本四大国宝城之一的松本城，在进门处放置着浮雕纪念碑。松本城本来要被变卖给军队占用，是两个本地的小知识分子用尽家产将松本城买下来进行了保护。今天，这个地理位置很不方便的松本城，成了这座毫无特色的小城的唯一名片。

第二个影响是把日本碎片化的土地和交通路线串联起来，形成了今天市政和交通网络的基础。我曾探访日本北陆道、中山道、南海道、东海道，在太平洋和日本海之间穿梭，在日本的"屋脊"——中央山脉之间行进。这些道路开启了日本全国市场经济的增长，也将我们带到了许多小地方。日本人有句话说"乘坐新干线和出租车不是真正的旅行"。越是深入小地方，摒除旅游指南上的热门景点，在自然和人的交流中越能得到收获。

看日本的当代社会问题，也好像在看我们自己。升学考试、阶级固化、房价高涨、乡村情结、全职妈妈……想不出哪个生活领域出现的新问题，是日本没有经历过的。傅高义所写的那个"日本第一"的日本已经走到了尾声，过劳死和终身雇佣制的上班族已经老去，极低生育率的"宽松世代"才是现实。

但中国人对日本的好奇依然旺盛。日本的物，是引起"哀"的物，不是中国哲学里的物。18世纪本居宣长才开始将"物哀"概念化。自佛教传入以来的日本审美本身是朴素的。将"物哀"置换成"物心"的也是本居。"源学"又产生了"物纷"的概念，做好事也做坏事，增加了纷繁复杂的程度。情绪性和感受性是人天生具有的，是人类文学的要素。和歌里简单的物象，俳句里瞬间的情感波动和即时的心理，其实根本没有情节。《源氏物语》虽然很长，但叙事很片段化。在大阪国立文乐剧场和金泽能乐美术馆，我看到了一些日本的经典剧目。有趣的是，这些故事大部分在中国古代可能都难以流行，主人公大多形象复杂，又好又坏，事情因果也难以说清。

美学是日本对世界的贡献。尽管在形式上我们彼此熟悉、互相借鉴，终点却很不一致。日本人的意识是不断内化的。日本的茶道无论程序多么复杂，道具多么高雅，与时节的搭配多么合宜，都不仅是为了喝茶，而是愉悦地虚构喝茶的行为。一期一会，重视主客同座，将所有因素缩进同一个瞬间的造型。日式茶道精神的产生被视作"和汉分离"的最重要标志。分歧就浓缩在从信仰到生活的细节当中。我到日本的次数越多，越会认同夏目漱石的"自我本位"。现在越来越多的中国学者开始研究日本，但大都停留在观察介绍层面。

日本美术史第一权威辻惟雄和我约在他家附近的咖啡店，镰仓这几年成了旅游热门，厌倦大城市的中国游客也需要发现新的目的地。咖啡馆在一间寺庙门口，没想到冷僻的寺院里居然埋着我书包里的三位作者——铃木大拙、西田几多郎、和辻哲郎。"如果能够出现既了解日本又了解中国的学者，才有可能把这两个国家文化的联系说清。"辻惟雄说，"这个人现在还没出现。"

2021年夏天，东京奥运会即将到来。而在对日本美学的采访与写作的几年里，中日文化之间正在出现新的现象。比如，在代表二次元文化的东京秋叶原街头，出现了中国的二次元动漫形象。国风、汉服、国潮所代表的年轻一代中国潮流文化，形成了更庞大的作用力。对于日本，无论是设计、传统还是生活美学，单纯的欣赏和亦步亦趋的模仿，已不能满足当代中国人的需要，每年出版社对于日本史、思想学术的翻译和介绍也越来越多。审慎、扬弃的吸收和学习，大胆的创新，更深层次的理解，也引发我们对今天这个时代更内向化的思考。我曾将日本比作"镜子"，是微密观照。以今日中国人之视野与信心，尊重日本文化中的精华，培育人心与创造力。

因好奇而出发，最后得出的答案仍在自己身上。

《三联生活周刊》前主笔　葛维樱

印
象

日本人的自觉中具有"无我"的意识，导致他们纵向的社会人际关系封闭，很难积极地主动选择，而是转向生活、习惯寻求依赖，这就是被土居健郎称为"依依爱恋"的心理结构。"啊"的一声，是被见闻触动，心中有感而发出的叹息之声。而这叹息发出的一瞬，并非为了给别人听到，而是落入了自己的心湖。

从山到海，由佛至心：日本美学溯源

8月的最后一周，清凉寺的和尚们在摆放笔墨准备抄经，我在廊檐下对着庭院翻看留言本，在本来骄阳似火的下午突然感到了一丝凉意："今年我感到进入了暮年。生活发生了很多变化，母亲去世了，女儿离了婚，我常常感到失去生活的力气……希望小儿子的律师资格考试可以合格。"日本人的自觉中具有"无我"的意识，导致他们纵向的社会人际关系封闭，很难积极地主动选择，而转向生活、习惯寻求依赖，这就是被土居健郎称为"依依爱恋"的心理结构。"啊"的一声，是被见闻触动，心中有感而发出的叹息之声。而这叹息发出的一瞬，并非为了给别人听到，而是落入了自己的心湖。

"清晨入古寺，初日照高林"，我们对日本的寺院充满好奇，那不是俗圣分割的二元世界。和尚穿着美丽的绿色、紫色的鱼尾式的僧袍，下班时间一到就拉着秋田犬出门。宗教负有美的重任，在价值上也与现代生活密切相关。

世俗化宗教帮助日本美学维持着感性思维的模式，以执拗、持续的历史意识，也就是被丸山真男称为"古层"的特质，形成"相继而来、不断演变"的动态美学。风土、语言、心理使信仰泛化成了日常生活中的审美意识，成为日本美学的源头。我们于是欣赏到这样的诗句："夜雨草庵里，双脚等闲伸。"

太阳之塔，日本的形象

有别于2016年纵深式的走访，2017年我对日本岛做了一个锯齿状断面式的穿行。

"我无须思考，因为我的眼中只有美，没有人。"站在古典与现代分界点上的夏目漱石，既不想承认所谓的"东洋"，也不想把西洋作为普遍性来对待。夏目漱石认为日本人的企图和热情太个人化，以致难以与其他国家的文明共鸣。他的经典疑问是：情为何物？从何而来？

视线回到1970年的大阪世博会。在偏僻、巨大的世博园里，只有我一个人顶着烈日，想弄明白当代日本人是怎么向世界进行自我表达的。一进国立民族学博物馆的门，太平洋的广阔扑面而来。来自太平洋热带岛国的图腾立柱、棕色人种的照片、色彩斑斓的手工、真实的风土实物和事无巨细的被压缩成短片的生活场景，其中不时出现日本的影子，一会儿是太鼓，一会儿是北海道人用的渔网。转了一大圈之后，我突然在万里无云的天空之下看到一个矗立的"大家伙"，像高耸的神鸟长着太圆的凹脸和略显憨态的身姿，这是我印象中"精致"的日本文化吗？设计这尊"太阳之塔"的是冈本太郎，目的是赞美原始，他寻找日本传统中的绳纹精神，提倡"粗野和壮实"，影响了后来的丹下健三等一批建筑师。

福克纳访问日本的时候，并不喜欢东京和京都，他向往日本的天涯海角，感觉秉承自然主义和神秘主义的日本人完全能够理解自己。用来涵盖人类大同的太阳之塔正吻合了这层用意，只是看不出情绪。辻惟雄说："当时日本被大家说不行，才造出了这个。"看到太阳之塔，我忍不住想知道它应该诞生于怎样的世界。现在人们已不再生活在一个被幻想所浸润的时代了，尽管想象力是视觉性的。

在奈良县立万叶文化馆，我看到了一场关于动画电影《言叶之庭》的实景展示。导演新海诚以《万叶集》为出发点，用凝缩的风景和独特的色彩感，试图以平面给人深度。在这部以细腻渲染著称的动画中，树木、山岳都可在奈良找到自然的原型。《万叶集》是日本描摹山野之景与草木之态的发端之作，也是日本民族第一次焕发出自豪的共鸣和文化的光芒。它不仅提出了物哀的概念，也将日本人的欢喜、趣味提升到了美学角度。体会了《言叶之庭》里的实景，无人不想进入《万叶集》中的古代世界。

将外来文化抽象化，使之与产生文化的语境分开，中国、印度、百济等本来异质、难以相融的文化在脱语境化的日本共存了。冈仓天心对9世纪的定义，不是关于佛陀和教义的，而是全部神话在相互交流，全体呼吸着同一个复合生命，不丢掉旧的而接受新的事物，以精神征服物质。佛教给日本最大的审美影响是"观"。"观"就是用眼睛去看看不到的极致乐土，完成不可能完成的任务，想象力是日本视觉的根基。有"观"的出发点，才有绘画的留白和"艺能"（日语，意为"表演艺术"）的余韵。

日本审美中一直有"绳纹性质"和"弥生性质"两个方向[1]，代表日本土著的原生文化和杂糅了大陆文化的混血文化。长期以来两种文化此消彼长，但都符合着同一标准：能够被"感受"。川添登说日本人是通过实感去信仰的。一个典型例子是，日本人根据自身的尺寸来衡量空间，一张榻榻米就是一个人生存的最小单位。"六叠"可以想象在空间里大笑，"四叠半"则是可以和女性相视而坐的温馨。19世纪后半叶日本被迫卷入近代化进程，美学的观念就是这个时期被引入日本的。日本文化是输入型文化，语言主体性薄弱，日语中有60万输入词汇，输出的只有5万。日语不主张以主体为主语，而是在与外部主体的关联中，将自己定位为谓语，靠大量的黏着语，也就是助词、助动词来表达。

日本的《鸟兽人物戏画》里，描绘的动物动作伸缩自如、畅通无阻，这是一阵根本的欢悦。宫崎骏动画里展现的奇想、机智、幽默和万物有灵论的视觉美，那骑扫帚的少女，与《信贵山缘起绘卷》里飞舞的米袋和护法的童子有同样的爽快。"动"的态势，可追溯到1831年葛饰北斋的第一批惊世之作《富岳三十六景》，庶民社会的生活和对自然界的好奇形成的审美角度，这是以新奇的视角将神圣的山峦与俗界凡人对照。相对于奇思妙想的"动"的世界，从气质温和、出身官僚家庭的歌川广重，到出身家族企业的

1.史前时期的绳纹文化时代（从新石器时代到公元前8世纪）与弥生文化时代（公元前7世纪—前3世纪），日本处在从采集渔猎到定居农耕生活的过渡阶段。——作者注

新海诚，都朝着"侘寂""幽玄"的世界而去。无论动还是静，对于感受力超强的日本人来说，具有想象力的"观"都是最重要的原点。

我到岚山的第一站是梦窗疏石的开山之作天龙寺。岚山位于京都盆地的西边，自平安时代以来一直是日本美景的代表。在一个自然环境里，人是怎么树立美的意识的？站在曹源池前，视野全部被眼前的岚山分界于一个切面中，这巨大的45度斜切面的岚山四季分明，把庭院的主角感衬托出来。人在前景、中景、背景中视线总是集中于一点，室町时代的"观"的角度开启了日本庭院美学。

风景的发现，需要的其实是无视外界的"内面"的优势。天龙寺建造的时代，日本皇室对于开山造境有着强烈的兴趣。梦窗继承了平安时代以池泉为中心的手法，把"人心"和山水结合，把水池的形状做成"心"字形，以象征禅宗的第一宗旨"心悟"。曹源池是日本政府指定的第一个国家级"特别名胜"。而更古老的，是嵯峨天皇的旧离宫，其中的大泽池是日本最早的人工"林泉"庭院，仿照唐时的"洞庭湖"修造，山水空间更具皇家气度，也决定了花道中"嵯峨御流"[1]的基本形态，但美学意义却与梦窗完全不同。

现实自然之上，还要追寻理想自然。《古今和歌集》诞生以后，日本人建立了物换星移、生灭枯荣的无常观，并且对此非常敏感。他们很清楚，透过物体表现出来的艺术会徒留空恨，这种无常观更加让日本人醉心于实物无法穷尽的心灵艺术。选择具备超强造型和色彩能力的岚山，梦窗

1.嵯峨御流（さがごりゅう）是以嵯峨天皇为开祖的花道流派，也称"花道嵯峨御流"。——编者注

疏石的曹源池是向理想的出发。知物哀是创造的根本。起初的"美丽"是神秘主义的，美的事物往往存在于解脱后的世界，与强壮的肉身并无关系。这种美的意识转换成了日本密教里的神秘和幽玄。

从佛到心，千年高野山[1]

来到高野山是为了寻找一种美学的继承关系。自唐归来的空海，将日本"五台山"高野山变成了一个独立的精神王国。高野山并非什么具体的山头山脉，而是整片连绵不绝的山系。816年开山的高野山，美得出乎我的意料。京都只是京都人的京都，但高野山是日本人的日本，除了主寺院群落，小寺院们彼此挨挨挤挤地建立，这里静谧独特，也不拒绝商业化的宿坊[2]。我在等待最后一班公交车下山时，已经闻到各家寺院宿坊飘来的精进料理（遵循佛教戒律的不使用肉和有刺激味道的蔬菜的传统料理）的香味。发现中国美学意识到日本之后营造的巨大影响，上一次是在我走访奈良时体会到的，这一次则是在高野山。我到高野山并非要寻五台山的影

1.高野山：平安时代的弘仁七年（816年）弘法大师空海在此修行并建立了金刚峰寺，后来成为高野山真言宗总本山。整个山中的寺院总数约有117间，于平成十六年（2004年）7月，联合国教科文组织登记"纪伊山地的圣地及朝圣路"为世界文化遗产之一。高野山同时也是金刚峰寺的山号。——编者注
2.宿坊原本是寺庙专为云游的僧侣所提供的歇脚暂住的地方，又称为"僧房"。随着佛教的传播，参拜寺院成为一种时尚。各大寺院为应付远来参拜的信众、为他们提供住宿，纷纷把所谓的僧房整修并用以招待远来的参拜者。自此渐渐成为一种观光事业，这样的住宿方式也逐渐广为人们所接受。——编者注

高野山是日本人修行的第一圣地

子，但站在唐代密教曼荼罗（密教的象征性图形）前也难掩惊叹。

　　向嵯峨天皇求赐了高野山之后，空海和尚建立了一个独立于日本政治，却与权力有着千丝万缕的联系，且极度充裕的精神世界。密宗在中国唐末灭佛运动后已经消失，但一点点星星之火在日本成为燎原之势，历经千年，高野山至今仍是日本人修行的第一圣地。我在高野山看到了飞鸟时代（592—710）的佛像，1200年前的手抄佛经，大量最初传到日本并引起巨大影响的密宗佛像和曼荼罗。直视这些没有玻璃外罩的佛像，是在灵宝馆，号称"山中正仓院"的高野山宝物仓库之内，而不是在佛堂之中。到高野山的"总本寺"金刚峰寺，在这个宏伟壮丽的建筑当中，有日本最大

蟠龙庭是日本最大的枯山水庭院，位于高野山金刚峰寺

的枯山水庭院——蟠龙庭，它是历任天皇休息的场所，有空海当年在火膛边烧水传经的生动画面，奇怪的是，这里看不到几尊佛像。

客观原因是1200年来火灾频发、寺庙失修，留存在高野山的珍贵宝物大半被搬入仓库保管。高野山几乎没有经历过大的劫难，至今仍保存着从国宝、"重要文化财"到"登录有形文化财"等[1]2.8万余件宝物，绘画、雕刻、工艺品、书法共5万余件，从开山直到江户时代，这里大部分寺院都是千年里逐渐生长出来的枝蔓，古老的寺院有自己的人才体系，他们收藏并制造精美绝伦的佛像、佛经和曼荼罗。在读《日本美术史》

1. 日本《文化财保护法》中规定的文化财分类级别，包括国宝、重要文化财、登录有形文化财、无形文化财等。——编者注时我不断被"金刚峰寺"击中，贪心地列了一堆清单，满心想看《应德涅槃图》、快庆[1]的立像，却发现有些文物一辈子也未必能看到。按照日本一次展出一两件的节奏，1921年建立的灵宝馆的夏季展和常设展，至今只拿出了这些宝物的冰山一角。

高野山的庙宇氛围在日本的神社和寺院中绝无仅有。佛教传播到日本后迅速得到了皇室的支持，高野山金刚峰寺成为密宗"总本山"（本山，日本佛教用语，类似祖庭）"总本寺"，在日本宗教界取得了至高的地位。我在看日本佛教寺院和造像时总觉得有些陌生。法隆寺、唐招提寺都与中国寺院不同，金堂、五重塔并不对称。在馆里并排展出的佛像，也给人一种不同的感觉，感觉佛像只是艺术品，庙宇本身才具有信仰的精神能量。也许这是日本人更深层次的美学意识。

和辻哲郎认为参拜古寺并不是为了看佛像，而是体会寺院神圣、庄严、肃穆的氛围，相对于佛像和曼荼罗华丽精彩的艺术性，宗教产生的美是一种意识的转换。和中国庙宇的严格的佛像殿堂关系不同，金刚峰寺只有本堂供奉着标志大佛，其他地方则陈列着壁画。空海按照长安城来绘制的世俗景象，有城门外不同国家来往商贸的人群，有艳丽的牡丹，有送别的友人，有胡服骑射的贵族，有曲江池宴饮的文人，空海对于唐朝生活的爱，使得这些壁画不仅不是"和敬清寂"的调子，还充溢着对唐朝的思念、倾慕和流连。空海不愧是渡唐六次的"中国通"，不仅宗教上贡献巨大，书法、诗词在日本也都是处于前列的水平。从天皇到贵族无不以空海的字体为临摹的范本，因为相传他擅长模仿王羲之。

1.快庆：约活跃于公元12世纪前后，日本镰仓时代的佛教徒与艺术家。——编者注

"日本的美，就是从这里开始出发的。"日本美术史权威辻惟雄给了我明确的答案。我最后走到埋葬着空海的奥之院，在桥外就被和尚告知，过了桥就不能拍照，不能说话，要保持绝对的平和与尊重。从长满巨树的森林中一路走来，我本来觉得步履轻快，到了这里却突然凝重起来，殿堂内一片漆黑，只有空海的画像可供瞻仰。难怪刚才在最大的佛堂里，空海的排位在正中间，两侧分别是历代天皇，再次是历代高野山的住持——空海本人在日本被当作神佛来供养。

今日在中国流行的日式美学的各种小册子中，大家围绕"断舍离"和匠人的概念不断做文章，正如当年空海对长安城的热爱一样，是精神上的共鸣。这种跨文化的感叹，在我看到熟悉的中国符号时会会心一笑——1000多年前的曼荼罗，至今还挂在墙上。

高野山在日本历史当中的地位，看奥之院参道也许就能明白。这条空海每天冥想、思考的道路上，埋葬了许多与他相隔800年的战国英雄。寻找丰臣秀吉的我，来回两次总算找到一块还算大的丰臣家的牌子，高野山还算丰臣秀吉的地盘。秀吉把奈良的佛像、珍贵法器等向高野山运送，使高野山的宗教地位更加稳固，然而高野山并没特别提他，只是在他儿子自杀的房间的介绍里提到了一句。织田信长就更不起眼了，如果不是后人立了一个指示牌，这个日本最简陋的灵塔连标记都没有。

作为世界上仅有的被列入世界文化遗产的两条参道之一，高野山本山有180块町石（日语，类似路标），专门给参拜者指路用。现在上山已经有了缆车和公交，但是愿意按古町石巡礼的参拜者还是不少，沿途还可以住在寺庙里。古刹和大树的绝配，使其"五台山"的感觉更加凸显。三棵从根部并发的树，每一棵都需要两人环抱。这里的神木杉树据说可以与人交流。我也奇怪大名们大老远从自己的长州、萨摩等偏远地方而来，专门埋葬于此是为何，何况周围都是自己的老仇人。想来进入佛门，是谁、怎么死的、为什么要来，似乎都不是问题。大河剧的主角们演绎了那么多精彩紧张的故事，现实中这些大名也不过就是这样歪歪斜斜地挤在一处，在空海大师建造的精神净土拼得一席之地。

最爱做信息资讯攻略的日本人，在奥之院的参道之中，却懂得去繁就简。两边参天古树中透出一点点夕阳的斜光，洁净的佛像美丽得令人心动。近代以来，日本大财阀氏族的灵塔修得比战国英雄们齐整多了，有着一种生前身后事的轻松和快意，夜课里专门有一个来参拜地藏菩萨的项目。路两边写的是空海大师的心字诀：先深呼吸，忘记所有尘事，精神集中。天色渐渐暗了下去，却仍有不少日本家庭，包括老人孩子，穿着法衣，轻快专注地走在幽深的古道上。

蚁之熊诣，古道的力量与信仰

为了向让奈良时代的文化受到莫大恩惠的唐朝鉴真和尚表达感谢，东山魁夷用9年时间创作了唐招提寺的隔扇画。他认为和中国不同，日本没有严峻的自然条件带来的心理冲击。东山魁夷是最早用西洋眼光描绘日本风景，表现未经现代文明污染的纯洁大自然的人。在长野县信浓美术馆的东山魁夷馆里，他以白色的、纤细的笔触描绘了一匹在蓝色森林里游荡的马，纯美透明。自然观和心灵之美是他用一生描绘的主题，对清澄的自然，对朴素、认真的人的感动，是更深层次上的自我回归。东山魁夷去过几次新疆，踏上丝绸之路，和田地貌的线条感，色彩的浓淡和视觉的立体，让他想起了法隆寺的隔扇——"一条伟大的路，在于能够连接一个人的内部故乡和外部故乡"。

连接着日本人内部与外部故乡的是哪条路呢？与高野山一起成为世界文化遗产的，是我颇花了些周折前往的熊野古道。宣告日本古代的终结和中世的开始的后白河天皇，一生走过熊野古道34次，每次历时一个月，后鸟羽天皇则走过31次，简直像在刷纪录一般。至今在熊野古道沿途还能看到当时御驾停留何处之类的记录。与高野山自唐而来的"中央核心"的宗教地位有别，熊野信仰源于神武天皇时代守护胜利的观念。当时从京都和奈良出发参拜，条条参拜之路通熊野。但从地理上说，熊野所属的纪伊国道路艰险，是散乱而困难的交通条件，几百年前秀吉在当上"关白"（日语，日本官名）的同一年才征服了纪伊国。

巡礼参拜之风由高野山起，日本最有名的"高野僧"，也就是泉镜花的小说主人公，在空海去世几百年里四处宣讲空海的事迹。现在日本所有著名的巡礼参拜路线，比如西国三十三所、四国八十八所，都是当时因弘扬佛法而兴起的，架桥、搭建温泉的活动也自此开始。日本的神道教本来就不崇拜实物，出云大社一声令下，八百万神仙就要全体出动，到处管事。模仿僧人和神灵游玩旅行的故事，早在室町时代就流行开来。

在熊野的自然中寻求的是救赎、美感和力量。如果从京都乘船沿淀川而下，去熊野参拜，首先到达的是"纪伊路"，越过重重山岭之后可以眺望到明亮闪耀的大海。如果从奈良的吉野山通向熊野，则是"修验道"的圣地，被称为"大峰奥丘道"。如果要从神道教圣地伊势神宫前往熊野，则有可山可海的"伊势路"。"小边路"连接高野山和熊野古道，险峻崎岖。我们选择的是山路"中边路"前行，这里至今保留着"王子社"[1]的遗迹，据说有熊野之神的气息。

我一路体会到日本人的"回望"情怀，总不过就是大正、昭和和江户，只有熊野提供平安时代的衣装，能一下子让人穿越回"大和式"的最初。在神佛宗教背景之外，按《方丈记》里鸭长明的记述，叹息末世，追求唯美，把游山玩水和大兴寺院作为第一要务，是后白河天皇发展的玩法。这构成了参道文化的"表与里"，对外宗教信仰盛行，对内生活审美开始发达起来。装饰大行其道，现在日本的纹样基本都来自这个时期。今天我们熟悉的"大和式"的许多艺术式样，比如印着古典图案用来写和歌的色纸，以图示画和文字来打造文字游戏的手绘，一直到描绘色彩和金银的美丽的大和绘折叠扇子，都是院政时代充满生命力的创造。而这个时期兴起的日式无釉陶瓷，还要等很久以后千利休的出现，才能获得日本社会的普遍赏识。

被称为"蚁之熊诣"[2]的参拜活动一直乐此不疲地进行着，直到现代铁路和公路的开通。出发前我听旅日作家李长声说，熊野古道远离主路，转乘公共交通将极费事，于是我先入为主地将这里定义成一个荒凉的地方。为了赶早上6点的第一班车，我们前一晚投宿那智的小坂屋，却不经意间在这个已经存了80多年的小旅社里得到了鼓励。老板小坂健司的爷爷

1.这里指阿倍王子神社。阿倍王子神社坐落在安倍晴明神社的南边不远处，在熊野参拜盛行的平安时代，这座神社属于熊野九十九王子社之一。所谓王子，是和歌山县熊野大社的分神社的意思，指从京都，经摄津、和泉至熊野的道路途中，为了供人休息和遥拜而设的神社。——作者注
2.形容日本人对熊野古道连绵不绝、持之以恒的参拜。——作者注

战后创立了这个小旅馆，价格便宜得不可思议，宗旨是"我们既不是高级酒店也不是高级旅馆，但会迅速和你成为朋友"。健司说，因为熊野大社的庇护，他从小就是个运动健将，小学加入棒球队，到中学取得日本"陆上竞技"（即田径赛）的短距离赛跑优胜，再成为空手道高手，从大阪到静冈的地区比赛有11连胜的纪录，算是个小名人，这个生机勃勃的小旅馆也登上了不少专业的世界级登山"圣经"。

日本人有年轻时走熊野古道的雄心。旅馆里除了我们，住的全是高中和大学体育部的学生们，大家共住一室，却井然有序，听不到任何来自走廊和房间的喧闹声。即使在玄关处挨挨挤挤地闹腾着穿鞋子，也显出秩序。健司指给我看干净利落的棕木色走廊里学校张贴板一样的墙面，上面贴满了各大学、高中体育部的照片和留言："去年没有拿到名次的我今年却成了前辈，希望后辈们得到熊野大社的力量！""甲子园今年愿望达成！""35年前我们的大学社团桌球部走完熊野古道之后，入住了小坂屋，今年我们为了纪念胜利，又回到了这里。"这些洋溢青春热血的文字让我对熊野古道有了新兴趣。

在这条从奈良往熊野去朝拜的路的起始处，一个矮矮的小石桩上写着"第一町"，沿途每隔不久会看到一个，这些古代的町石至今依然发挥着路标的作用。《熊野那智瀑布》是日本"参诣曼荼罗"（佛教画的一种，描绘寺庙景观和参拜民众）的开山作品。要走到这"神性发源地"并不难，石板路走着走着就成了纯粹的土路，越是人少的地方，路越窄小，且被杂木掩盖，我这才发现要一路看着作为标记的町石才感到自己没有迷路。夏天的早上不见迷雾，越往深处走树越高，到山顶才发现天已大亮了。

那智大社的标志"八咫鸟"，是日本国家足球队的队徽。难怪全日本各体育社团都要以那智的八咫鸟作为守护神。进山时有两个穿校服的少女走在我后面，还背着书包，没想到竟然是从名古屋的一所中学大老远坐火车来体验巫女生活的。同为16岁的两个女孩是学校足球部的部长和副部长，平时负责球员的组织和后勤工作，假期还要来做巫女侍奉神明，为自己的队伍加油。两个孩子在神官带领下迅速穿上红白相间的衣服，害羞又庄重，对我道歉说，要开始工作，不能说话了。

从山到海，太平洋叙事

走了几个小时来到高处时，我猛然看到了连绵起伏的群山之外那一点反射着亮光的大海。竹久梦二说从小令自己心灵震撼的场景，就是这样山海共赏的视角。他在石涛的画里看船中的人望山，儿时和祖父二人也在酒船里欣赏大山，在山顶上看海，长大后在熊野连绵的群山上又看到了最喜欢的景象。作为画家，他在寻求如何用日本画的笔势来表现山的生机与衰退。而我从高野山而来，此时才有一点领悟，海是古人在山中艰苦跋涉之后的慰藉。到纪伊的路上沿线全是半月到满月状的被山脉围绕起来的天然良港，陆地上有人口不少的村镇。我们从熊野下来一路往白滨而去。

"如果对生活失去了兴趣，还有大海在等着你。"前往白滨的火车上挂着这样的广告宣传语。日本人在心理上对山多敬畏，对水则多亲近。坂口安吾说日本人对山首先是害怕，转而产生了敬畏和崇拜，然而日本的河流大多清浅，良港众多，同时也是日本人餐桌上的美味来源。日本以外的文明，自古至今大多从太平洋的方向而来。从和歌山坐火车前往白滨，太平洋显得无限温柔，海水平静，几乎不见大浪。前几年大热的晨间剧《海女》中，在东京颓丧不振的少女第一次回到了母亲偏远至极的渔村老家，混沌和压迫不见了，看着捞海胆的海女外婆时，少女对那碧绿幽深的海水着了魔，没有任何犹豫地跳了下去，然后一瞬间浮了起来，又快乐又惊恐地大喊："我不会游泳！"

会田雄次《日本人的意识构造》里提出了"表日本""里日本"的概念：以本州中央山脉为界，以北临日本海为里日本，以南临太平洋为表日本。明治维新以后日本不再闭关锁国，大量科学知识从太平洋而来。太平洋畔的白滨，既有天然的原始良港，又占据了柔缓绵长的海岸线。20世纪七八十年代日本泡沫经济时期，温泉旅馆大行其道，一些有优良海岸的地方率先建造了大量高十几层、直面大海的西式度假酒店。这是日本人真正颠覆自我生活方式的第一波浪潮。在泡沫破灭后很多海岸旅馆的经营陷入了困境，最近几年经济回暖加上旅游业复兴，白滨有些老旧酒店还来不及重新装修就迎来了新客人。回望的热潮一来，"表日本"的沙滩上，又迎来了都市化挤压出来的人群。

白滨是太平洋海岸线上每年夏天第一个开放的公共沙滩，日本人的太平洋热浪以这里作为"岁时记"的标志。我在京都感到了传统文化美学意识对生活的浸润，到了这温泉遍布的太平洋沿岸，却能理解为何现代以来，"风景论""山海论"在日本大行其道了。将大堆的行李扔在沙滩上之后，我只敢去踩踩这自澳洲运来的、全日本最金贵的沙滩。太平洋沿岸到日本陆地之间，几乎完全没有沙，只有黑褐色的礁石，海水也深，白滨是金钱的产物，也是日本宣传海岸风情的招牌。

脚趾头触及滚热的沙滩之后，一泡到海里，立刻就能明白，为什么日本人要评选这里为"最适合光脚的地方"。再跳入免费的"温泉足汤"小浅池，明明头顶上骄阳似火，却感到一种释放。穿着泳衣、牛仔短裤和全身包裹的沙滩服装的少男少女结伴而来，黝黑的皮肤和热辣的穿着，让我想起了世博园里那个以太平洋为起点的叙述。白滨同时拥有现代和古代日本人对海的亲近方式，努力让西式海滩与和式温泉和谐相处。

　　自古以来在海边建温泉，是日本人聪明地把短处变成了长处。海中温泉在白滨不少，但有1200年历史的"崎之汤"当真野趣十足。这个温泉外头有一台售票的机器，每人只要500日元，用硬币换一张票就可以进入。我生怕赶不上车，看了一眼就打算走。在门口服务的晒得黝黑的大叔刚刚跟我打了招呼，就对我鞠躬："再见啊！"我解释说："我要赶公交车去了。"他也不留我，说："明天见。"到公交车站一看，还要等40分钟，想起老板刚才那一声"明天见"，我从山坡上又跑了下去，看他喜笑颜开，我说："我只有20分钟。"

　　一掀开帘子，还真庆幸自己做了这个决定。太平洋的浪涛就在面前，岩石堆垒而成的温泉与伸手可及却深不见底的海水，没有任何高低落差，海浪随时扑向毫无防备的我。太阳识趣地发出白光，时而钻入云层，使海面和温泉表面形成不同质感的光芒，然而太平洋太辽阔，视线所及只见海天一色。不知怎么想起了之前看到的松下幸之助在和歌山写下的"素直"二字。

奥之细道，风景语言

　　或许只有当代建筑师藤森照信才敢于直接发出这样的声音："现在这

个时代，连神也在路上。"从本居宣长开始，日本知识分子对于日本人历来只有通过汉文化的概念才能观察事物的观念并不认同。明治维新以来，日本"站在东西方文化的十字路口频频脱帽"。西方思想给日本带来冲击，但既不能形成新的精神家园，也不能解决文化身份问题。对此，森鸥外发出的著名感叹是："日本遇到了很多'师'，却没有遇到一位'主'。"

我一直以为"山中"只是表示地理上的概念，没想到真的有这么一个地名。从海风扑面的太平洋出来，走过苍凉神秘的熊野古道，经过长时间的旅途跋涉，突然进入加贺山中的精致世界。分藩以后的长治久安，令加贺人一直生活在安稳和富裕里，不仅诗人松尾芭蕉在这儿玩了9天，日本美食理论的奠基人北大路鲁山人也常年隐居于此地。

"主"还得向内寻觅。岁月乃百代之过客，芭蕉的表述再也没有人能超过。他在143日里的行旅中，留下了旷世的俳句，"海浪涌，星河高，横挂佐渡岛"。后世的评价很有意思，说芭蕉其实根本没有在描写风景，只是看似描写，实际上，风景已经变成了芭蕉的语言。

"要知道300年前的芭蕉，可是以拼了命的姿态上路。"我去加贺山中的路上遇到一个来旅行的俳句作者，正好要去芭蕉纪念馆里评比今年的俳句大赛半决赛的诗歌。"浮世之旅是将生死置之度外的。浪人也多爱俳句。"围观一帮老先生评论俳句，我无意冒犯地提了个小观点：俳句这种日本代表性的文学式样，在芥川龙之介和谷崎润一郎的结构之争里成了典型。结构力最强的谷崎润一郎，对于文学的结构极为强调，认为作品结构阔大才有走笔运势之美，对俳句的所谓结构不屑一顾。有一个很形象的例子形容大多数的日本文学，"没有层层积累的感觉，没有肉体性的力量，呼吸深长、手腕健壮、腰身强韧都没有"。老先生们这才和我聊了起来，"'感觉'才是日本"。

几百年里传统的"一泊二食"是日本人最地道的享乐生活。图为加贺山中鹤仙溪畔的温泉会馆

　　芭蕉的"观"和"感"，是日本美学语言的高度凝练。鹤仙溪是位于山中温泉的一条清澈层叠的溪流，处于加贺的密林之中。300多年前，芭蕉和弟子曾良走到这里时，已经接近旅途的尾声，曾良因为犯了肠胃病，提出了先向伊势国出发的请求。当时的山中温泉已经有12家旅馆，现在规模更大，芭蕉曾享受并吟咏的"菊汤"，是个今天只要420日元就可以入浴的公共温泉。溪水就在温泉外只有几米的地方，云从山上的高树间穿行而过，夏末的绿枫犹如绿色的小手，拉起来连成美丽的形状，将溪水覆盖。溪水清澈，河水中晃动着青苔、水草，明明是自然造物，却有精致的美。移步换景，古朴的路面，水浪高低起伏，居然有一条很长的蛇从我眼

在加贺，古老与新潮并行。这个茶室一角，摆着一百多年前屋主人用木头做的自行车，与室内陈设放在一起毫无违和感

前飞速穿过。靠在川床[1]上的我们都不愿意起身，头顶穿过的小瀑布，溪水里的大茶壶中的凉茶，满目青青，让我不断想起《诗经》和唐诗的句子。

"先见白鹭，后成茶人。"心无所依托，就不能咏歌。学习和歌的泽庵宗彭曾收到这样的忠告——"和歌于修禅无用"，但泽庵回答："梦窗造园，雪舟绘画，弟子歌咏。"茶道只有枯燥的理念，歌道却有感人的情调。这是武野绍鸥的贡献，比起前人只知追捧唐物，绍鸥推崇日式粗糙茶碗的美丽，这才开创了日本茶道的独特风格。不管是茶碗还是别的，茶人村田珠光认为，"最重要

1.此处应指"川床料理"之川床，即每年夏季料理店或茶屋在河床上设置的日式矮桌矮凳，或在水流之上搭建纳凉台。——编者注

的是使和、汉的界限模糊"。这既宣告了本居宣长所不满的状况有了解决方法，也让日本茶道精神有了原型。也正因为有这样的意识，芭蕉才能将"风雅之道"进行到底。从古而来的文艺理念，完全能够求之于庶民生活和通俗日常。

《奥之细道》的影响，一直延续到如今依然流行的"日本风土论"和"日本风景论"当中。

克罗岱尔认为日本人传统的性格是"把自己变小"，因此才有对周围事物的崇敬心理。如果是骑马坐轿子走在宽阔的东海道，就写不出精湛的诗句了。芭蕉一步步走过了鲜为人知的奥之细道，才体验了自然与人生的真实。俳句的本质是脱俗。芭蕉之路以江户为起点，走到了北陆地区。"心中远望渐孤寂，枯叶芒草有明月"被认为是日本美学高手的厉害之处。老先生们说，从不起眼的地方着手，将所有的精力灌注在一个焦点，在花道里便是枝丫。这和日本美学"观"的原点相关——走进庭院很难描述自己看到了什么，但却能意识到。

风景的发现不是出现在过去到现在的线性历史中，而是存在于某种扭曲颠倒的时间性里。从汉字里提取了词汇之后，在《万叶集》里，日本人开始"叙景"——发现风景。画家观察的是先验的概念，懒散而零碎，好像午觉时的梦，切断和继续都很容易。到了芭蕉的时代，日本人的无常观也在慢慢变化，禅宗给日本人的美学意识带来极大的影响。原本在"无"的世界，衍生出来的美学意识是侘寂，也就是荒凉、闲寂和枯淡。这种来自思想的孤独，其实是一种力量，日本深受此种孤独的恩泽。芭蕉代表的风雅，是以幽默为主导，也有"应该去爱"的意味，以无私的爱，包容现实生活及一切矛盾之美的情趣。再往后，日本走到市民时代，才出现了风流、游戏、"粹"（粹）的意识。

重建的金泽城位于城中心高地之上，连同周围的地貌、森林、绿地和大小也依照原样

21世纪的"百万石" [1]

我到达金泽的时间是周五傍晚。21世纪美术馆处于市中心，起伏的草坪上撑着白色的帐篷，人们拿着酒杯和餐盘排队参加夏日市集，进入日本这些天来我终于感到了久违的摩登气息。明治维新以后，整个日本的经济发展就退出了日本海区域，移向太平洋沿岸。东京、大阪这样的超级都市内，副作用也由此而生。日本海沿线被看作是日本的"里"，比如主打

1.加贺第一代藩主前田利家建设整修金泽城，被后世誉为"加贺百万石"。此后，为了纪念其丰功伟绩，金泽每年都会举办百万石祭。

乡土的艺术节，又比如一直以来交通不便的金泽。

　　与日本流行的乡村回归热不同，金泽展露的是一个具有古典魅力的现代都市的特点。随着新干线的开通，这几年大量日本人也开始"发现"金泽。占据金泽城高地为核心的博物馆群落附近，铃木大拙馆安静的水面迎来了全世界的游客，隔壁本地豪族中村家的纪念馆展出的是其祖孙三代收藏的日本茶具。直面日本海的"蛋糕盒"——海未来图书馆，在其中穿梭的人被柔和穿透的自然光线包裹。私人小美术馆的展出与公办博物馆的精彩程度不相上下。我对能乐美术馆的表演发生了兴趣。能乐在日本保留下来的已经很少，上演更不容易。在很长时间里曾经作为武士礼乐而受前田家保护的加贺宝生能乐，至今尚在不断地公演。1901 年金泽能乐会成立，

金泽铃木大拙馆

金泽海未来图书馆

在明治维新传统衰退的背景下首先恢复能乐表演。现在能乐讲习会上，能乐大师既可以让观众体验面具、服装，还能帮助观众鉴赏装束，还有后台的参观。

金泽的地形很像缩小版的京都。以金箔制造、加贺友禅[1]等传统产业出名的地方，我以为会相当守旧。其实早在江户时代，金泽作为加贺国的中心，就一举超过大阪和东京，成为人均占据饭馆数第一位的城市。为了尽力向幕府表达自己绝无反心，藩主前田家把文化策略用在了最前端，崇尚奢靡的加贺友禅，以配色艳丽丰富的暖色调为主，与京都淡青的冷调相当不同。京都几乎所有的传统文化项目，都有加贺本地的翻版，近代以来豪商兴起，奢侈之风几度被全国禁止，但金泽的庶民文化还是极为发达。我看到不少挂着藩主御用招牌的老店，诸如森八和果子、漆器、金工等。尽管毫无政治地位，"町人"（江户时代的社会阶层）们的创造力仍生机勃勃。

300多年来，勤勉的下层武士成了职人的雏形。比如寺西家虽是友禅的工坊，却要在门牌上标注，先祖是俸禄120石的武士，是谁的养子、谁的女婿。大量武士建筑被保留下来，如严格按照等级修建的房屋庭院，而门前被称为"鬼川"的水利工程已经原封不动地流淌了300多年。这些房子尽管正在旅游景点化，但保存得相当好，很多还是住家，并不公开。主干河流浅野川，将金泽分成了东茶屋街和寺院群地区，及以兼六园为地标的，新旧并存的城市核心区。一路上所见的以西乡隆盛为主角的大河剧预告海报不断提醒我，日本通过明治维新这个十字路口已经150年。

难道真有城市如此完美地躲过了近几十年里的城市化套路吗？我总存

1.江户中期以后友禅染的其中一种样式，由京友禅的始创者宫崎友禅斋移居金泽后创立。——作者注

"兼六园"之名取自中国宋代诗人李格非所著的《洛阳名园记》，兼备李格非提出的"宏大、幽邃、人力、苍古、水泉、眺望"这六大名园条件

着这样的疑问。在翻看金泽城老照片的时候，我突然发现，20世纪70年代，如今游客如织的金泽城，全部被金泽大学占据，在决定恢复老城的情况下，金泽大学整体拆除搬迁，我们现在看到的美丽的"鼠色"（ねずみいろ，即深灰色）建筑，实际上是严格按照老城的样子仿造的。在现代化道路上，金泽及时调整了发展轨道，大面积的町屋、水道、街道都没有变化，只是在原有基础上新陈代谢，赶上了时代的步调。

晚上走在茶屋街道上，前面刚参加了"女川祭"[1]的穿着深蓝色浴衣的母亲，正在教两个儿子哼唱刚刚的歌谣。木屐踩在石板路上，两侧路灯昏黄，是人间的美景。我们走到河边，远远听到优美的歌声顺着金泽主干河流浅野川顺流而来，有两列身着浴衣的女歌者，正在边唱歌边打着简单的舞蹈拍子向中间移动。为了送夏迎秋，浅野川沿岸点起了上千盏小小的纸灯，每隔半米沿河水两岸放置，河中还有一些水泥堤坝形成的浅滩，也都以半米到一米的间隔放上小纸灯，里面点着松节油。歌声从对岸飘过梅桥而来，在水面上形成了轻微的波动，与日本歌谣里典型的表示感叹的颤音相近，岸边的树梢间或挂着无数盏纸灯笼，这美丽的典礼就这么突然出现。20世纪后半段，日本的文明全力以赴地东移，金泽的发展几乎停滞，直到新世纪才焕发出了"里日本"的优势。

加贺国和21世纪美术馆，是金泽的两面。21世纪初日本政府曾经举办"21世纪日本的构想"恳谈会，吸引了各行业的人参加。"当日本的生活水准超越了所谓西方的生活时，日本失去了目标。"高度发达的城市化把95%的人口聚集到了城市，民众不满的情绪也由此产生。这个世纪问题，

1.日本女川町民众的集体祭奠活动。——作者注

却在默默无闻的北陆小城金泽得到了答案。当时金泽市长对女性建筑师妹岛和世说希望有一个"可以穿休闲装参观的艺术博物馆"。2004年21世纪美术馆以"海岛"为原型的设计，在威尼斯建筑双年展上获得金狮奖，并提出将20世纪的主张3M（Man、Money、Materialism，人类至上、金钱至上、物质至上）转化成21世纪的3C（Consciousness、Collective Intelligency Co-existent，知觉、团体智慧、共存）。这个正圆形的馆并不大，就在复原的金泽城正中，人们随时可以从任何方向进入，在市中心最黄金位置的浅浅草皮之中，已经开馆十几年，周六早上排队来和厄利什的《泳池》拍照的人排到了200多号。

有意识地营造"超时代"的氛围，是日本社会目前最热衷的事。大阪的昭和时代街区，主打"大正浪漫""昭和"旧时代风土人情，可这种展览本身就意味着时代的终结，哪有生命力可言呢？金泽的能乐讲习会热热闹闹，远比我在大阪国立文乐剧场看到的冷清的演出要有意思得多。一个老剧目正在和少女漫画家做联合的新创作。世阿弥确定的能乐形式是以一个人为绝对主角，以柱子、老松作为典型的场景，加上人物的动作状态，比如向前。在"能"里建立的是能够被观众直接感受的美。我在大阪的国立文乐剧场里感到的是高雅的冷清，在金泽的能乐讲习会却体会到了热闹的放松。《天守物语》的能乐老师又演示又讲解，不停地抛出逗趣的笑话，我身边穿着和服的老太太还是忍不住打起了盹，然而这并不阻碍她中场和伙伴们热烈地讨论，对老师恭维起来。这种活动竟能使百人左右的场地坐满。

歌舞伎被当作古典日本形象是个有趣的误解。江户时代的第一代市川团十郎是个十足的新潮派。他抛弃夸张的科白，活用日常的对话，比起能剧里大幅度旋转身体的艳丽，歌舞伎更苦心摸索如何把神情印象传达给观众。

歌舞伎源于人形净琉璃（日本传统木偶剧）。"人形"（即人偶）的美学，本来是在舞台上，把人非人化，所以才有了"人形"和厚重的化妆脸谱。对于观众，这些化了妆的脸谱才有真实感。相对于"能面"，歌舞伎已经指向了现实的人。明治时期，日本由传统向现代转折，新知识阶级习惯了这种现实人的魄力，将歌舞伎推上首屈一指的地位。歌舞伎在日本传统文化转型中起到了创新的作用，使脸面具有了社会性、人的尊严的内涵和精神意义。

远离贵族路线的加贺，一直把京都视为偶像，无论友禅染还是各种细工，都是十三代藩主从京都挑选来工匠教授，友禅染还保留着将布留在浅野川中自然冲刷的工序。根据官方的测试，金泽女川（浅野川）和京都鸭川的水质，在矿物质、微生物等方面的数值几乎完全一致。藩主致力于武士的教养，金泽武士们很快把文盲问题解决了，并且成了日本最有创造力的势力。武士的茶室已经有了自己的风格。武士和乡村趣味结合，自从禁奢令以来，很多武士开始走田园路线，农民在金泽文化地位并不低。今天金泽有很多乡土趣味和武士趣味融合的花道作品。茶屋是藩主亲自审定允许艺伎营业的场所。比如有名的"志摩"，十几年前成为"国家指定文化财"。兼六园今天看起来有夺目的美丽，但相对于桂离宫、修学院离宫这些皇家建造的园林，大名庭院一直评价不高。17世纪开始，大名开始兴建自己的庭院，这些庭院有些取自明朝遗臣朱舜水的设计，带有中国趣味。近代以来，因为率先向百姓开放，公园式的庭院有了新的明快风格和闲情，成了市民文化的代表。

当日本整个社会文化真的向保守而去的时候，金泽在原有文化基础上营造出的新鲜感更加弥足珍贵。比照京都和东京，金泽一直偏安北陆，试图寻找自己的定位。这几年金泽成为日本美的代表。"我们今日熟悉的日本艺术的代表，实际上是贵族和武士培育的种子，在民众的继承和照料下结出的硕果。"辻惟雄这样评价道。明治维新前，与欧洲文明相遇的正是这样的日本文明。

生生不息

"即使知道了这东西早晚要腐蚀、变丑，依然还要造。"辻惟雄说日本人就是怀着这样的物哀之心，把很多看上去不可思议的东西保留下来的。在思想上"侘"最靠近哲学，代表着知足和甘愿不足。《禅茶录》说："侘者，物不足，凡事皆不遂我意，蹉跎之意也。""虽不自由而不生不自由之念，虽不足而不生不足之念，虽不畅而不怀不畅之念，谓之侘。"只是一直在茶道、花道的模式里，即使美学思想代替了哲学和宗教，在日本现代化过程中，侘寂也被攻击过是"假穷酸"。辻惟雄说得最多的日本特质，是"风雅"和"荒凉"。"中国的自然和日本的自然非常不同，日本人最喜欢的'风花雪月'都是中国诗歌里的主题，但我们喜欢的是这种'感觉'。"绘画屏风上出现的是宇治周边山脉的曲线和植物的样式，"哦，这是日本式"的体认才得以确立。

他写下"宣和画谱、徽宗皇帝"八个汉字给我看。"荒凉这个词就是从这里面找到的，然后形成了侘寂的思想。"葛饰北斋用一种无论日本人还是外国人都没见过的画法，拟人地画出了神奈川巨浪，好像伸过来一只大手，"感到被抓住了，这是典型的日本人的感受"。

在京都，这只"手"出现了具体的形象。在小小的、朴素的贵了馆里，我见到了长艸敏明。他出身于西阵织世家，是京绣领域内公认的最先出现在国际舞台上的大师。他的起点就是给能剧服装做刺绣。能剧讲究尽可能控制外部表现，将所有的表演内化，因此能剧的装束就是表演的重要组成部分。我能感觉到里面欢腾的情绪，"我绣的时候是很开心的，演员穿上就会很开心，观众看到也会很开心"。这是日本艺术的本质"以心传心"。他与爱马仕合作的铂金包、与伊夫·圣罗兰联席召开的服装发布会，曾引起海内外长时间的震动。日本天皇、皇后与英国女王夫妻见面时，美智子皇后所穿着的礼服和绶带刺绣，全是长艸亲手绣的作品。

他给我看的一部分正在做的工作，其中一项是复制日本最古老的一块绣片，紫色的底部上绣着娃娃、钱币字样和一些粗糙的小物件。"我想去一趟敦煌，看看这个字在石碑上是怎么写的。"他认为大约是照着6世纪隋朝的敦煌石碑绣的，他拿出三个"部"字给我看，字很拙朴，但犹如一位古人的古迹就在面前，真诚而无半点虚张。佛像本身木木呆呆，字也多用圆笔，那种又想模仿又不敢逾矩的刺绣方式，倒像是哪个村妇的杰作。我看了他的"寒山拾得"刺绣中的汉字书法，他对于字体绝对有极精准的把握。从小在奈良学习与绘画、书法和刺绣有关的一切，天分使然，这个立命馆大学经济专业毕业的人还是回来继承了家业。可是这个字为什么这样写，区别在哪里，这个字是什么意思，他说并不知道。但日本工艺追求的是"原样"，模仿到一样才能得到高度评价。长长的"祇园祭"的主"山锌"[1]上，

1. 祇园祭（日语：祇園祭），明治时代之前又称祇园御灵会（日语：祇園御靈会），是日本京都东山区每年七月举行的节庆。整个祇园祭长达一个月，在7月17日（前祭）和7月24日（后祭）则进行大型巡游。京都的33个区，每区均会设计一个装饰华丽的花轿参加巡游。"山锌"，即巡游的花车。——编者注

围着的帐幔上是关羽出游图。这里的关羽是白色的脸膛，戴官帽，很富态地坐在车里，完全不是中国形象。

"若说茶道仪式是无用的虚礼，那么国家大礼、先祖祭祀便皆是虚礼；若是皆以功利之念来看待事物，则世上便没有尊贵之物。"自豪于传统的生活方式和内在的价值体系，京都人一直把提高文化教养和培养对美的鉴识能力作为自己的"责任"。日本都市近代化的发端就在京都。明治后被塑造的思想观念，现在逐渐进入凝固状态。

长艸很清楚时代的变化，除了他和妻子做刺绣，他的工作人员和孩子们全部都是业务员。"他们给我接的工作好像一辈子也做不完。"他说着，对太太半撒娇地抱怨起来。他将工作与兴趣对半分开，一半时间赚钱，一半时间享受刺绣本身。他将自己绣的"齐天大圣到此一游"挂在屋内，那猴子背着手，写"游"的最后一笔还在用劲。画面透着顽皮，死性不改，乐在其中。"时代意识比起自我意识来，既不太大也不太小。"长艸说。

来京都之前听到一句外国人的议论，说京都人被美所束缚，生活中大概总不能随心所欲。但我的房东这个典型的"京女"，却感觉充满活力。三个孩子全都大学毕业，离家工作，她将自家山顶两层的房子拿出来做共享公寓，不仅价格便宜得惊人，每天早上她还提前一个小时，边听音乐边准备有味噌汤、米饭、鱼或肉的丰盛早餐。她说自己享受的是"照顾人的开心"。

日本的生活进入了保守状态。吉本隆明说日本人进入后现代的标志是：个人不再是社会欲望的奴隶，自由是为自己定义生活的意义。30年前日本还停留在泛滥的消费主义文化中，以手袋、发型建立认同。"经历过泡沫时代的人"现在已经成了固定用语。"感性与欲望双重驱策下的现代人，在城市的舞台化身剧场主角，追寻魅力的讯息或符码。"《路上观察学入门》的作者赤濑川原平将城市学兴起对消费的刺激形成的过时套路看得很清楚。

在低欲望时代里，以京都为代表的城市依然有的是吸引力。高僧松山大耕目前是京都最活跃的新时代禅师，他在网站上每日推送禅语的解释，与以京都岁时记为内容的日历。如处暑应该食冷的时令蔬菜，白露可以欣赏"夜长月"的明亮。个人、个性这些日本现代文化的内核超过了政治和时代的概念。人们依然要参加各种仪式，为的是不断和自然保持一致。

隐秘的京都，是一种信息不对称带来的想象。绝大多数的京都传统产业走向商业化的步子都很迅速，稍有不慎就会被时代淘汰。上贺茂神社的草坪和巨树之间是清浅的溪水，周日上午，孩子们在河里玩水，看见有人光顾还要喊："妈妈加油！"原来市集就在河边的石子路上举行，大概两百来个摊位。我遇到一个和师傅一起给南禅寺做瓦的年轻瓦匠，他卖的是自己烧的瓦形的筷子架，他说："做瓦匠很辛苦，天气最热最冷的时候也在屋顶上工作，不过却可以看到一般人看不到的绝景！"

日本人和自然，彼此了解对方的意愿，彼此留下对方的印记。日本人与自然互相发现对方，而这和合的趋势一直持续。好几个寺院都会轮流举行手工市集。这些手工制品谈不上精美，却无不透着自己的小味道。21岁的大阪大学设计系学生在卖照片，拍摄的就是自家水田前面的天空。高二时父母赠送了一台尼康相机，她一下子就迷上了摄影，虽然学的专业不是摄影，却特别喜欢拍照。她拍摄的大阪味道的照片，比如夏天甩尾的锦鲤、个性十足的少女，让人感到青春的活力。这里光是猫摄影师就有两位，手冲咖啡就更多了。"手作"这种服从自然，把自己视为同自然一元的文化，在现代的日常京都更具有审美价值。

"間"，是所有日本艺术中的一个必备元素，就是为缓和紧张而出现的一种无声和空白，其中却包含着"生生不息的时间"。岚山是一个很好的注解。很久以前我误解它是一个拥挤而缺乏情致的地方，但来了才发现，岚山是京都人的岚山，这个地区保留了传统生活的习惯，乃至生活方式。大觉寺本来是嵯峨天皇的别宫，这里宫庙不分家，佛教与世俗也不分家。作家的落柿舍[1]，前面是自家的农田，旁边则是一位公主的墓地。岚山往偏僻处有不少天皇墓，颇寂寥。我溜达着走过两边都是住宅的小街巷，走到大觉寺的山门处，只见两边就成了日本难得一见的宽门大户了。生活化的岚山保留着近代文化和传统文化相互融合的状态。不发达的街区、静谧的住宅，让我庆幸自己从天龙寺出来，一路再也没有往渡月桥方向前进。看完了所有《源氏物语》里提到的地点，祇王寺、常寂光寺、大觉寺，我买了个油炸豆腐包，里面还有一层百合包裹着莲子。夕阳西下，人们熙熙攘攘地来买老铺子的豆腐，准备回家吃晚饭。（文：葛维樱　摄影：黄宇）

1.落柿舍是日本著名俳句诗人松尾芭蕉弟子向井去来的茅屋，因芭蕉曾于此驻留而著名，并因此成为俳句爱好者的朝圣地。据说日本的文学社团、文学青年很喜欢在此聚会。——作者注

日本风物之轮岛涂

　　漆，在日本被誉为神之血。日本国名的英文小写japan意思就是漆器。在金泽，我差点儿以为传统与现代是完全可以无缝连接的，并不需要通过任何介质，后来证明只是这介质被有意忽略了。

　　轮岛仿佛还活在100年前，对于世界的反应是以不变应万变。这里的时间变得黏稠，人的动作和思想都很缓慢，甚至他们并不表达任何意见，只是在呈现无与伦比的精美作品。轮岛涂是日本漆器的代表，日本几乎所有的漆器都叫某地漆器，轮岛涂却以工序命名。

　　漆器一直独立于日本其他工艺科目，尽管日本莳绘[1]等工艺已经走到了世界最前端。漆器是日本工艺的代表，在世界古工艺美术的陶瓷、纤维、玻璃、金属四大类之外，是东亚独特的第五种工艺。漆，三点水旁，一个木被人为地两撇割出了水，很形象地把漆树采集过程表现出来。百里千刀一斤漆，中国早在秦汉就已经普及漆器，无器不髹。而日本自唐传来的最有名的正仓院国宝琵琶，一直有"唐物"和日本制造的

1.莳绘是漆工艺技法之一，产生于奈良时代，以金、银屑加入漆液中，干后做推光处理，显示出金银色泽，极尽华贵，时以螺钿、银丝嵌出花鸟草虫或吉祥图案。——作者注

一百多道工序的轮岛涂至今仍恪守严格的分工

两种说法。这也说明日本当时制造的琵琶已经能够展现日本的漆技艺，与唐物不分上下。

髹漆之法来自中国，从故宫的漆藏品目录中就可见几十种完全不同的精美工艺，包括莳绘、沉金等技巧。但是在中国各地方独创性的漆发展过程里，一直是百花齐放的局面。日本漆则走了完全不同的路线，它不仅成为王公贵族的爱物，也很早就成为日式生活中的一个极重要的角色。今天看到的轮岛涂里占绝大多数的是食器。早年的礼器、祭典用具、法器、节日用具之类也几乎全是漆器的天下。

坐了三个小时大巴去能登半岛，车越开路边景色越荒芜。轮岛涂的精致和本地的荒凉偏僻形成了强烈的反差。我在去轮岛之前也看了很多城市的美术馆、博物馆，但是"精美绝伦"这个词在轮岛完全被刷新了标准。洗了一天眼睛以后，再看其他漆器我都觉得只能叫"木碗"。

我们今天所看到的日本引以为豪的小产地、小规模化的手工艺制造漆艺，需要142道工序，这一模式定型于15世纪前半期。这正是王世襄所说的在中国很难恢复的古漆艺。制作时间漫长，仅仅上漆这道工序，一只碗就需要一年。王世襄说漆器不像家具有实用价值，做得好的漆器才有价值，做不好一文不值。日本有22个漆器产地，但轮岛涂最为昂贵。江户时代文化发达，文人墨客在各地的旅行中，开始传递最新的文化信息。轮岛涂的名气就这样在有教养、有知识的阶层中逐渐推广开来。

在漆的一个狭窄项目里周旋，精巧小幅的画面得到了日本美学的充分发挥。关于轮岛涂的起源，说法莫衷一是，轮岛美术馆附近的遗址挖掘出了9世纪至10世纪的漆器。前往轮岛的路上，路过了大量不高的山林地带，罗汉树、榉树之类的木材极多。再往飞弹高山的方向走，是近三四百年的近代中，日本大城市所需木材的来源地，这些地方道路不艰险而且离码头很近，使得运送木材的小船可以在日本海的范围内航行。

大量聚集的"职人"把漆器工序分成了非常细的步骤并进行专业加工。在我们看来千篇一律的同一材料，要这么多人加工，竞争极为激烈，然而大家却保持着一种很奇妙的默契。懂行的师傅一看，就知道是谁的作品，"让任何人都不会成为毁掉这个器物的因素"，是整个轮岛几百年来形成的高度职业化的特殊氛围。

产地意识在轮岛是个很成功的广告概念，漆器其实产地众多，尤其是我们来的加贺一带，比如山中、山代都有自己的特殊漆器。轮岛早期被称为"椀讲"，后来叫"赖母子讲"，一直想要与日本其他的尤其是同产区的漆器产品区别开来。江户时代轮岛涂还只是众多漆器的一门，但明治维新后大量大名们御用的匠人失业，他们来到富有硅藻土的轮岛，进入极其专业、极其专注的状态里，没有人催促，也不提倡竞赛和超越，所有的人似乎僵持在一个状态之内，把职责两个字做到最佳。手工艺产业的浪潮中，工匠们多达数千人。20世纪

80年代，轮岛涂赶上了日本泡沫经济时代，但它却身价飞升，至今仍有近千名生产链条中的工匠。

绝不机械，是轮岛的默契。"只要做这个工作的人，无一不具有一种特殊的玩乐心理，就是能在极专注的情况下，保持轻松和快乐，不俏皮的人是做不成漆器的。"轮岛涂在历史上的名物众多，漆器史上最高的国宝是尾形光琳的《八桥莳绘螺钿砚箱》，光琳把轮岛涂提升到了艺术的层面，漆器富有的感性、韵味，在日本传统文化里，最能够将艺道发挥得淋漓尽致。

前野勉是一位漆师，他听到摄影师问一个小杯子多少钱，只假装没听见。只有销售的人会拿出各个年代各个名家的作品来比较，然后迅速报价。漆师也不介绍漆是怎么上的，他只关心自己的细巧花纹能不能更加精美灵动，笔触和力道是不是够得上水平。他们甚至彼此也不交流，只是做着自己的那部分工作。漆师的工作环境绝称不上优雅，他们黑乎乎的手指永远洗不干净，在水里摩擦，在刷子、黑灰色硅藻土和一个个碗之间周旋。我拿起一个精美的碗盖问，是不是味噌汤的盖子，师傅显然很生气，说是汤物的碗。

轮岛漆器研究所的所长由"人间国宝"[1]前史雄担任，可以开设课程并招生，但是真正的学习不是进入这个门槛这么简

1.由日本文部科学大臣认定高度表现"重要无形文化财"技术的个人，即"重要无形文化财保持者"，日语称为"人间国宝"。——作者注

单。英国人苏珊娜在这里学习了三年才被告知"可以开始了"，学习到第五年才被告知"你已经完成了'开始'的学业，接下来可以正式学习了"。

拿起的一瞬几乎感受不到重量，一只莳绘的蓝色和银色的小河豚瞪着眼睛在杯底看我。如何在一只羽毛一般的小酒杯上画这么美的图案？这在轮岛不是问题。苏珊娜说，更难的是如何得到一个轮岛师傅做的木碗，或是传说中用海女头发制作的刷子。34年前，苏珊娜大学毕业，本来只打算来日本待三个月，没想到一待就是这么多年，其中27年她都居住在轮岛，成为轮岛目前唯一的外国漆师。她和丈夫、女儿都居住在轮岛，一家子都入了日本籍。虽然经常被日本的电视台采访，但是在本地却只能算个异类。"日本人不会把秘密告诉你，尤其是手工艺，必须自己学自己看。"

师徒制的学习过程里，直觉战胜了逻辑。弟子会从纤细的情感中发挥敏锐的归纳力和直觉力，师傅教导的是技术，而技术变成了艺能。（文：葛维樱　摄影：黄宇）

日本风物之红叶狩

　　身穿唐织红大口（"大口"为和服中宽的裙裤），枫叶在金底上以黑、绿、褐、白等多种颜色翩然飞舞，坂东玉三郎的歌舞伎剧目《红叶狩》恪守着能剧里柔美和凄厉轻松切换的风格。红叶与樱花在日本文化里代表的是两种气质。对于喜欢自然变化和感受由此产生的情绪，爱站在近处看风景的日本人，对红叶之美，却只能远远眺望，绝不是樱花树下饮

立山黑部被称为日本的屋脊，秋天到来时这里呈现出壮丽的景色

酒唱歌之态。

《源氏物语》中最动人心魄的一幕正是"红叶贺"。红叶荫下，日光如火。源氏公子歌咏妙音如迦陵频伽[1]，美妙至极，舞步优美绝伦。红叶纷飞，夕阳映衬下的源氏红叶之舞，使观者无不落泪，美得令人毛骨悚然，感觉已非人间景象，令人心中不安。这样的物哀，是日本文化给红叶染上的特殊性格。

宗教与神话融入了日本的审美意识，成为日常生活中的真实状态。日本称秋天为白秋，接下来是玄冬。色彩与季节的搭配源于本土的文化和感性。在日本，红叶在文学艺术作品当中只承担形象美的作用，远远没有被深挖过美学内涵。明治维新以后的价值表达都是借助西洋的概念，红叶的美，是对于生命之美的震撼和不安，却无法恰如其分地自我表达。

"红叶狩"也和"花见"[2]一样会提前造势。从北陆到中央山脉的上高地一线尚满眼青翠时，车站已经遍地是红叶季的海报图。日本秋季漫长，与樱花开放的短暂不同，从农历七月末已经进入可以欣赏绿枫凉意的时节。由于山中小气候，好几处已经能看到特别鲜红色的鸡爪槭，小手一样伸开在空中。加上枫树、山毛榉等树木在不高的山脉之中尽得蔓延之势，从白马岳到立山黑部再到北阿尔卑斯一线的山脉之间，长野的户隐神社被标注了一枚特殊的红叶。这里每年10月的第四

1.迦陵频伽，佛教文化中的一种神鸟，可发出美妙的声音。——编者注
2.花见是日本的一种民间习俗，意思是"赏花"，若无特定所指，多指观赏樱花。——作者注

京都的秋

个星期天会举办红叶祭，音乐是没有配乐舞蹈的素歌，也没有热闹的吃吃喝喝，而是讲述一个关于千年古代性格美人的传奇。

红叶的魔性从古物语（故事）中可寻根源。在《大日本史》《和汉三才图会》记载的日本传说里，佛教中的"第六天魔王"在平安时代化身美人红叶，精通琴棋书画，成为源经基的侧室。后因诅咒正室，被流放户隐。红叶能耐极大，竟然自立门户成了山大王，统领一方盗贼。也有说因为她读书、裁缝、歌舞的才华征服了当地老百姓。天皇出动了平维茂到

印·象

户隐山中剿灭红叶，也就是后来能剧《红叶狩》的故事原型。千年来关于鬼女红叶的物语极多，鬼女身上有无法压抑的魔性和令人如痴如狂的美，故事演变到后来，六道中轮回几百年的红叶，转世成为一统天下的织田信长。（文：葛维樱　摄影：黄宇）

「啊」的一声：日本人找到的生活美学

日本人如果不吸引周围的注意，就无法确认自己的存在。正是因为身处集团之中、重视义理，在生活情趣和情感偏向上就越强调自我。反过来说，正是因为日本人在日常生活中追求物心如一的和美境界，才显得对世界并不叛逆。

日本人在生活方式上审美发达，感性程度堪称世界第一。审美需求，是我们阅读日本的根本动力。审美是个人化的，超越了地域与时空。中国人刚到日本时总是被琳琅满目的美吸引，但多来几次难免觉得有反差：和纸店里最受欢迎的商品是一笔笺，绘制着《源氏物语》或其他古典图案，以及由奈良老店生产的美丽的一次性毛笔。然而电车上人人都是低头族和口罩族，"生人恐惧"就是专门为日本人创造的心理学名词。日本开展的自我研究门类精细得吓人，他们对自己充满好奇，并且很早就发现不能全盘以西方哲学进行解释。"美学"这个词由日本翻译到汉字文化里，一下子延展出一个巨大而混杂的概念，也深深地影响了中国。

夏目漱石说："我们生逢这自由、独立、充满自信的现代社会，却不得不去忍受孤独之痛苦。"如此强调自我、重视自我，另一个表现恰恰是

散寿司外卖。外卖在京都非常讲究，樱花季节正是老店用外卖款待客人的好时节

拼命要进入大集团，依附于一个集体。这份孤独造就了独特的审美思想，也成为日本对于世界思想的一大贡献。

现在我们在日本吃到的冷荞麦面，下面铺着的都是竹子编的小篮子或盒子。但20世纪60年代荞麦面店大量使用的却是塑料篮。盐野米松说，即使是很小的生活细节，现代的日本人也尝试过改变。塑料篮子很好清洗，经得起钢丝球刷，而竹篮就很难洗且易坏，为了提高效率而使用的塑料篮，本来已经普及，连劈竹篾、编竹篮的手艺人都改了行。但逐渐有人开始觉得，"果然还是竹篮里的荞麦面好吃啊！"本来竹篾编好后的篮子，清洗完毕，"唰"地一甩，水滴就能全部甩干净。但当时能找到的竹篾产自中国和越南，在大料加工环节没有去掉竹节，水滴才甩不干净，就容易脏。就这样，全日本竹篮的生产工艺再度复兴。

用塑料篮还是竹篮这样的小事，与日本现代化进程，形成了一个非常重要的矛盾的两面。早稻田大学教授、美术史权威内田启一说："日本人之所以这么孜孜以求地寻求生活当中的美，正是由于对现代化社会的一种反抗，或者说平衡。"

纵的世界

只有京都这样的地方，才能生产出"高等游民"。从大阪下飞机到京都不过一个来小时车程，已经换了世界。京都地处山间盆地，早晚可以冷到哈出白气。我们到达时樱花尚未开放，除了热门景点，京都各地游荡的大都还是放春假的日本本地游客，而路上竟然有三分之一甚至更多的女性穿起美丽的和服。"在京都穿起和服也不会觉得有什么异样"，是一句鼓励女性的广告语。傍晚气温骤降，大风吹着她们头上精致发簪上精致的花朵，脖子露出一点，却不见任何瑟缩之意。

西田几多郎开创了现代日本哲学，他在京都大学附近经常散步的步道也被称为"哲学之路"，夏天来时多有猫咪，春天来时樱花尚未开放。西田几多郎的处女作《善的研究》是日本明治维新以后销售量最多、影响最大的哲学著作。他觉得由于日本是一个岛国，长久以来不易受其他民族侵略，可以放心地引进外来文化，日本逐渐形成了人即自然、主体即环境的文化。以皇室为中心，日本社会遵循矛盾自我同一的规律，作为孤立的"纵"的世界发展至今。

观察这个"纵"的世界，到京都来是一个很合适的切入点。京都如今已经进入樱花季的氛围，然而几乎没有看到开放的花朵。估计人们都被谷崎润一郎的那句话影响了："樱花若不是京都的，看了也和没看一样。"身着古典高雅和服的美人成双地走在平安神宫完全没有开花的水池边，樱花树褐色的硬枝条有一种固执的优雅。现在"花见"还没开始，然而日本人对赏樱花的执着，似乎与樱花本身都没什么关系了。还没出车站就看到铺天盖地的樱花口味和果子和打着"花见"招牌的各种粉色酒。想起在东京时，信奉唯物主义的内田教授对我们一起吃的樱荞麦面嗤之以鼻："樱花还没有开，你这荞麦面用去年的樱花做的吧？！"可是，一切都拦不住"花见"。

为了弥补樱花未开的"残念"感，京都在大量寺院所在的东山脚下，布置了灯游路线，傍晚时分全是不顾寒意乐开花的游人。尤其是在众多景点中地理位置偏高的高台寺，入口处有一位身着白无垢服饰的美女，在昏暗的纸屏风前，演绎《狐狸嫁女》这个古老的传说。尽管隔着格子窗，观者痴痴凝望着排队买票，仿佛夜晚的寒冷也消散了。乔布斯生前钟爱俵屋旅馆300年里的御三家氛围，在京都小店与富山县立山町"越中濑户烧"一见钟情后，和陶艺家成了朋友。在1853年，马休·佩里首访日本，打开一扇被隔绝数个世纪的文化之门之后，乔布斯再一次成了在西方主流价值观里面最大的日本广告。

这样的京都无论对内还是对外，展示的往往是一种一贯性，但仅

清水寺樱花历来是京都第一盛景。唯美派文学大师谷崎润一郎说："樱花若不是京都的，看了也和没看一样。"

仅靠这一点难以支撑其精神内核。进入日本第二古老的国立大学京都大学，就会发现有趣的史料。1919年，京都曾经因为都市改造一度丧失了自信，进而发生了骚乱。京都大学里不仅有为长州藩政治家捐赠修建的"尊攘堂"，也有典型的大正时期西洋风格的"时计台"（百周年时计台纪念馆）。

一双脚踩在木屐上，从稻田水洼一直走到学校门口，这就是京都大学宣传广告中的场景。大学使日本第一次从农民、手工业者中，可以成长出一个知识的阶级。年轻学生们戴着学生帽向学校而行，教师坐在京都特有的黄包车上，向路上的学生脱帽回礼。每个学生的宿舍不过"三叠"大小。小小的桌子以外就是书架，外套平平地挂在墙上，窗口用来挂洗干净的衣服。1949年，京大诞生了日本第一位诺贝尔物理学奖得主汤川秀树，被誉为挽救了日本的民族自信心。原子炉实验所贴出了赏樱时间和路线，本校植物学系和食品系合作，利用植物学系培育的大麦，推出了新口味酒品，因此校门口贴着免费饮酒的告示。

京都大学至今仍然刻意保留着日本最古老的学生宿舍吉田寮。"寮"就是宿舍的意思。走进吉田寮的走廊，我简直像走进了20世纪80年代中国的筒子楼。锅碗瓢盆摆得满地，四通八达的走廊里破烂堆得满眼都是，但却没有味道。有人以极快的手法弹奏德彪西，我悄悄过去一看，那少年背对一屋子杂物拼命练习着，全然不顾垃圾场一样的周围环境。外头坐在

时尚和清新隐藏在京都的街巷中，当地人在古建筑以外有自己安稳的生活

走廊暖被桌里的女孩长相清秀，对于我的好奇一脸淡定。这个学生自治地区，最近依然拒绝学校花钱修整，简直是京都大学美丽优雅校园里象征"自由学风"的活化石。

吉田寮是住的代表。千年老店就是关于吃的了，京都最古老的店铺，一家年糕铺、一家茶室卖的都是最便宜、最朴素的食物。一个段子是：年糕铺老板悄悄告诉客人，自己隔壁家店铺易主了，而时间是"400年前"。在京都近代化的研究领域中，如何一面把一个已经迁走的故都保持得繁盛与精美，一面还得吻合现代的需要，而不是一味地哀叹过去的好时光？明治维新的一大改革，就是抛弃了京都。当时不仅是天皇和政府机关，所有的相关官吏、有实力的富商都尾随权贵而去。京都历史上第一位市长开始了对京都商人的免税政策。此举奠定了京都近代振兴的经济基础。直到如今，京都最富活力的盛典依然是商人的天下，这正是日本最精彩的祇园祭的精神核心。据说不提前三个月根本订不到观赏位。

川端康成和谷崎润一郎都安排女主角去平安神宫赏樱。如今樱花未开，可以看看电影《刺客聂隐娘》宴会后的游廊的拍摄点泰平阁。从平安神宫向任何一个方向前进，周围步行20分钟以内，聚集的都是以"京"为名的文化精粹。第一天我发现京都美术馆、动物园、图书馆全部在平安神宫的大道入口处，而往里走完全就是老百姓的大公园，孩子们随意嬉闹，大人们在草坪上晒着太阳。平安神宫在京都的创建，与电车开通和琵琶湖疏水道的建立，被认为是开启了京都现代化的标志。难怪平安神宫与各地御所、皇居、离宫的感觉如此不同。

我被庭院和门口侍者的热情招呼吸引，走进一家美丽的老店"西尾"，吃了一碗不比任何一家小店贵的京荞麦面，店里的客人也都是本地人。临走时去门口小屋一转，才发现当今天皇从皇太子时期就一直在此用餐，因此店里摆出了若干不同时期的来自宫中的感谢信。

色感

来到京都传统产业博物馆的时候，正好赶上京都传统手艺人的春秋大典（日语中指比较重要的节日）。对面美丽的京都美术馆，正在举办雷诺阿"春之色彩"的主题画展，我站在路中间留心数数，喜欢印象派和喜欢传统工艺的人数居然不分伯仲。以"京"为名产生的日本生活艺术的领域，代表着一种难以挑战的高超品位。日语"自慢"（自夸之意）似乎更能表达出那种又含蓄又骄傲的微妙神态。除了以西阵地名命名的西阵织，京派审美从京友禅、京鹿子绞、京绣、京烧、京扇子、京人形、京七宝、京瓦一直到京料理、京荞麦、京豆腐、京果子等，蔚为大观，将日本所有传统面一网打尽，具有难以撼动的审美地位。德川幕府为了压制平民势力抬头，实施"俭约令"。然而爱吃爱穿的京都人不仅将这种文化保留下来，更增添了一种绮丽的"色感"。

据说日本学者研究中国的《唐诗选》，发现465首唐诗中，反映男女相爱的诗歌只有10首。另一个发现是，中国的审美体系里没有"色感"。一到日本，人们确实觉得眼前的颜色鲜亮了起来。红色的桥、神宫面前的红色鸟居、绿色的屋顶、暖黄色的砖，连博物馆、大学的百年以上的老标牌都是明晃晃的青铜绿色，更不用说造园造庭使用的移步换景的造型技巧，一旦加上"色感"就完全改变了模样。都说京都依长安而建，也有说洛阳，但京都本身没有城墙，估计四周的崇山已经起到了保护的作用。古时进入京都的大道只有罗城门一条，"绝胜京都烟柳径"，柔软的柳树枝条，确实是京都道路两旁朦胧美感的创造者。

1871年开设的产业场是京都传统产业振兴的关键。游客少，本地人和了解其文化属性的人居多。很多老客人专程给自己喜欢的师傅加油，不大的场合里有几十位在自己的小摊位前展示手工艺做法的师傅。名牌上写着多少代目，就是店主本人。和服布料的织染皆为手工，清理翻新的师傅也已经传承16代了。老师傅让我分辨一匹淡绿的和服布料两边的颜色是否一样，一边是前胸背后常常晒到太阳的位置，一边是被腰带等物遮挡的位置，说实话，我真不觉得面前这块布两边颜色的差距有到肉眼可以分辨的程度。老先生还不死心，给我用力抻展，拿出个小手电反复照亮面料。这些手艺人无论收入高低，都坐在一排，彼此也不交谈，一致面对着观赏者。不仅不拒人千里，脸上反而有一种谦和又满足的表情，与一般商店里销售员的急切完全不同。

带来色感视觉震撼的是京友禅染展览。作品是近20年来26家老店的心血之作，另一方面也可见京都的染色行业竞争多么激烈。盐野米松说，日本是个小地方，好和不好很快大家都能知道，审美感就是在这种百花齐放中培养起来的。

很多和服的题目只有"小鸟""水面""高洁"之类简单的词，然而我看到了大量从来没见过的花式和颜色搭配，从这些和服的画面，外行很难看出规律和方法。友禅染创始人宫崎友禅斋本是17世纪的扇面画家，他发明了用三角锥形的涩纸筒挤出"丝目糊"，沿着纹样轮廓线挤置精细的

文化服装学院展示的精美和服，花鸟图案极富立体感

线条，然后染出各部分图案的方法。染色有如绣工，甚至视觉效果更立体绚烂。每一朵花都质感丰富，至少有四五个不同切面的质感，我一开始不相信这是画的。色彩之明丽，视觉之灵动，直中现代人的审美要害，走出展馆，我甚至能分辨出哪些是高级的和服了。看起来剪裁格式似乎从没变过，但附丽其上的图案已经不是某个主题范畴的了。图案的寓意毫不重要，可以想象一个美人穿上这样的和服，一举一动会在什么线条下发生，明明是静态的，可是想象力的动态空间却没有止境。

20世纪60年代，政府号召民众"七五三节穿和服"，极大地刺激了京都的现代手工业。尽管西阵织总是被拿来与和服的至美画等号，但西阵织按照"染色和服带刺绣腰带"的着装规则，大多制造的是腰带。而"始为衣冠而美风俗"的友禅染，直到今天仍以和服为主旋律。和服的形制说起来复杂，其实也就是几种固定格式。在一个范围之内，把东西做得不断进步，这是日本人的长项。除了日本人保留下来穿和服的传统习惯，和服本身的生命力也能让一场和服发布会人满为患，这不是一两个大师的提倡、带动可以实现的。

当天下午有一场友禅染和服时装发布会，模特居然高矮胖瘦不同，专为普通女性提供参考。日本女性到京都购买和服是一笔固定开支，台下坐的正是挑剔的客人们。

作为固定消费群体，日本人有着对于和服的执着和感悟。我们之所以看到京都大街上穿和服的人成群结队，还有一个原因是正逢毕业典礼。毕业仪式的和服作为一个特殊的式样留存下来，因此连接起庆祝仪式和年轻人的荣誉感。

日本对艺术的理解有自己的多重文化划分，这个视角对于熟悉衣食住行功能划分的我们，是一个理解日本美学的关键。日本为了弘扬自己固有的美学文化，一直使用艺术、艺能、艺道这些概念，感觉是表现相同文化领域的词，视角却将同样的文化现象范畴化了。从最初使用"艺道"这个词的世阿弥，到近30年里学者们依然在解释学方向进行的努力，已经过去了600年。艺术在古日本涵盖了儒教的人世宇宙伦理，除了是实现道的必要基础教养，还有个人娱乐的意涵。在文明开化的明治维新风潮里，日本的艺术脱离了道德、宗教、政治范畴，相对于西方的他律性，日本反而导入了艺术和美学的自律性这样的概念。

京都是庶民生活审美的勃兴之地。江户时代以后富商融入百姓当中的世俗生活开始了。天皇走了，老店还在。江户时代的浮世绘里有知名的美人与知名的和服，堪称当时的时尚杂志。从富人到老百姓，审美都在同一范畴当中。

商人们对于"京生活"花样百出的贡献，是我们今日所见日本生活方式的基础。和我们不同的是，日本皇家因国体而一直存在，皇家品位被严格限制在一个小范畴之内。举个例子，"衣纹道"的传承者全日本只有一人并且世袭，他一生只使用两次这种最高等级的和服着装技法，一次是前任天皇去世，一次是新天皇登基。日本今日所呈现的美，背景是江户时代至今几百年里发展起来的商品经济和商人阶层的财富自由。

甜

赞叹日本料理，有一个形容词是"甜"。不管什么东西，从蔬菜到肉类都可以被夸奖为甜。日本国土约为37.8万平方公里，只有五分之一不到的土地适合农业和居住，更多的是山。据说日本一年有五季，甚至六七季的说法。按照"旬"来解释日本料理，其实是对复杂的食物分类做了一个硬性的时间划分。我们5点多起床赶往奈良当地人的早餐食堂，赶着7点半吃到烧桧木柴的灶蒸出的新米饭和忍冬花炸的天妇罗。鸡蛋壳很厚，要敲好几下才能敲碎，先在碗里打散，再倒入米饭，点上奈良本地的片冈酱油，柔滑香浓，味噌汤也出奇地香甜，我情不自禁地想对这复杂又青春的味道赞叹一句"好甜"。这个大落地玻璃窗的小食堂特意在每种食物旁边放了介绍，大早上来的不是婆婆妈妈就是准备上学的男孩子，免费的白饭添了三碗，只要550日元，一大一小两枚硬币。

日本人享受四季的恩惠，而饮食的最高享受是画面感，食物的色彩与器皿都是一种信息的传递。京竹笋要10天以内的，只要一点味汁就能入口。樱鲷在鲷鱼肉里裹一丝粉色，是樱花的味道。我到京都一家做散寿司的70年老店吃饭。"寿司之神"把食客们搞得诚惶诚恐，然而日本2.5万家寿司店，拿出本事和诚意来款待客人的是绝大多数。寿司店面向客人的工作环境，本来就反映了人与人之间的关系。"寿司就是要吃个痛快！"老板这样鼓励我。盐搓赤贝，在甜醋里蘸一下，腌金枪鱼早就加工好了，先隔着布冲烫一下再把鱼放进冰水，出来的色彩才能像红宝石那样夺目。在米饭之上，老板不厌其烦，重重叠叠地铺上了十来种生鱼片，再撒上厚厚的松软的鸡蛋丝，这精美的食盒是要送给来订餐的和服老铺子的。京都的外卖历史悠久，价格不便宜。祇园祭的时候，老店们还要请料理店上门，老板亲自试菜。如果是关东来的客人，汤的口味过于柔和，没有一下子发出赞叹，就是不合格。

日本的味道就跟颜色一样，吃到味道，看到颜色，都是一点一点堆积起来的，发生了很多变化组合的奥妙，绝不是一个一加一等于二的过程。食物是生活美学里永恒的主题。一片被大海包围的37.8万平方公里的狭长土地上，定义食物美味的是本土居民。我对于甜的最意外碰撞是京荞麦店，从汤到炸豆腐都是扎扎实实的甜味，导致后来面对京果子我总是偷偷想，有没有稍微加点咸味中和一下的。

"甜"在日语中也可以形容人的好性格。日本美食剧之所以能在中国引起那么大的共鸣，是因为菜色上虽大不相同，但反映人的相处特点上却有相通之处。热门的女性美食剧话题已经发展出三股风潮：一是快速约会，去男生选中的店第一次见面吃饭，边吃边聊，寻找爱情；二是早餐流行，像奥黛丽·赫本那样，用清晨的半个小时丰盛时光来犒劳自己，引发了日本各种早餐店雨后春笋般从清晨6点开放；三是下班后独自一人去居酒屋喝酒，吃下酒菜。

迁都到京都以后，和食有了起步和改变的基础。京都是物产富饶的盆地。京都只用利尻海带，各家不同的料理讲究海带出品的海湾。喝来喝去，日本的汤就只有那么几种底味。虽然海带富含的是谷氨酸，鲣鱼干片富含的是肌苷酸，干香菇富含的是鸟苷酸，然而海带和鲣鱼干的王牌合作，可以让鲜味提高七八倍，在现代化学研究之前，四国和北海道的鲣鱼和海带几百年前已经以贡献天皇的名义，从福井海运到京都。海带至今仍要洗掉甘露醇（过于鲜会发苦），用席子围堆，慢慢风干。古时海带在席子里过完冬天，春天打开时就有香味。两年后风干成熟的海带才能制作高汤。

怀石料理本来是和尚为了抵御寒冷饥饿，在怀里抱块温热的石头抵住胃。这个意象早已经被人们使用各种各样美丽的器皿和食材搭配给替换了。从京都到奈良，料理的美感先于美味存在。我们吃到的会席料理（日本代表性的宴请用料理）充满了宴会一样的华丽与诚意。朱漆盘中，一叠白底绿边的小碟铺着三色鱼肉，蓝底的小碗是一块胡麻豆腐，白色长盘画着月笼芒草，放着三样和果子。青瓷盘里是两块烧鱼上放着一片有粉色孔洞的白藕，哈密瓜盛在蓝金色的盘中，配米饭的渍物在伊万里的柿右卫门小碗中，白色有如淘米水一般，红色则更透明，里面的奈良渍清爽脆口。喝一口煮物里特制的汤可以鲜掉眉毛，对于这种层叠而出，却又仿佛始终如一的味道，只顾赞美"好甜"，顾不上在榻榻米上坐得腿麻。

小社会的生存之道

　　日本是以个人方式进入历史和世界的。大西克礼认为，日本人面对世界和人生的深刻探求的倾向，本质上很匮乏，很难要求其博大精深。奈良在日本古都中是首屈一指的造梦之地，我去寻找的正是一种个人方式。大清早，鹿还不多，零零散散地在"春日大社表参道"站前面散步，想看萌萌的初生小鹿只能5月至6月份前来，不过据说母鹿很不好惹。游客往往要先去的东大寺，已经成了鹿们的早餐场所，刚一下车还没进寺的客人们就与鹿玩耍起来。虽然传说鹿是神的使者，科学还是解释不了奈良为什么会有这么多野生鹿长久以来与人和谐共存。周边山地平原可没有鹿，再能

鹿与人的自然共处，为奈良增加了梦幻和温馨感

奈良早餐。550日元的早餐，大米、鸡蛋、酱油全是当地食材

鹿之岛早餐食堂。奈良当地人一天的生活从这里开始

找到大批野生鹿的地方就是遥远的鹿儿岛了。

奈良保留下的奇迹动辄追溯到 1300 年前。平安时代的庭院是日本贵族式的落落大方，令人心生喜悦。室町时代，国师梦窗的庭院逐渐取消了华美开阔的元素，把安于贫穷作为求道的方式，以"烟霞痼疾，泉石膏肓"之论开创了枯山水的美学风格。奈良佛教建筑的朴素刚健与大气磅礴，神教建筑的华美细巧与神秘也随处可见。全世界最古老的木质建筑是法隆寺西院，而东大寺的大殿是世界上最大的木造建筑。如今奈良的寺院有自己严格的宗教规章和礼法制度。

感性审美使奈良成为日本人精神的故乡。我们这次前往奈良正好碰到春日大社第60次"式年造替"[1]。春日大社是日本神道春日社的总社。主神位供奉四位神灵，但几乎无人能见。通过正门可以看到的是完全封闭的社殿，我以为赶上了60年一次的请神灵露脸的仪式，没想到神官说，神灵并不能给凡人观看，修复社殿仅仅是为了保护，20年一次，今年正好第60次。神道教创造了日本自然主义。日本人认为日本的天空是连接大地的天空，而游牧民族的天空，与大地隔绝。遥望那送神而来的鹿群漫步去了若草山等待圆号的召唤，那种精神上的"连接"感确实在一种不可思议的氛围里出现了。

站在奈良县政府六楼的房顶上，能看到自古以来各大寺院划分严格的土地界限。奈良的神教与佛教和谐共存，春日大社也会请兴福寺的和尚来念经保佑。大山和森林历史上都属于寺院，春日大社的原始森林也成为世界遗产。不仅古迹、古建筑，这些寺院还是真正的宗教所在地。

政府工作人员说，奈良寺院等级非常高，政府要使用这些土地也都由东大寺划拨。每一年元月若草山盛大的烧山仪式，正是为了解决彼此之间的矛盾而设，一把火烧光了山，也把各寺的祈愿符一同烧掉，来年换取新的。据说每年烧山已经成了奈良的一大盛会。

"爱怜万物"是本居宣长对日本人美感的著名说法。18世纪的日本国学家本居宣长，将物哀概念化。审美心理本身是朴素的，缺乏深厚的哲学理论。所以他把逻辑斥为"理窟"（理性洞窟）。本居把"物哀"置换成"物心"，这个物是引起哀的物。然而这个爱怜的背后，体现的是一种依赖、孤高、义理人情、闲寂、潇洒。当年大热而后被中国翻拍的日剧《孤独的美食家》，每集开篇的点题，就说明一个人享受美食是"现代社会的孤高"。

1.式年造替：在神社建筑中，每隔一定年限重建或重复一部分或全部神殿的制度。——编者注虽然奈良成为首都的时间并不长[1]，却形成了独有的文化。志贺直哉写过奈良的近代化："镰仓时代与春日大社有关的豪族聚居于此，僻静娴雅，后来受江户末期大火，以及明治初期打压佛教的毁佛运动影响而逐渐衰落。然而到大正、昭和初期，画家、作家等陆续移居而来，逐渐呈现出了艺术村的况味。"

凭着对故国、自然和风土的理解，宗教以外的奈良以独特的美感，创造了大量日本独有的工艺形式。这些工艺，是美和现实世界的桥梁。比如茶筅，在茶道里千家教师张南揽看来，唯独奈良这一家高山茶筅最为好用，占据了日本本国茶道90%的市场。奈良的毛笔也是日本最好的，另一个一家独大的产品是古梅园的奈良墨，据说夏目漱石专门用它来作俳句。

参观墨的挂晾，我仿佛看到一屋子演绎着高难度动作的杂技演员，在草绳里不系安全带，保持一个月的平衡。穿漂亮的草绳非常需要手工技巧。正好把一块那么轻的墨穿进去，中间还得留缝隙给墨干透，又不能使它掉下来。在收集烟的暗黑的墨屋和刺鼻气味的干墨的房间，以不同的湿度，按照时间来给墨吸水。师傅每天翻动这些墨超过4000次，而管理灯芯的时间更是长达10个小时，不断地保持灯芯的细长，使得烧出的火焰均匀。因为越细的火焰，出来的墨等级越高。只需要很轻地用笔，颜色就会展示力道和深刻。墨分等级，贵贱差数十倍价格，我以为老板会推荐贵而美的墨给我们，但听说我的同事是为了给学龄前的儿子练习书法，老板马上拿出了孩子专用的最便宜的墨，并且一再确定孩子手的大小，是否墨会太大，使用不方便。

奈良有着不一样的眼睛。"不是盯着大名物，也不是盯着作者。"近现

1.奈良古称平城京，自公元710年建都起，作为日本都城历时75年。——编者注

1739年创建的古梅园生产的奈良墨占据日本墨九成以上的市场

代日本人放弃权贵独尊的设计，以简单满足生活的必需。虽然这说法与柳宗悦、千利休一脉相承，看到本来不起眼的小物品受到欢迎，还是觉得不可思议。中川政七商店挂出开创300周年的纪念牌，进去仔细看看，柜台背后的麻布五颜六色，可以用来在夏天做帐子，小块的棉麻是抹布，这家以杂货店形式存在的老铺子，没有任何广告。柜台里是十三代店主中川淳的几本著作，讲的"小社会的生存之道"，不是生活方式美学。老店店主们秉承"顾客至上"的原则，听不到哪个手艺人叫自己"艺术家"。奈良和京都都有很多小作坊，中川淳认为如果中小企业还需要打广告，就是注定失败。一块抹布、一个杯子，放在那里都不能引起购买的欲望，本身就是失败的。很多老店几百年只卖几样简单的食品、货品，如果不能让一个家庭祖祖辈辈习惯使用，就说明老店已经察觉不到顾客的喜好和要求了。日用品必须经受艰苦。实用之美，忠顺之德，失去用途的货品称不上工艺。

修行

下午我们紧赶慢赶从奈良往山里跑，到了王寺站周围一下子就静下来了。大巴车一个小时一班，司机师傅在山路上故意开得飞快，眼看离

墨的挂晾

城市越来越远，仿佛把自己丢到了世外，紧张和焦虑都莫名地减少了。信贵山前不着村后不着店，当地人也并不都能完全了解到细小的角落。时至今日日本人依然对本国旅行热情高涨，这不仅仅是几十年来拉动消费的结果。

樱花树尚是萧索的枝条，崇山之外，遥远的城市闪闪发光，在阳光下近乎白金色。山里古树参天，修葺有致，几个庙宇从山脚下一路排列上来，我拖着行李箱爬石台阶，步步美景不同，岔路极多。每个寺院用不同颜色的竖旗自我标识，白天来寺里帮忙的居士和山民给我指路。一气爬上山顶，才知道这一天只有我们两个客人。玉藏院位于信贵山顶。僧人纷纷以庙宇作为修行之地，普通人也喜爱这里的美景和清净。暗金色绘画花鸟的屏障出自名家之手，是寺院里接待客人的地方。进门来我还有些拘谨，僧人奉上抹茶、煎茶，本院特别定制的老铺的虎头和果子。原来信贵山的守护神是虎。在山下我就看见了像孩童玩具一样色彩鲜艳的大虎。山上也有可爱的虎雕塑。因为圣德太子曾在此惊见神佛，认为是神佛保佑了战争的胜利，因此这里成为关于胜负的信仰寺院，受到历代武将追捧。

这间庙宇自持日本国宝《信贵山缘起图》。日本的山说深也深。我以为庙宇必然充满肃杀之气，没想到贯主（かんじゅ，方丈之意）野村密孝叮嘱我夜晚的山上石灯笼美丽，可以一起去赏灯。只是信贵山的夜实在过于寒冷，只有梅花盛开。玉藏院和许多著名庙宇一样，有自己的宿坊。野村说，松尾芭蕉把俳句和旅行结合起来，成为日本人心中向往的生活方式。芭蕉的俳句有幽默的意味："下时雨初，猿猴也好像想着小蓑衣的样子。"俳句大量使用的"焦点意识转移"法，为了使人的状态更明确，常用把外物投入人的修辞手法。在这样一种不追求本质的审美方式里，只要抓住一点联系，动用淡淡然的对街坊邻居间的兴趣和同情，就仿佛能把读者拉过来坐下。日本直到现在还有以芭蕉为名的芭蕉之旅，在日本的旅游景点，总能碰到投递俳句的纸箱。古代社会里日本人出门，交通住宿皆是不方便，但又奇景众多，寺庙一直承担着供人休息的义务。并且对人说出门去寺院，也比较容易被接受。

蓝色渐渐深了，月亮在树梢的光华越来越明朗，安了电灯的石灯笼从山顶往山脚亮起来。宿坊有专门的一男一女两位老年服务员。野村给我看庙里给客人准备的书架，书籍一尘不染，大部分都是社会学、伦理学、哲学的丛书，薄薄一小本，题目却包罗万象，从"父亲力""超少子化"、寺院与社会的结合再生到中老年自杀等等。但更有趣的是漫画书架。日本的学校尤其是初高中，非常重视修学旅行。百来平方米的大开间就是给学生们的"合宿"准备的。

野村说，从初中到高中，再到大学毕业和初进公司，以及此后几十年的职业生涯，专门前往寺庙修行都是日本人向往的生活。万物有灵是神道教的宗旨，在日本神道教思想与佛教思想结合，形成了日本人看待事物的特殊方式。不凭靠现象形态的准确再现，而是借助精神意念的神奇想象；不停留在有形的事物做外部的考察，而以外形为线索走入内在世界；不把对外部世界的认识作为终点，而以外物景致与人的情趣的交融，天地间的气韵与人的生命节奏的契合作为至境。

在日本繁华的都市街头，冷不丁就会遇到一尊地藏王菩萨或是挂满灯笼的天满宫和庙宇。信仰在日本生活里的不期而遇，营造了一种从内向空

5点40分，玉藏院的早祷僧人开始做功课，晨钟尚未敲响

间走进外向空间的瞬间。别样的信仰空间使人短暂脱离现实的痛苦，感到一种奇特的氛围。明治以后，日本的僧人和普通人一样可以成家、饮酒。在日本，僧人不仅是一个职业，更多的是一种家业。继承寺庙家业对于长子来说顺理成章。一个年轻师父说，他在大阪也有自己的庙宇，目前因为宗教事务而两地奔波。

　　修行的内容我以为很艰涩，没想到野村给我示范了"啊"的长出音，以及下跪、鞠躬、祈祷这样基本的礼节。我说这不是日本人从小学的东西吗？野村解释说，寺庙禅修能够纠正微小的偏差，并且用反复的练习达到修行的目的。在日本，行为一直被看得非常重要。一位演员或僧侣，人们希望他在实践中表现行为技巧的时候，也能反映出其人的教养和品德。

日本的传统文化非常重视日常生活中的艺术与行为方式，这在某种程度上反映出其人的教养和品德。处于这样的文化氛围中，日本近代在学校教育方面，大幅度地增加了西方的学问和艺术等内容。这样的行为方式训练，尤其是寺庙修行，不属于近代学校教育科目里的知识和技能，可是它在日常生活中弘扬了伦理之美，起到了教育的作用。

早上5点40分，僧人开始早祷，修行者可以一起祈祷、抄经、念佛，或去寒冷的瀑布下冲洗自己。"六七十年代以后来寺院禅修的人越来越多。有些是公司职员，有些是学生，一起来的大多是公司、学校希望培养他们的精神信念，但更多是自发而来的都市人。社会压力越来越大，大家希望到寺院来寻找平衡，跟着僧侣起居饮食，而且我们也有待客的传统。"野村说。早上5点多我到佛堂等待，30多位僧人已经各司其职，只是佛堂不大，负责早祷的只有一人，其他人还要干活。留心看看，仅仅是洒扫庭除、整理内务和帮施主祈祷已经够他们忙了，尽管也会停下来打开一扇藏有美丽金屏风的贵客室给我看，或者给我指指哪个角度俯瞰山下最漂亮。这些僧侣要通过考试才能来任职。"信仰是用来强大自己内心的，现在人越来越脆弱了。"野村不无担心，"很多人出国看完大千世界，经历了泡沫经济与近20年日本经济衰落，心态上是没有自信的。"

孤高避世的优雅不是寺院修行的最终目的，享受与周围绝妙相融的一体感，并以此为媒介寻求志同道合的友人建立新关系才是。作为一个岛国，日本文化始终在外来文化的影响下，因此对固有的传统文化更为自觉。

"潇洒，不需要远离尘世，淤泥里亭亭玉立也可以被赞美。"晚上我去洗手间路过服务员老先生的房间，不经意听到了猫王的金曲。

"啊"的瞬间

"啊"的一声，是15世纪的世阿弥对《易经》里哲学概念上的"感"的解释，并第一次运用到了审美当中。"感就是'啊'。"世阿弥认为，这是超越心智的一瞬间。然而一个日本人，成长顺序是被固定下来的方法论。"道"就是一种方法论。采访内田启一的时候正值早稻田大学毕业典礼，女孩子们穿着美丽的和服，到学校才换上木屐，西装革履的爸爸们帮她们提着皮鞋。早稻田的标志建筑类似牛津大学的建筑风格，校园内的斜坡上站满了开心的学生，社团吉祥物们也纷纷来凑热闹。"日本真是个幸运的民族啊！"内田启一感叹道，他觉得日本没有经历皇室改朝换代，因此有一种一以贯之的"幸福"的价值观。"道"在日本是不可替换的。"可以被换掉，不可以被换掉，在日本有一个缝隙。"哪些能被替换呢？"外国来的东西就可以替换。中国在明治之前是我们的老师，明治之后西洋是我们的老师。"比如日本现代艺术里的绘画就偏西洋的范畴了。

日本的美学是通往生活的。江户时代在东京开启以后，大量画作开始以平民游治、庆典、生活为主题。庶民阶层识字，使得江户的富裕时光出现了对生活方式美学的钻研。歌舞伎本来不登大雅之堂，但因为老百姓的喜爱，歌舞伎艺人逐渐成了时尚明星。浮世绘里关于歌舞伎的写真画，成了百姓热衷的商品，欣赏浮世绘不需要很高的门槛，属于庶民的审美。市井生活成为美术里重要的组成部分，也成就了日本特有的艺术形式——浮世绘。江户以前上下层审美没有通道，到天皇开始欣赏浮世绘，浮世绘也就变成了"肉笔画"[1]，一次只能画一张。浮世绘后来的艺术程度越来越高，大量生产普及开来。这种平民美学带给江户时代老百姓的愉悦感，包括了享乐的安逸和物质的浮华，直到现在依然是日本审美意识中重要的组成部分。因为贵族以外的审美品位容易流通，在几百年里对大众有一种鉴赏能力的培养。"人在生活中的衣食住行，就是对美接受的过程。感受到美的生活才不至于邋遢。"内田启一说。天气转暖，大街上，东京年轻人几乎一水儿质地优良、行动方便的风衣，令人怀念京都和奈良的慢吞吞。

"日本人的审美是自发性的，而不是模仿上层和天皇。"内田启一说。日本的阶级制度至今仍在。举个例子，优衣库的老板再富有，想和贵族或者老牌资本家族联姻，都不太可能。比起英国皇室需要一个平民形象，日本皇室贵族始终生活在平民视线以外，即使现当代也很少有日本人真正对皇室有巨大的兴趣。"反正天皇也不会变。但日本人自己坚持发展出了一套与国民性相符合的审美，因为江户时代武士阶层进入了平民阶层，他们自身的文人修养，开始影响了平民的美学发展。日本人喜欢不断变化的一草一木，无论是侘、茶道还是浮世绘，喜欢的人自己发展自己的兴趣，不存在某种审美趣味高贵某种低俗的价值

1.即画家们用笔墨色彩创作的绘画，而非木刻印制的绘画。——作者注

判断。”

眼前的美，也就是“啊”的一声，才是日本人最在意的地方。在思想方面，日本始终缺少坐标轴。日本人永远在追求真正的一体感，因此表现出了令西方人惊讶的、不断追求更高境界的意识。“审美”一词所涵盖的具体内容，琴、棋、书、画几乎都是中国传入。虽然文人喜爱的内容近似，但日本审美呈现出的却是另一种样式。和歌的幽玄、物语的物哀、俳句的寂、浮世绘的江户市井的意气和“粹”（日文，意为通晓人情世故），一直到近现代谷崎润一郎的阴翳、三岛由纪夫的残酷、川端康成的背德和悲哀，这些都是日本特有的新颖深刻的美学思想和人生哲学。

东京作为现代的日本的代表，充分展示了其优越感。“日本只有一个东京”，是日本人关于东京的情感表达，其他国家还有政治和经济中心分开的情况，但东京在日本的地位无可取代。冈崎阳介说，东京是全世界米其林餐厅最多的城市，三星有7家，二星有55家，一星不计其数。为了保住他所在的西班牙餐厅的二星，这个东京外国语大学法语系毕业的小伙子不敢有丝毫怠慢。法语系毕业以后，他就去阿尔卑斯山脉的12家餐厅学习了4年，回国后进入这家名店，7年来一点点成为主厨。这家店的菜色素雅美丽，有一道生牛肉做的有如蛋卷的甜品，是用手拿起来吃的。冈崎告诉我：“用手吃比较过瘾。”这家西餐老店开在东京老派绅士们云集的日本桥，据说不少顾客都是医生及其家人。这些人不受股市和经济大势影响，拥有稳固的资产和消费能力。日本的高级餐厅无论“和”还是“洋”，都继承了日本服务业的优良传统，千方百计地想留住精英们的胃口。

日本的绅士文化已经有百年以上的历史。印在万元钞票上的福泽谕吉是文明开化的先驱。西村茂树提倡靠法律、道德及诸多艺术来开阔视野，并将西方的音乐、美术及文学引入日本。特别奇怪的是日本的西餐。日本独创了一套西式菜谱和西式餐食，把汉堡肉在铁板上烤熟，再以牛排形式端上桌。"洋馆"的式样是西式的，内里却洋溢着日本风情，虽然表面是规模较大的西式建筑，在细节上却强调混合。

天与人

下飞机后在洗手间听到隔壁母女的对话。一个童稚可爱的孩子大声说："妈妈，日本的厕所怎么这么干净呀？"母亲没有回答。日本的干净一直被理解为多神教、爱万物的自然信仰的结果，但冈崎雄太教授问我："你知道2008年北京奥运会和1964年东京奥运会召开时，哪个城市污染更严重吗？是东京。"当时日本的报纸以一个城镇冒出了五颜六色的烟感到骄傲，认为越多颜色的烟越能证明生产力的旺盛与经济的繁荣。"四大公害"就是在那样一个狂飙突进的年代发生的。冈崎在日本环境省[1]工作时，替政府当了许多年被告。因为化工厂排放污染了水里的鱼，老百姓吃了鱼造成了不可逆转的损害，污染地包括我们熟悉的大米产地新潟。他负责修改环境政策，环境污染官司打起来耗时费力，十几年是常有的，

---

1. 日本环境省，日本政府中央省厅之一，负责自然环境的保护及整备。

等到补偿金发下，大部分受害者已经离开了人世。就在我们采访的前几天，冈崎还去看了公害受害者纪念碑。他目前在上智大学从事环境学研究，按照协议两年之后依然要返回环境省工作。冈崎说，直到七八年前，日本的环境诉讼案才全部结束。

日本人和自然之间的关系是矛盾的。一方面日本人易于察觉季节的更替，常举行典礼庆祝那易逝的美。也因为大自然仿佛对他们怀有潜在的敌意，经常发生海啸和地震。另一方面他们追求利益，破坏环境。很多我们看到的干净和漂亮，是日本前40年里通过巨大的代价换取的。日本街头很少有垃圾箱，住在民宿的第一件事是学会垃圾分类，有时候因为无法处理生鲜垃圾，日本人不得不购买存放垃圾的冰箱。曾经为了生产牺牲环境和小地方的利益，到现在出台了10部越来越严格的环境法规。人们也常常抱怨。"曾经环境省在日本政府系统中是大家都不喜欢的。"冈崎坦陈。日本的中央政府中环境公务员大约有2000人，地方则有数十万人。即使是一家人在村镇里买地建房子，也要规划出图纸，从外立面颜色、建筑风格到可能造成的污染都有专人负责调解。40年前日本也有大大小小的化工厂，每年GDP增长超过10%。很快老百姓开始了抗议活动和游行。"地方政府的领导靠老百姓选举，这个制度使领导人开始执行环境政策。"冈崎介绍道。

人是自然的，还是反自然的，东山魁夷认为这是东西方哲学的分水岭。铃木大拙对于日本人"依赖"自然的心理都是溢美之词。他认为这是日本人包容万物的根源。人对自然的依赖性，在日本人看来是顺理成章的。

日本人宣称自己喜欢海洋里所有的鱼，但在急于实现社会经济高速发展的功利动机驱使下，压力更以制度性的权力方式，威胁着日本的价值重建。大概四五十年前，日本的暴发户也喜欢购买奢华的音响、高级车和装饰用的词典。比起这些，更重要的是文化传统累积在日常生活中的思考和感性被淡化了。日本人的精神世界在前几十年的高速发展中被挤压，失去了诗意。

日本经济下行的20年里，日本人开始对现代社会问题进行自己最擅长的生活方式上的良性调试。20世纪70年代开始，盐野米松这样的少数分子，对高速发展产生了厌倦感。他们不再以金钱为目标，不再拼命加班，开始远足，去世界各地旅行。盐野米松80年代到中国来旅行，看到迪厅里的年轻人舞姿拘谨但精神兴奋，大家穿自己最好的衣服来跳舞，有人居然穿着雨衣。他记得最早到平遥旅行，古城的大街上还有猪和鸡。尽管当时的日本拼命地发展工业并且以惊人的速度极快地实现了现代化，然而日本人的内心却产生了孤独感。

东京奥运会以后，日本人开始更多地到国外去旅行。七八十年代的法国香榭丽舍大道上，日本客人是奢侈品的大买家。现在站在东京或京都街头，很少看到名牌加身的人。偶尔才能看到拎着大LV文件袋的老人，戴巴拿马呢帽，穿着灰黑和服，在电车站里排着队。据说日本年轻学生也越来越不喜欢前往海外留学，而是倾向于学校和大公司之间的直升通道。

日本人赞赏陶渊明式的淡然放旷，博物馆里手抄《长恨歌》的书法卷轴上写着玄宗与杨玉环的夜半私语，是人间爱情的至美。背负"忧乐观"的中国人热爱思考家国命题，而日本人的价值观是自己的。在审美方面，从早期经济发展时代的追逐名牌，到近二三十年，不仅放弃了高昂的价格，也放弃了大众的意见。东京街头经常可以看到奇装异服的男女，不分年纪大小，风格也很难定义。

日本人生活中的审美倾向不是明白显现的，而是一种不可言说的，人与人之间的感情媒介。"我去已经结婚的女儿家做客，女儿拿出平时不用的名家制作的好碗给我。我不会说谢谢，但是我会和她讨论名家的优点和风格，各自又都买了哪些好东西。"盐野米松是日本手艺的当代整理者。他花费30年采访整理，写作的《留住手艺》在日本以及中国都引起了强烈的反响。他说："我去你家，你拿出了一个好杯子给我喝水，什么也不用说，我就既明白了你的品位，又接受了你的心意。下次你去我家，我也会把特意为你准备的好东西拿出来。"一切发生在不能讲出口的时刻。这个时刻代表了一种"我与你与美"之间的一体感。但先决条件是，对方要理解并接受自己的要求。在这样一个看似简单的行为里，是日本人把享受美的人和对象融为一体的快乐体验。

宫大工

小川三夫浑身透着一种威严又和蔼的感觉。"邂逅"是一位他修复的寺院的和尚写给他的字，挂在办公室墙正中。这间地处栃木县山脚下的鵤工舍（小川三夫成立的工匠集体），看起来有条不紊，每个人都穿着干净结实的工作服，领口系着白毛巾。小川的手非常细嫩，银白色的头发一丝不苟，眼神锐利，不像木匠，和他的好友北野武倒是很有相似之处。在日本，制造官殿寺院的首领叫"栋梁"，小川因为修复法隆寺、药师寺等国宝建筑，并为法轮寺建造了三重塔而得到日本社会的信赖。

我看他调整工具的手法极轻柔，只需轻轻一动，就刨出一片薄如蝉翼的刨花，几乎透明，带着木头的清香。在明治维新之后，把"官大工"和"寺大匠"[1]做了统一名称规划。但实际上，两者技术来源不同。奈良寺院完全师法中国唐代木制建筑，因此法隆寺的柱基是石墩穿凿进地面。神宫御所是纯日式构造，柱子是直接夯进土里的。但两者都是以桧木为主材的。我以为楠木是最好的，但小川说，楠木砍伐后的稳固周期短于桧木，桧木成材利用后能在1000年里保持平稳的水平，但一过千年，则品质骤降。他还坚持着造一座庙就用同一座山上的树这样传统的方法。在一张照片里我看他做出的屋檐极为平滑顺畅，又有一点生机，觉得漂亮，小川很高兴，告诉我说"这是一只振翅欲飞的大鸟"。那个弧度是往下按一点点，然后马上要向上弹的势头。

小川在师傅手下学了8年基本功，突然有一天师傅把与法隆寺同时代的法轮寺的造塔工程交到了他一个人手里。"我想的是，1300年前，法隆寺的五重塔是什么样子。一座原址重修的新塔，要和1300岁的塔看起来一样，再过1000年，还要看起来一样。"小川学艺的前10年都在学习古代官大工需要的技术，一直到今天，他觉得才刚刚领会了一点古代匠人的意识和智慧。18岁时小川到奈良法隆寺修学旅行，被法

1.在日本，官大工指的是对成为国宝、重要文化遗产的古建筑进行修理，或有寺院建设工程专业技术的工人。其中技艺高超的匠人又被称为寺大匠。——编者注

隆寺深深感动，他找到法隆寺的官大工西冈。当时西冈正在靠变卖土地养活家人，他已经让两个儿子不要继承家业，因为寺院的栋梁地位太高，不能接民宅的活儿，那会被认为没面子，然而只修寺院又吃不饱饭。

小川去了三次，西冈都没有接受。到第四次，终于被纳入师门，然而从那天开始，他就过起苦行僧的日子，没有看过报纸，没有交过朋友，连爱人也是相亲认识的。三年之内，老师什么也不说，只给他一片刨花。我问他后不后悔青春岁月都在刨木头，他说自己当时的同学都进了商社，挣钱比自己多，生活也很快乐自由，但现在自己却还能继续轻松地工作，同学们却早就退休了。"想做官大工，也想吃饱饭"，这就是小川的简单愿望。他的徒弟们和他一起生活，一起吃饭，领微薄的薪水，以一种家庭的方式生活、工作在一起。即使只看到他的背影，大家也都很安心。小川的徒弟们没有周末出去玩的，都在自觉工作。

艰苦和清贫伴随着官大工的青春，我以为他一定有非常幸福的时刻，能够在精神上自给自足，没想到小川说："用几年时间完成一座塔的修复，拆掉外面脚手架的一刻，我内心感到很寂寞。我再不能为这座塔做些什么了，只能让它自己去经受千年的风霜。"

小川说："干我们这个工作不能有聪明人。"徒弟们各有本事，但都更像是教徒，不管多大年纪，都眼神清亮、神情专注，没有一点戾气。盐野米松说自己几次和中国的工艺美院的学生们座谈，问大家怎么看待"匠"这个字，同学们都认为是穿得破破烂烂、没什么钱的低贱工作。大学生们更喜欢"设计"这个词，自己画图，让别人来做。盐野米松说："匠，在日语里是有技术和有心的。"拿职业手艺人来说，从手艺人到

"名人"（めいじん，专家、能手之意）是一个台阶，大家会认为名人是有一定的水平了。但是要升为匠人，没有经过长时间技术和心的双重磨炼，是达不到的。比如两把日本刀，一把看起来很可怕，用起来很好用，一把看起来很平常，用起来很好用，那把可怕的就是名人做的，匠人不会做出那么让人害怕的东西。当时正在举办的"三宅一生的工作"大展，重要主题就是"匠"。褶皱的做法，一块布的变化，与日本传统手工艺之间的联系非常紧密。

日本的手艺人虽多，自称"匠"的却很少。"匠代表了一种境界，所以我们喜欢给新生儿取名叫'匠'，给公司取名叫'匠'，人们看到'匠'字，有一种天然的安心和信赖感。"盐野米松说。名人也好，匠也好，国宝也好，收入却都是差不多的，并不会因受到追捧而身价暴涨。日本的"国宝"非常多，"人间国宝"，也就是工艺美术大师也很多，甄选规则非常严格。但"国宝"也不能大量生产，因此依然不是获得财富的手段。工匠的满足感不是钱带来的，而是名誉和面子。据说有人为了面子，故意用高级材料亏本做好东西。匠人的骄傲，使这部分人可以稍稍偏离市场规律，在得不偿失的情况下努力工作。在经济不景气的20年里，日本兴起的各种小店，尤其是手冲咖啡和甜品店，在这样的精神的支持下，屡获世界级大奖。盐野米松说，做瓦的人在做每一片瓦时，最关键的就是向上抹的最后一下。因为每一片瓦都有一个翘起的弧度，因此这最后一下，决定了千片瓦一起依附于屋顶时的姿态。在日本，老百姓也懂得欣赏生活中点滴的细节之美。而工匠受到这样的刺激，追求美也变得理所当然。

东京奥运会以后的飞速发展，使日本人产生了疲惫的心理。20世纪

90年代以来日本丧失了亚洲第一强国的自信。然而在这些生活的细小领域中，他们努力发挥国民性，"一生悬命""一滴入魂"。中国现在对日本审美的喜好和热衷也在升温。盐野米松说："中国的美好像莲子里的芯，非得被嗑、被切才能显现出来。"也许欣赏日本的生活美学就是一种外力吧。（文：葛维樱　摄影：于楚众）

印象日本：
中国人的最初记忆

一个世纪前，中国前往日本东京的留学生们用细腻的笔触留下了对近代日本的观察记录。一个世纪后，我跟随他们当年的足迹走在东京的大街小巷，发现在变换的城市景观下，昨日风物依然有迹可循。

初到东京：住宅的感触

　　四席半一室面积才八十一方尺，比维摩斗室还小十分之二，四壁萧然，下宿只供给一副茶具，自己买一张小几放在窗下，再有两三个坐褥，便可安住。坐在几前读书写字，前后左右凡有空地，都可安放书卷纸张，等于一大书桌，客来遍地可坐，容六七人不算拥挤，倦时随便卧倒，不必另备沙发，深夜从壁橱取被褥摊开，又便即正式睡觉了。

——周作人《日本的衣食住》

　　经过三个多小时，飞机在一片细雨中降落，窗外已经是东京了。身边都是黑头发黄皮肤的人，机场的标示牌即使看日文也能明白一二，并没有太多在异乡的感觉。直到去了趟洗手间,听到"音姬"发出的潺潺水声,才提醒我这是日本——一个以各种人性化细节著称、熟悉却也陌生的国度。"音姬"是个电子按钮,用以遮掩使用卫生间时不雅的声音。日本的卫生间还有不少巧妙的设计,比如带有温度的马桶圈,以及将洗手水收集起来再来冲马桶的水利用装置。如今很多来到日本的外国人正是从独特的卫生间文化,开始认识这个国家的。

一个世纪之前,中国留学生都是乘船前往日本,他们在船上便开始打量它了。1913年,郁达夫从上海杨树浦的码头出发,一路观看"伟大的海中落日"和"天幕上的秋星",由日本海进入濑户内海,在第一站长崎停泊之后又继续前进。"日本艺术的清淡多趣,日本民族的刻苦耐劳,就是从这一路上的风景,以及四月海边的果园垦殖地看来,也大致可以明白。"他在自传中写道。郁达夫的船在神户靠岸,他又改乘火车经过大阪、京都和名古屋,"且玩且行",最后到达东京。

中国留学生多聚集在东京的文京区。这里在江户时代曾经有大量的武家领地,进入明治时代后,原有的幕府统治结束,广大的武家宅邸遗址大部分转为教育机构和军事设施使用。1877年,东京大学在加贺前田氏的领地遗址上设立,四周集结了大量的出版社等文化机构,坪内逍遥、森鸥外、夏目漱石、樋口一叶等著名文人也在附近居住,文京区遂逐渐发展成东京的文教区。比郁达夫早到东京7年的周作人便和哥哥周树人一同住在这片区域,具体位置在文京区的本乡汤岛二丁目的伏见馆,是一处专供学生租住的三层木结构集体宿舍,称作"下宿"。

进入到日常生活中,周作人马上注意到了日本与中国的诸多差异。乐于记录周遭事物的习惯,也和他当时去日本留学的想法有关:其他学生去日本留学是因为日本明治维新取得了成功，他们想要看看日本是如何善于吸收西方文化的，但是周作人的想法是日本先学德国，又学美国，倒是要看看它本来固有的面目对理解这个国家是否更为重要。在汤岛的下宿，周作人对第一个遇见的人——女工乾荣子念念不忘，因为她赤着双脚在房间里走动，和中国女子缠足的风俗截然不同，从而得出了日本人在生活上"爱好天然，崇尚简素"的印象，这种描述也贯穿了他对日本文化观察的始终。

对于住宅的感想同样如此。周作人在留学生活回忆中谈到周围同学对于"和室"风格的不适应："住在下宿里要用桌椅，有人买不起卧床，至于爬上壁橱去睡觉。"但他却能够对这种"和室"住宅安之若素："我喜欢的还是那房子的简素适用，特别便于简易生活。"铺有榻榻米的房间以草席的块数来论大小，"学生所居以四席半居多"；"户窗取明者用格子糊以薄纸，名曰障子，可称纸窗，其他则两面裱糊暗色厚纸，用以间隔"。四席半的房间不过7平方米左右，"四壁萧然，下宿只供给一副茶具，自己买一张小几放在窗下，再有两三个坐褥，便可安住"。说起同时代那些中国公寓，周作人形容它们"板床桌椅箱架之外无多余地，令人感到局促，无安闲之趣"。而在其留学生涯中，周作人曾到日本的乡间旅行，"坐在旅馆朴素的一室内凭窗看山，或者浴衣躺席上，要一壶茶来吃"，就更加惬意了。

将行李放到住处后不久，我就去了当年留学生聚居的本乡。这里大部分是由三四层小型独栋别墅或者公寓楼构成的住宅区，在周末的午后非常静谧，能听见微风拂过耳边的声音。很难想象当时这片区域都是木结构房屋的情景了。1923年的关东大地震引发的大火和第二次世界大战期间的东京轰炸对城中的建筑造成了毁灭式的破坏，唯一能够与周作人的文字对上号的大概是"汤岛圣堂"，其实是一处安放孔子塑像的孔庙。周作人说他平时出门无论去本乡三丁目，或者去御茶水，又或是前往日本桥，都要经过它，也感慨过孔子对于东亚社会影响之大。汤岛圣堂在地震中也有所毁坏，只剩下入德门和水屋两座建筑，今天看到的用来祭祀孔子的大成殿，也是后来重建的。

能够让人看到当年和式建筑的模样的地方，是一个叫作"明治村"的户外建筑博物馆。它位于距离东京200多公里的名古屋乡下一片开阔的山间，集中了一批从全国收集的修建于明治时代、在灾难与战火中幸存下来的历史文化建筑供人参观。其中一座木屋平移自东京文京区的本乡，是文学家森欧外和夏目漱石都曾经租住过的故居。周氏兄弟后来从本乡汤岛搬家到本乡西片町的房子，夏目漱石之前也在同一住宅待过。虽然那处房子和移到"明治村"中收集的并不是同一个，但建造于同一时代，多少会有相似之处。

这处夏目漱石写下《我是猫》的和式住宅，具有日式传统住宅必备的几个元素：榻榻米、用来分隔房间的障子（隔扇），以及玄关。障子全部都拉开后，整个房屋就变得空旷通透起来，山间的风景一览无余。同时障子用纸张来糊制，还有保温、调节湿度，以及让日光温柔扩散的功能。萧红刚到日本时，给萧军写信，说"你一定看到这样的席子就要先在上面打一个滚"，写的是房间里那种空空荡荡的感觉；夏丏尊留学日本期间，专门写了一篇文章叫作《日本的障子》，说："（有了障子，）阳光射到室内，灯光映到室外，都柔和可爱。至于那剪影似的轮廓鲜明的人影，更饶有情趣。"这也让我想起谷崎润一郎的《阴翳礼赞》，谈论日本文化中那些昏暗幽深的事物所带来的独特美感："我站在书斋的障子门前，置身于微茫的明光之中，竟然忘记了时间的推移。"

东京最早的钢筋混凝土住宅于20世纪20年代初出现在文京区的御茶水

一带，是提供给外国人和本地时髦人士居住的"文化公寓"。"二战"结束之后，钢筋混凝土的建筑逐渐席卷了全城，取代了原来的木结构房屋。但在今天现代化公寓楼的内部，仍然有和式风格的设计。在文京区闲逛，当地朋友说，和洋结合的房屋设计是大多数家庭的选择。在家庭住房中最重要的一间房子是朝南连接着阳台式庭院的房间，它往往被设计成"和室"，人们在榻榻米上席地而坐，通过落地长窗最大限度地享受户外景致；这种现象在六本木或者港区那种具有豪华西式公寓的地段显得尤其突出，它说明一个钢混结构的现代空间中，核心要素依然是和式的。而障子依然是隔断房屋空间的理想应用，不仅在家庭当中，餐馆里用作大厅和包间的分隔也很常见。

就在我住的酒店里，一切都是西式的陈设和布置，仅仅七八平方米的面积，进门的时候却有一个明确的"玄关"区域，提示客人需要脱下鞋子再进入室内。这其实是木结构建筑时代留下来的习惯——日本作为岛国，湿气较重，将水汽带入室内会损坏木建筑，所以在门口都设有"玄关"，甚至去采访时进到办公室前也须得在玄关处换拖鞋。100年前，在周作人看来，赤着双脚意味着某种纯朴自然的天性，今天在我看来，玄关却是一个轻易瓦解严肃气氛的场合，因为将鞋子脱掉似乎是回家才会有的行为，意味着家居和放松。

东京街景：传统与现代之间

我们在日本的感觉，一半是异域，一半却是古昔，而这古昔乃是健全地活在异域的。

——周作人《日本的衣食住》

关于日本文化的描述，经常是用一连串相互矛盾的形容词来说明它多元融合的特点，比如传统又现代，保守又开放，繁荣又质朴。刚到东京，由对住宅的观察开始，继而是在城中漫步时，被它既传统又现代的面貌吸引。

打动周作人的是他在东京所见的传统一面。这一方面是他在东京看到了中国消失的古风——街上招牌的某文句或者某字体让他流连。"不单是唐朝书法的传统没有断绝，还因为做笔的技术也未变更，不像中国看中翰林的楷法，所以笔也做成那种适宜书写白褶纸的东西了。"另一方面是他接触、感受了江户时代的民俗艺术之美后，担心日本在西化过程中失掉民族文化的本色。

周作人在《日本的衣食住》等一系列写于20世纪30年代之后的文章中，多次引用同时代日本作家永井荷风关于浮世绘艺术的评论："我爱浮世绘，苦海十年，为亲卖身的游女的绘姿使我泣，凭倚竹窗，茫然看着流水的艺伎的姿态使我喜，卖宵夜面的纸灯，寂寞地停留着的河边的夜景使我醉……"周作人之所以引用这番话，和他当时的研究兴趣有关。他已经从激流勇进的新文学潮流中退出，埋首于中国传统之中，喜欢寻找那些幽深、冷僻的典籍，用现代的眼光去重新诠释。对于日本江户时代的艺术，他也有同样钟情的态度。

周作人留学的1906至1911年，日本正处于明治年代，他隐而未写的是一个在西化政策下发生巨大变化的日本社会。我在"明治村"中看到的情景，一定程度上还原了日本明治时期的社会景象：园子里多数的建筑都具有西洋风格——江户时代房子的建造严格按照身份尊卑，明治政府破除了等级制度，房屋样式也就丰富起来。其中比较有名的比如东京帝国饭店，是美国设计师赖特做的设计，1968年面临拆毁时将入口部分挪到"明治村"来保留，并复建了其他部分。"明治村"中还有一处建筑非常有趣，是一家移自神户的"大井牛肉店"，有着希腊科林斯式立柱和拱窗做装饰。这家店1887年在神户开业，为停泊在港口的外国船只供应牛肉，1968年因为当地要修地下铁而拆除，将建筑移到"明治村"后，售卖牛肉"寿喜锅"来让游客体验。这并不是纯粹为了做生意——受到神道教和佛教影响，明治维新之前的日本人几乎只有在生病进补时才会吃牛肉，明治天皇却带头喝牛奶、吃牛肉，以示文明之开化。用酱油、砂糖和味醂来做调料的牛肉寿喜锅就是这时发明的。

比周作人晚一些到达日本的中国人对日本西化的一面留下了记录。这和日本在明治时代的积累之后，进入大正时代的繁荣稳定有关，东京成为让人目眩神迷的东方大都会。此时到达日本的留学生写得最多的东京地标有两处——银座和浅草，这和今天中国游客最爱光顾的区域没有区别。1921年，郭沫若从上海去东京，田汉约他去银座的咖啡馆商议刊物的筹备，郭沫若描述银座"有交响曲般的混成酒，有混成酒般的交响曲……那儿是色香声闻味触的混成世界"。那时银座有夜市，在中国留学生中间有着去银座散步的风气。茅盾就写银座一边有高贵的咖啡厅和舞厅，一边是摊贩高声叫卖。另一位同时期的日本留学生黄慧在《洋化的东京》一文中有她对银座街头的观察："我们随时都能看到很少不是穿洋服的人……厨川白村在《北美印象记》里说过，男女并肩走是北美人，女人略前男人略后是法兰西人，男人略前女人略后是英吉利人，女人在后男人在前是日本人。现在在东京，也容易看到北美式的、法兰西式的、英吉利式的日本青年男女了。"画家丰子恺则在回忆中自嘲，大部分时间都泡在浅草的歌剧馆、上野的图书馆、东京的博物馆、神田的旧书店和银座的夜摊儿了。

银座是东京近代商业发展的起点。东京的前身是德川幕府时代的江户，它并没有经过严格的规划。以当时的幕府、后来皇居的所在地为界分成两部分，以西的地形偏高，是将军大名的宅邸所在，叫作"山手"（山の手）；以东的地势低洼，是工商业者、手工艺人和一般百姓居住的地方，叫作"下町"。今天的东京市内轨道交通JR（日本铁路）山手线，基本就是沿着山手和下町的交界线来修建的。银座得名于1612年所开的银币铸造所。从京都迁到新都城东京来的明治天皇选择率先在这里建造西式建筑有这样两个原因：一是这里有全国第一条铁路的终点站新桥，从横滨坐火车来到都城的西方人下车之后对东京的第一印象就是这里，另外旁边的筑地也有外国人的居住地，银座就成了对外展示日本风貌的窗口；另外一个原因是1872年发生了一场大火，把银座的下町民居烧成了灰烬，这里成为可以重新规划建设的一张白纸。火灾之后，政府请来了爱尔兰设计师托马斯·沃特斯设计了一条模仿英国摄政街的购物街，这成为银座购物街区的雏形。由于很早就有现代规划思路介入，今天银座的街道有如棋盘一般规整，从北往南依次是一丁目到八丁目，中间有一条中央大道贯穿。这种整齐的街道走向在"有如狂人做的拼凑手工般"的东京非常难得。银座原本是东京湾内的一座独立小岛，后来因为填海已经和陆地相连，但这片区域独特的格局和氛围，仍然让人感到它就像东京无边无际大海中一颗发亮的珍珠。

如今东京浅草一带是下町文化的体验区，于楚众摄

　　浅草则走在了日本近代娱乐业发展的前沿。浅草在江户时代就是一片人口密集嘈杂的下町，尤其是在浅草寺西面的"奥山"区域，聚集有众多的杂耍棚和街头卖艺人。明治十五年（1882年），日本政府根据这一地区本身的特点开始了浅草公园的改建工程，将浅草寺西南面的广场填平，建造了新的街区，专门作为演出游乐的"第六区"。从此不仅将"奥山"的传统杂耍曲艺迁了过来，这里还引入了近代化的游乐设施。明治二十年（1887年）后，从高处远眺美景的富士山纵览场、日本全景馆、大观览车等游乐项目纷纷出现，其中12层的观景塔凌云阁更是把远眺观景的乐趣发

挥到极致。日本最早的电影院就出现在六区的"电气馆",到了明治四十年（1907年）前后,已经有统计表明来看电影的观众超过了欣赏传统曲艺的观众数量。

不过,今天当我在银座或者浅草散步时,这两个在东京最早开启近代化步伐的地方,让我感受到的却是传统绵延的力量。银座不仅是国际奢侈品牌的汇聚地,也集合有东京本地百年以上的老店。比如历史可以追溯到300年前的江户时代、从售卖吴服（和服）起家的三越百货商店;1663年创立的以售卖和纸、专供皇家御用的线香和文房四宝为主的鸠居堂——它的名字颇值得玩味,由《诗经》"鸠占鹊巢"典故而来,谦指本店顾客（鹊）才是真正的主人。在这里,不仅已经扩大经营、全国连锁的老字号有着一席之地,连只此一家、别无分号的小店也可以在这里共处。周作人曾经在《北京的茶食》里怀念了一番他在东京时吃到的"空也"这家店的点心:"吃起来馅和糖及果实浑然融合,在舌头上分不出各自的味来。"我在银座的街上便找到了这家门脸极小的店。它只做一盒一盒点心的外卖,没有堂食。要不是提前5天预订,我也没有运气能够尝到它最有名气的点心"最中"。它是用糯米粉烘制成的薄皮,中间夹着北海道红小豆和白双糖在一起磨成的馅料,夏目漱石在小说《我是猫》中也多次提到。看得出来,这家1884年开张的小店,一直以谦逊平和以及精益求精的态度在经营,以保证稳定的质量。我猜想,我所尝到的清雅甘甜的滋味,应该和周作人当年吃到的没有区别吧。

而浅草一带,并没有按照当年的路数发展下去,那里现在成了江户时代下町文化的保存和体验区。周作人当年所感叹过的浮世绘,在这里就可以亲自感受从木板雕刻到印刷的制作过程,教授最多的作品便是江户末期画家葛饰北斋的《神奈川冲浪里》和《凯风快晴》(又名《赤富士》)。在日本拥有最多浮世绘收藏的东京太田纪念美术馆,馆员田野原健说,浮世绘与其说是一种艺术,不如说是江户时代的民情写照,是当时人们日常生活的一部分。19世纪中期,欧洲由日本进口茶叶,茶叶的包装纸上印有浮世绘版画图案,这引起欧洲人浓厚的兴趣,尤其印象派画家对此大为赞赏。浮世绘在欧洲的轰动再传回日本,也让本国人重新打量浮世绘的价值,因为它原来不过是供人观赏消遣、可以无限复制印刷的图画,有的甚至技法粗糙。"今天,日本的当代艺术家创作时,也经常会加入浮世绘元素,这让他们的作品在国际上有了独特的身份标识。"田野原健说。那些传统曲艺在浅草也没有绝迹。周作人曾经对欣赏"落语"情有独钟,他本人就经常去本乡西片町街尽头的铃木亭欣赏,认为其中蕴含的幽默是对当时充满礼教色彩的中国文艺的一种启发。我在浅草附近的一个表演场欣赏了一场"落语",台上的人跪坐在垫子上如同单口相声般地讲着段子。它的视觉效果看上去非常单一,但台下有不少日本年轻人,他们很是享受这纯粹的语言艺术。

如此看来,当年周作人所担心的事情并没有发生,其中一个解释是日本在经历了明治初期短暂的全盘西化阶段后,明治中晚期国粹主义使兴起,一种"和洋折中"的观念占据了主导地位。这也和日本文化的形成和发展模式有关——它善于从自身文化核心的发展需要出发,将引进的文化改造成相似而不同的日本文化。传统与现代并存的现象从明治维新开始就存在着,传统依然没有被湮没。20世纪70年代,《亚洲史》的撰写者、美国人罗兹·墨菲曾经这样描写东京的街景:"许多小房屋都保留着一块大小如桌面的微型日本花园……摊贩用传统声调叫卖红薯、板栗和烤肉串……大批身着和服的敬神者拥挤在按传统重建的寺庙……人们选购传统的和现代的货品：茶和啤酒，漆器和塑料，轴画和连环画杂志。东京既充满日本情调，又高度西方化。极少人为这种双重色彩感到不安，日本人的民族以及文化身份安详地漂浮在两者之上。"40多年又过去了，这段描写依然恰当。

春在东京：与樱花有关的一切

> 下午同友人至上野看樱花，花盛开，艳丽香酣，颇足悦目快心，游女如云，有散步者，有坐矮椅上品茶者，更有种种游戏点缀其间，雅俗共赏。闻樱花为日本之特产，他国无之，花肥叶茂，名亦不一，最美观者，名八重樱，花片重叠如堆锦，灿烂夺目，日人尤心醉之。

——黄尊三《留学日记》

在这个时节到达东京，大概没有什么比日本人对樱花的热衷，更让人印象深刻的了。来东京不久，我便去了上野公园。因为鲁迅那句"上野的樱花烂漫的时节，望去确也像绯红的轻云"，这里是对中国人来讲最熟悉的赏樱胜地。时间未到，只有一两棵樱树开出花来，却已经有日本人早早坐在树下划定的野餐区域内吃喝谈笑。路上经过的果子店、面包店纷纷推出了标明"时令限定"的樱饼、樱果冻，或者各种樱花馅料的面包；百货

櫻花开放之时，日本民众都会和家人朋友在树下野餐聚会

商店的橱窗里换上了樱花色的春装，各种樱花图案的餐具、酒具也陈列出来了；走进地铁，JR公司的樱花广告告诉你它的列车能把你带到哪个著名或隐秘的赏樱胜地。

　　与樱花有关的消费文化是近年才有的事情，多年前来到日本的留学生们看到的更多是和樱花相关的美景与人情。1927年赴日学习美术的倪贻德在散文《樱花》里记述了他在东京飞鸟山的所见："（日本的樱花）是随处都繁生着的。在神社的门前，在冷僻的街道旁，都有她的芳踪丽影，淡红而带有微绿的花朵，迎着春风，在向着路人轻䫓浅笑。东京一隅，樱花产生最多的，以上野和飞鸟山最为著名。那儿植着万千的樱木，花开的时候，远望过去，就像一片淡红色的花之海……他们大抵在花下席地而坐。三五个人一个团体，男女互相依傍着，调笑着。有的在举着巨杯痛饮，有的在高唱着不知名的和歌。他们好像完全忘记了头上的樱花，不过是借此佳节谋一次痛快的欢醉，以安慰一年来劳苦的工作的样子。"郁达夫也在《日本的文化生活》中这样描绘："春过彼岸，樱花开作红云，京都的岚山、丸山，东京的飞鸟、上野以及吉野等处，全国的津津曲曲，道路上差不多全是游春的男女。'家家扶得醉人归'的春社之诗，仿佛是为日本人而咏的样子。而祇园的夜樱与都踊，更可以使人魂销魄荡，把一春的尘土，刷落得点滴无余。"

鲁迅在《藤野先生》里说得没错，在号称"樱花王国"的日本，"东京也无非是这样"。樱是蔷薇科的落叶乔木，适合生长在温暖湿润地带，日本的地理位置和气候条件特别适宜樱树生长，樱花遍布日本全境。樱花可划分为野生种及园艺种，生长在山野里的是"山樱"，树龄长，树干高大刚劲，有的高达一二十米，花多为单瓣，分为山樱和彼岸樱两个系；栽在庭院中的是"里樱"，是经过人工长期培育的园艺品种，种类繁多，色彩艳丽，花形各异，花的颜色有雪白、淡红、深红、紫红、黄绿等多种。花瓣有单瓣，也有重瓣的，一朵樱花少的只有五六片花瓣，多的则可以多到上百片，可分为里樱、染井吉野樱、早樱三个系。根据人工对樱花生长的干预，樱花的发展史可分为四个时期：上古奈良时代是野生种观赏时代，中古的平安时代是种植时代，近古的江户时代是品种形成时代，近世的明治、大正时代是科学研究时代。随着时间的推移，通过嫁接、压条、扦插等方法，园艺变种和品种的数量不断增加。

总的说来，经过人工手段的繁育，日本现今的樱花有200多种，占全世界的四成以上，比较名贵的品种有寒樱、河津樱、雨情枝垂樱、染井吉野樱、大岛樱、寒绯樱、雏菊樱，及一系列八重樱等。其中最常见的是染井吉野樱，约占日本樱花数量之八成，花色为粉红色，花瓣五片。而最为奇秀的是枝垂樱。枝垂樱又名"瀑布樱花"，花色为淡粉红色，在盛开时远看像白色，舞动着垂柳一般的纤细枝条，枝上万花竞放，犹如垂下的粉红瀑布。九鬼周造曾在《祇园的枝垂樱》中赞叹"瀑布樱花"令人心神荡漾的美："此处能遥望到春日云空苍青，东山横翠葱葱，仿若能听到绿意氤氲，似水铃交响，润湿新泥。在其稍高的山岑处，枝垂樱静伫一侧，姿态流丽，待日暮仄，夜气蔓延，云空窈深，绀碧澄清，山色隐约，烟紫淡淡。枝垂樱尽管周身沐浴在现代照明灯光之下，其妖艳灵眇之姿依然叫人怀疑是否此刻已然渡过人间梦浮桥，踏入了幽世。云光石灯照樱色，叫人亲眼看到了何谓真正的美之神祇。"

樱花开放的时间，在日本是南北不同的。在温暖的冲绳，早在头年的11月就开始开花了，到比较寒冷的北海道，要在5—6月才开花，但多数地方在春光明媚的4月间开放。一年一度的樱花开放，盛开的时间却很短暂，只有7到10天。

在古代，樱花的开放便意味着农耕时节的来临，这一周左右的花期自起始时就非常重要。山樱花开，农民就开始播种、插秧，因而这种山樱被称为"播种樱""翻田樱"或"插秧樱"。近代以来，樱花开放的预告被称作"樱前线"，用来为全国依次而来的赏樱、游览活动做准备。1929年，茅盾在《樱花》中曾记述："终于暖的春又来了。报纸上已有'岚山观花'的广告，马路上电车站旁每见有市外电车的彩绘广告牌，也是以观花为号召。"1955年以后，对樱花开放的预测日益精准，日本各地建起观测所，在距离各观测所400米以内确定3株标准树，其中5轮开花时就可做出开花宣言。这种准确的预测在20世纪60年代见诸报端。而现在，日本电视台的天气预报中会对樱树开花时间进行预报，第一次预报是3月第一周的星期二之后，每个星期二进行日期修正，一直持续到4月的第四周。每天打开电视，都可以看到时不时冒出来的樱花开花讯息，手机的应用软件也非常智能地提示各大赏樱胜地花开了几分。

赏樱是日本从平安时代开始的审美活动，最初为官中举行的"樱花宴"，那时只是贵族阶层的娱乐风尚。洛中和洛外（此处"洛"指京都）的寺庙神社、贵族的府邸、京都外群山中的山樱开放时，观赏它们的贵族一定会在那里竞相吟咏汉诗与和歌。这种官庆花宴变成赏花活动且影响到普通的日本人，是从1594年丰臣秀吉在吉野的赏花活动开始的。这个武家贵族将花宴这一宫廷活动广泛渗透至庶民阶层中，使之普及成了民间活动。此后，上野忍冈和隅田川河畔也成为新的赏樱的"名所"，并作为江户庶民春天的游览活动之地，彼时的景象是"或歌樱下，或宴松下，张幔幕，铺筵毡，老少相杂，良贱相混。有僧有女，呼朋引类，朝午晚间，如堵如市"。如今，上流社会有"观樱会"，是由皇室和内阁总理大臣邀请各界著名人士和各国使节等数千人组成的盛会；普通人则同家族或志同道合的好友一起欣赏。

这些经久不衰的庆祝活动和层出不穷的樱花产品，不仅是日本人对樱花的热爱，更同日本人对岛国四季分明的感知有关，背后有绵延至今的独特审美意识。日本美学崇尚四季中的自然美与色彩美，而人的生活与自然的密不可分是日本人审美意识的又一特征。日本人在贴近和捕捉自然中，产生出对自然极其纤细而多彩的感受。在镰仓时代吉田兼好的《徒然草》

中，曾这样精细地描绘四季的流转："暮春消失为夏，夏尽非秋必至。春分已催夏，夏时已孕育着秋的气息，秋至迅即转寒冷，十月小春天气，草变青，梅也结蕾。树叶的飘零，非旧叶先落而后长新叶，是旧叶忍受不了新叶自下的萌动而凋落。底物推表物，顺序推移而渐次繁茂。"人以自然为友，人生命的悸动同季节的律动息息相通，在把握季节时令变化的微妙之处，体悟到人的命运。在文学作品中是"天人合一"，而在现实生活里，便是一次次奔向自然的郊游活动。难怪郁达夫曾感叹："日本人一般的好作野外嬉游，也是我们中国人所不及的地方。"秋日赏枫叶时的胜景与赏樱的景状无二，而"岁时伏腊，即景言游，凡潮汐干时，蕨薇生日，草菌簇起，以及萤火虫出现的晚上，大家出狩，可以谑浪笑傲，脱去形骸。至于元日的门松，端阳的张鲤祭雏，七夕的拜星，中元的盆踊，以及重九的栗糕等，所奉行的虽系中国的年中行事，但一到日本却也变成了很有意义的国民节会，盛大无伦"。

闲逛东京：神保町淘书之趣

从第一间起，依家挨户地搜索下去，到了铺子穷尽的地方，也就是电灯射出黄光的时候了。我腋下夹着一大包的猎获品，又疲乏又兴奋，那种滋味是不容易形容的。

——钟敬文《谈买书》

从地铁神保町站一出站，以神保町十字路口为中心，北从JR水道桥站到御茶水站、东到JR神田站的范围内，鳞次栉比地排列着180多家书店。这里售卖新书，更以旧书出名，每间书店的招牌都透着历史感。老店店面狭小，便把书一摞摞地排到过道上。一个世纪前，这里是中国留学生淘书的乐园。时过境迁，在这个电子阅读的时代，仍能在神保町的大街上发现黑白老照片中的情景，不能不说是一个奇迹。

　　神保町的书店在当年有着令留学生们流连忘返的魅力。后来成为著名民俗学家的钟敬文20世纪30年代在日本留学时，一有机会便去神保町。"每

神保町旧书店内景，于楚众摄

当星期日，我比平常起得更早，搭上电车直到神保町那书铺街的口子……在那里，你可托付他们代找寻所需要的书，你东翻西弄，结果空着手出去，也不至于挨受白眼。"周作人在回忆东京生活时，也感叹在神保町买书的方便，"洋书和书新旧各店、杂志摊、夜店，日夜巡阅，不知疲倦"。以至于他回到北平，觉得买书的乐趣少了一半，因为他觉得北平当时只有琉璃厂的古书还值得买，外国书和刚出版的新书选择不多。而无论今昔，国人光顾神保町必去的是拥有三层楼的内山书店。这个名字与鲁迅的渊源颇深，在上海，内山书店是20世纪30年代在华销售日文图书的基地。神保町这间，正是由内山完造的胞弟在1935年创建，专门经营中文书籍，并向在上海的兄弟书店发送日文书籍，是彼时中日文化交流的桥梁。

对当时的留学生来说，他们在神保町闲逛之时，也在从各自的视角观察着街上往来的人群。20世纪初，鲁迅留学日本，同期赴日的留学生在东京的最多，尤以神田最甚，每晚往神保町望去，只见街上行走的大半是留学生且都头上顶有"富士山"[1]，弃医从文的鲁迅极其厌恶这些追求升官发财的怪人，咒骂他们"眼睛石硬"。而丰子恺却在《东京某晚的事》中反思更宽广的人性。在一个凉爽的夏夜，丰子恺和"下宿"的几位同学在神保町散步，遇见一位佝偻的日本老太婆，搬着很重的东西向他们求援，学子们不愿扰了雅兴，纷纷躲避，避开后却失去了原先的从容和安闲。丰子恺对这件事思虑良久，认为老太婆的错误在于将陌路视作家庭，但能有个"天下一家"的世界终归是好的。战争的摧残和个人的悲惨际遇，令萧红

1.语出鲁迅《藤野先生》，形容当时头顶上盘着大辫子的清朝留学生，"顶得学生制帽的顶上高高耸起，形成一座富士山"。——编者注

在1936年的夏天走在神保町时备感孤独，满街的木屐声令她不安。她在给萧军的信里写道："去的是神保町，那地方的书局很多，也很热闹，但自己走起来总觉得没什么趣味，想买点什么，也没有买，又沿路走回来了。觉得很生疏，街路和风景都不同，但有黑色的河，那和徐家汇一样。上面是有破船的，船上也有女人、孩子。也是穿着破皮衣裳，并且那黑水的气味也一样。"

神保町最为国人所知的佳话，是丰子恺与竹久梦二的相遇。1921年，丰子恺举债留学日本，立志成为西洋画家，然而学习西洋画高昂的费用和日本美术界的繁盛令他望而却步。油画画工繁复、完成难度高，天生诗人气质的丰子恺面对画布渐渐心灰意懒。失落、踌躇之时，他在神保町的旧书摊无意间翻到了《梦二画集·春之卷》。十多年后，他仍能回忆起当时的激动心情："随手拿起来，从尾至首倒翻过去，看见里面都是寥寥数笔的毛笔sketch（速写），书页的边上没有切齐，翻到题目 Classmate（《同级生》）的一页上自然地停止了。"那是一幅描绘在巨大贫富差距下，曾是同班同学的一位贵妇和一位贫贱的家庭主妇偶然相遇的漫画。"我当时便在旧书摊上出神，因为这页上寥寥数笔的画，使我痛切地感受到社会的怪相与人世的悲哀……这寥寥数笔的一幅画，不仅以造型的美感动我的眼，又以诗的意味感动我的心。"在丰子恺反复念叨的"寥寥数笔"中，他知道他找到了符合他的画风，"乘兴落笔，俄顷成章"。6个月求学归来，丰子恺凭借将这种东西结合的绘画风格发扬光大，成为中国的漫画之父。竹久梦二也由此为国人所知。

然而，大部分国人所不知道的是，画风写意、内容严肃只是竹久梦二早期的风格，梦二当时最为日本人青睐的是他的"梦二式美人"。竹久梦二美术馆的馆员中川春香说，这些美人以梦二的恋人为原型，拥有一双大眼睛，眼睛上有睫毛，脸圆圆的，溜肩膀，身体稍许有弯曲的站立姿势，或拿伞，或持扇，与浮世绘中凤眼细眉的女性颇为不同。而这正符合了日本明治维新以来，人们在西方审美的影响下，对美女的想象——拥有一双惆怅的大眼睛，充满伤感、怀旧情调的美人图，既具有新奇的画风，又迎合了身处近代化浪潮中百姓的心态，因而在社会上风靡。在明治维新的浪潮过后，"梦二式美人"作为一时的时尚迅速沉寂了。直到第二次世界大战后日本重建，在又一轮的西化浪潮里，梦二的美人图随着伤感的情绪又一次流行。时至今日，日本人对"梦二式美人"的喜爱更源于人物本身的俊美可爱，而梦二设计的图案也成为当下日本的流行元素。

在一家叫作矢口书店的店铺，我看到了竹二《梦二画集·春之卷》的旧画册。正像丰子恺淘到的《梦二画集·春之卷》虽然是过时之作，但却能给人以灵感启迪，神保町因有价值的古旧书籍丰富知名，被冠以"古书的麦加"之名。这大概和日本人看书但不藏书的观念有关——由于房间空间狭小，许多人看完书就将它们处理掉，这便成为旧书的来源。店主们根据各自的兴趣，搜集不同门类的书籍，有交叉有互补，综合起来神保町便囊括了各个专业领域的研究书籍和史料文献。从初版的古籍到绝版的漫画，应有尽有，令书虫们心向往之。对二手书迷而言，视觉上最难以忘怀的，恐怕就是整墙古书全集套书上密密麻麻贴满的黄色标签。这种方式始于田村书店，标签上写的书价，原来是用旧书界通用的密码符号，老板发现有些书客竟能看懂，便索性大方写明，而因黄色最易褪色，老板们通过褪色程度便可辨别书籍摆放了多久。然而，作为可与伦敦的查令十字街、巴黎的塞纳河畔相媲美的书店街，神保町不只是藏书汗牛充栋，摆放在古书周围的，还有许多的趣味收藏。与美术息息相关的版画自不必说，各类画册、海报、黑胶唱片，乃至化石、矿物、万花筒，完全可以满足一个收藏癖的大部分需求，而夹杂在古书店之间的电影院和拥有几十年历史的咖啡店，更是能让吸满古旧书味的双肺，不时地换些清新的空气。

穿梭在神保町的小巷里，埋首旧书堆，书虫们乐此不疲的趣味，既有"众里寻他千百度"，终获至宝的喜悦，也有同店主斗智斗勇的乐趣。在低价书堆里寻宝，从店门前的瓦楞纸箱里找到心仪的文库本免费拿走，定有占尽天下便宜的窃喜。而识货的店主必对顾客有着高傲的眼光，甚至池谷伊佐夫在《神保町书虫》一书中，有专门"应付"傲慢店主的"指南"：着装切不可过于庄重或随意，需打扮成学者或是收藏家的模样，若有太宰治的气度定是无往不利；更要形神兼备，万不能目光涣散、漫无目的地闲逛，要"一边看书，一边不时对照手册，并且装出一副没有这本的惋惜表情"。然而，归根结底，能让书客们欣然承受店主的些许傲慢的，是在品目丰富基础上，图书的物美价廉。神保町的古书店不受不成文的公定价格约束，店主拥有定价的最后裁量权，各家书店因而能够开出更低的价格吸引书客。而旧书店的店主不仅是卖家，也是买家，在买进顾客的书时，凭良心购书，从不杀价，对任何有关二手书的问题一定亲切答复，为书客提供便利。贴心的服务与专业书籍的藏书量，使学者、读书客和二手书迷对神保町的青睐从未消退。

从本质上说，神保町能一直保持兴盛，来自日本人对阅读的热爱。20世纪初，日本人在读书时的进取精神便令当时的留学生深感震惊。20世纪30年代，留日学生戴泽锟曾记述东京的图书馆的情形："日本的图书馆，仅就东京市而言，已不下千余所。随处都可看到'××图书馆'的牌子。可是，东京市的图书馆虽然多到如此，然在事实上，还感到供不应求哩！每天早上8点钟后，每一座图书馆里所设的百余个位子，全都坐满了。如果来迟的人，都得在门外静候着，一直等到里面出来一个，才能顺序补进一个去。在每座图书馆的门首，至少都有五六十人是来迟的……不管世界上哪一个国家出版的名著，无论是政治的、经济的、社会的、军事的、文学的——只要在本国出版一两个月，日本的出版界，马上就印出译本来。跟着图书馆里也就购置了。"（戴泽锟《日本的报纸及其他》）而图书馆中的人，"静悄悄的或是整理课堂的笔记，或是看自己带来的先生的专门著作或由图书馆借下来的书籍，整天的工夫或半天的工夫，一双眼睛注视在书籍上面，没有倦容"（丰子恺《记音乐研究会中所见之一》）。

如今不用去图书馆，在公交设施上，就能感到日本人良好的阅读传统。即使在早晚高峰拥挤的车厢里，能有一点空间的乘客仍然会拿出书来阅读，和玩手机的乘客相比，差不多各有一半。他们手里拿的书，多是一种叫作"文库本"的图书，它比正常书要小、要轻，便于携带，价格也只有正常书的三分之一。"文库本"的图书里不乏一些艰涩的学术著作。在书店里还能看见布做的封套售卖，在公交设施上的人，经常会把书用封套包好，既为了保护图书，也能不让别人知道书籍内容，很好地保护隐私。当地朋友就说，日本还有一个特点，就是小书店特别多，除了神保町这样的书店一条街之外，走在路上，经常能够发现门脸很小的书店。这样的书店被称作"文化的街灯"，书店老板开店不是为了发财，只要能维持生活即可。

东京泡汤：仍然延续的小众之乐

> 虽风霜雪雨之夜，只有汤屋中永远挤满了客人。汤屋之在日本，绝不如在罗马和我国，为品茶清谈甚至于交际谈判以及和讼之处，而是为洗浴而洗浴的地方。那里并不预备茶，卧榻，而只放着一个最高的标尺和一架测量体重的磅秤。

——尤炳圻《风吕》

相比起在大街上常常能遇见的书店，东京的"钱汤"就不太好找了。现在来到日本旅行的人大多只知温泉而不知钱汤，钱汤其实就是公共澡堂。相传在日本天正年间，钱汤定下规矩，"风吕资，永乐一钱"。"风吕"是汤屋的别称，永乐钱是明朝永乐年间铸造的货币，因通商流入日本，"钱汤"也就因此得名，意思是花不多钱就能洗澡。今天在日本，米、面、油等和民众生活息息相关的物资限价已经取消，唯有钱汤规定价格上限，比如东京地区就不能超过460日元。

一个世纪前，钱汤是中国留学生笔下常常谈到的新鲜事物。这首先与中国人对日本"清洁"的第一印象有关。周作人概括日本的习俗，列出"清洁""有礼""洒脱"的特点，其中"清洁"排在最首。日本文学翻译家尤炳圻在留日期间写下介绍日本人沐浴的《风吕》一文，便引用明治时代的国学家芳贺矢一在1907年写下的《国民性十论》片段来说明："像日本人这样盛行全身浴的国民，怕不复更有。东京市的浴堂，达八百家以上，此外中流以上的人家各自有浴室设备，平均百三十万的住民之中，凡三分之一是每天洗

在一处叫作大江户温泉物语的度假村里，人们感受着泡汤文化

着澡的。"在当时的中国，与其说一些地方因为水资源的匮乏达不到经常沐浴的条件，不如说风俗中并未形成这样的习惯。尤炳圻就在文章中继续写道："吾乡虽为水乡，也自古有多洗一次浴和多说一句话一样，要多伤一分元气的传说。"于是当时在留学生中广为传发的《留学生鉴》中就专门有一章来谈"入浴"，有"浴场之温度"和"禁入浴之时候"的详细指南。

另一份对钱汤的关注，来自对日本人身体观念的好奇。江户时代还有男女混浴的习俗，但之后就被限制，只在少数温泉旅馆还有这种情况。尽管如此，男女只在一个由隔板隔开的大房间里同时沐浴，声音都能相互听到，还是让中国人感到不适应，却又感叹日本人崇尚自然的天性。女作家庐隐写她第一次去钱汤慌慌张张地洗澡，连遮带掩地跳进浴池，只露出一个头。然后她看着"那些浴罢微带娇慵的女人，她们是那么自然地，对着亮晶晶的壁镜理发擦脸，抹粉涂脂，这时候她们依然是一丝不挂，并且她们忽而站立，忽而坐下，忽而一条腿竖起来半跪着，各种各样的姿势，无不运用自如……这时我觉得人体美有时真值得歌颂"。周作人也在《谈混堂》中表达了"日本人对于裸体的观念颇近于健全"的观点。

根据"东京都公众浴场业生活卫生同业组合"（"同业组合"即"行业协会"）在2009年发布的数字：东京都内还有857家钱汤。倒退40多年，也就是1968年，东京都内有2687家钱汤。40年弹指一挥间，钱汤减少了三分之二还多。钱汤减少自然和家庭里普遍安装淋浴和泡澡设施有关，我们通常所熟悉的淋浴与浴缸一体的西式卫浴设施只出现在单身公寓里。在一般日本家庭里，淋浴和浴缸是分开两部分的，人们冲洗干净后再进入浴缸。一位中国朋友说，如果去日本人家做客过夜，主人一定会邀请你泡澡的。同样一缸水先请客人来泡，接着才是主人和其他家庭成员。而如果第二天还继续住，主人就不和你客气了，是不是让客人第一个享受浴缸就没有那么讲究了。

那么剩下的800多家钱汤都是什么人在光顾呢？我在东京拜访了一位叫作今井健太郎的建筑师，他的事务所专门做钱汤的设计，他本人更是一位"泡汤达人"，整天把对于不同钱汤的体验放在网上。从一位建筑师的角度，他更看重钱汤在历史文化方面的价值。在日本，公共浴池是随着佛教的传入而兴起的，最早的浴池就是古代寺庙内的大汤屋。这种汤池不仅供僧侣斋戒，也是一种施善和救济设施，收留难民后要进行"施浴"，让他们清除身上的污垢。"施浴"是日本宗教追求纯洁的观念和伦理结合的一种形式，或许能够解释日本人为何酷爱洁净和喜欢洗澡。而这种洗浴传统对应到建筑风格上，就使得最正统的钱汤看上去都好像寺庙一般，有着三重屋顶。钱汤里面的装饰也有意思，一般最大一幅装饰画都是积雪的富士山——这是日本人喜闻乐见的装饰画题材，也能让热汤中的人想象一下山顶积雪的清凉。随着西方影响的进入，装饰画还有了庄园古堡这样的绘画内容，或者用马赛克的形式进行镶嵌。

今井觉得钱汤文化不会消失。因为它"价格便宜并且健康，我一周会去三次左右。要知道日本人家里空间小，泡澡都没有在钱汤舒服啊！"今井所做的钱汤设计会有一些不同于老式钱汤的改变，"我们根据钱汤所在的位置来定位钱汤的风格。比如位于涩谷这样的时尚区域，富士山的装饰画我们就会用那种浪漫卷曲的线条，整体内部的装修也很现代；在浅草寺附近我们也设计过一家，因为要体现原来江户下町的风格，我们都在墙壁上装饰有浮世绘，富士山也是浮世绘版画的画法；还比如在千驮木的一家钱汤，因为附近有莲光寺、瑞泰寺、清林寺这样的地方，内部就会营造出一种清幽宁静的禅院色彩"。不过万变不离其宗，虽然在装修风格和建筑材料上有所差异，但它们都是简简单单只能淋浴和泡澡的钱汤，不是什么美容院和健身房。今井推荐我去一家有着100多年历史的叫作"帝国汤"的地方，去体验"属于钱汤最本质纯粹的东西"。

到了这家"帝国汤"我便明白今井所说的传统钱汤的样子：有如寺庙一般的外观，采用木板来做钥匙的柜子，更重要的是从写着"女"字的入口进去后，发现管理澡堂的老大爷坐在一个木制高台之上，他同时能看见男女浴池的情况，男女浴池之间也只隔着一道矮墙。于是我便如同女作家庐隐当年一样，匆匆忙忙淋了浴，拿着一块半大不小的毛巾连遮带掩地跳进池子，只露出个脑袋，这才能心平气和地观察周遭：钱汤的淋浴部分都是坐在椅子上进行的，喷头离地面只有一米左右的高度。有两位大婶年纪的人在那里一边淋浴一边坐着交谈，另外一位年轻一点的女子也赤着身体在那里往身上打着香皂。男浴池那边传来了咳嗽声和说笑声。在这个空间里，一切都是古老的，无论是挂钟、体重秤、烫发机，还是装在玻璃瓶子里供人补充能量的牛奶，我相信都没有任何改变。后来我通过翻译和老板娘聊天，问她有没有想过增加一些能够保护隐私的隔扇，或者提供餐饮、按摩、健身这样的配套服务，来吸引更多的年轻人。她倒是一脸惊诧："就现在的状态，每天都有人来的。挺好的啊！"

这便是我感受到的东京了。它具有时尚前卫的国际大都市面貌，但对于传统，总是有人保存和遵守。于是经常突然就进入一扇窄门，轻易回到了从前的时光。（文：丘濂、刘畅）

东京涩谷附近的繁华街道

福冈

岁暮的料理

> "食材成千上万，谁也不知道到底有多少，但是任何一种食材都有它独特的味道。任何食材都有其他食材不可替代的原味。因为那都是天地创造的自然的力量使然的。"
>
> ——北大路鲁山人

日本新年的饮食与温情

下关著名的唐户市场是日本国内最大的河豚集散地，临近岁暮，商户们开始摆出各种漂亮的河豚礼盒，吸引市民预订。

河豚的日语发音和"福气"很接近，因此成了过年的一道吉利大菜。摆在档口上的礼盒非常漂亮，蓝色的瓷盘上面，切成薄片的河豚刺身一圈圈摆成花瓣，最中间往往点缀着一簇切成丝的河豚皮，形状如同一朵绽放的菊花。几乎透明的河豚肉隐隐约约透着盘底的颜色，深深浅浅，像青花瓷般素美。

日本人吃河豚的心态非常轻松，跟想象中所谓的"冒死"没有半点关系。"博多い津み"餐厅是一家专做河豚的米其林二星餐厅，主厨宫武尚弘是一位笑盈盈的大叔，摆摆手让我们放心去吃，因为河豚的毒性集中在卵巢和肝脏，去除内脏并不复杂，而且随着人工养殖的比例越来越高，带毒性的河豚更是不常见了。

河豚没有脂肪，一定要靠外物才能配出好吃的味道。于是河豚肉皮冻在熬制时增加了很多调味在里面

宫武尚弘在46年前就拥有了河豚调理师的资格。那时候他刚刚大学毕业，在著名的私立学校庆应大学读机械工程，但因为家族已经有两代河豚料理人，他毕业后顺理成章地继承了家业。他的祖父是河豚解禁后的第一批料理人。1592年，丰臣秀吉出兵朝鲜，正待武士们赴九州集结之时，一些途经下关的武士却因为食用河豚丧命，丰臣秀吉大怒，下令禁止武士吃河豚，从此开启了长久的河豚禁食历史。直到1888年，伊藤博文到下关访问，尝到了河豚令人惊艳的美味，当下宣布解除禁令，日本才再次开放了河豚市场。

宫武尚弘切河豚的手法延续的是祖父的传统技艺。和唐户市场的河豚礼盒相比，他切出的河豚刺身要厚很多。那些轻薄的肉片可能是用刀一劈而过切成的，宫武尚弘却要把厚切的鱼片翻过来再补一刀，将这部分鱼肉搓在边缘上，拿刀捋成圆弧状，厚度就像刚煮熟的饺子皮边，闪着亮光又很有嚼劲的样子。他听过我的描述后大笑："我摆的造型明明是浪花嘛！"

宫武尚弘自信地说，他这种厚度才是河豚最佳的切法，"切得薄长，嚼头不够。短而厚，才能嚼出香味来"。鱼肉的切法跟肉质的软硬程度直接相关，白色肉质的鱼硬，厚度要小于0.5厘米，红色肉质的鱼软，厚度要大于1厘米。在鱼类当中，河豚的肉也许是最坚硬的一种，它的厚度只应切0.2厘米。也只有河豚才能摆出复杂的造型，他切出一浪赶过一浪的波纹，空出一个扇形区填着河豚皮上分出的几层胶质，黑白相间，仿佛卷起巨大的海浪。"鱼刺越多的鱼，肉质越软。河豚没有胸腔骨，全靠肌肉来保护内脏，所以它的肉质是很硬的。"宫武尚弘说。

日本最有名的美食家北大路鲁山人对河豚评价颇高："美食到河豚为止。"他认为没有任何生肉片的味道可比河豚。"河豚有一种类似酒、烟那样让人上瘾的、其他食品不具备的特别味道。"在"博多い津み"可以吃到官武尚弘设计的全套河豚料理，在他这里完成对河豚的扫盲再合适不过了。

首先端上一碟河豚脸皮熬成的鱼肉冻，切成粗长条，坚挺有筋骨，味道在清淡的日本料理里算是比较重的，似乎在熬制时放了很多的调味。官武尚弘在一旁向我们解释说，河豚没有脂肪，一定要靠外物才能配出好吃的味道来。"很多人都说冬天是河豚最美味的季节，其实在3月份产卵期之前，河豚肉都很不错，之所以冬天更好吃一些，是因为调料里面用到的橙子、青柠檬和柚子都是冬天才有的。"

紧接着他就端上摆好盘的河豚刺身和自己配制的调料。一片河豚拖曳着在调料盒里蘸足了汁水，入口之后是无比的清凉，在洋溢着果香的咸酸味中，我努力咀嚼着，去揣摩本地人的心态。官武尚弘切成豆腐块大小的短而厚的鱼片，咬起来有种摩擦着牙齿的坚韧感。我投入地吃了一片又一片，正沉浸在鲜嫩之中，可突然之间，我意识到自己舌头发麻了。"我中毒了！"想起《孤独星球》里一个作者写道，他在伊豆的餐厅喝酒壮胆后夹起一片河豚放进嘴里，随即，他的嘴唇和舌头立刻发麻，脸上浮现出对死亡的恐惧感。那位主厨告诉他，为了营造戏剧性的效果，他特意在刀上留了一点点毒。

但我终究没向官武尚弘说出自己"中毒"的症状，确切地说，我看到他端上来一份火锅后，觉得很好吃，便把舌尖发麻的疑虑迅速抛之脑后了。河豚身上没有做成刺身的鱼肉被放进锅里煮着来吃，额外配了几块豆腐和绿叶蔬菜同煮，煮好后配撒着葱末的柚子醋来吃，火锅里鱼的肉质比刺身部分厚一些，吃起来是另一种鲜美。

最后端上来的是一些生米，倒进了火锅中，现场熬制十几分钟变成

刺身通常都是日本传统筵席中的核心，日本人重视的"旬"味通过不同季节的鱼类得到充分
体现

河豚调理师宫武尚弘将河豚摆成波浪的形状，河豚肉的坚硬使这种切法成为可能

了一锅稠稠的稀饭。河豚汤汁被牢牢吸进了米饭里，颗颗米粒都充盈着水分，光亮润滑。宫武尚弘拿出他腌制的鱼罐头让我们配着粥一起喝，通过低温加热和浅脱水让河豚肉保持软度和鲜度，配着白粥吃完十分熨帖。我们这群第一次吃河豚的家伙一致认为，最好吃的是这碗汇集了精华的白粥，关于顶级美味的河豚刺身，一定是在对品尝河豚有相当丰富的经验之

河豚火锅的精华最后全都凝聚在一碗白粥中

后才能准确体会的吧。

　　新年即将到来之际，到店里定制礼盒的人也多了起来。宫武尚弘制作了以九州物产为主的"赤·白·黑"三色盒子，"白"指河豚，用半风干的方式延长河豚的保鲜期，"黑"指鹿儿岛有名的黑豚猪，刷上特制的味噌酱烤出猪肉的新鲜脂肪香气，"赤"则是福冈名物明太子，腌制之后味

福冈特色的明太子单配一碗白饭，滋味就已足够

道纤细，是很多日式餐厅都擅长的一道拿手小菜。

这其中，明太子是大多数福冈人都会装在年盘里拜会亲友的礼物。明太子是用香料和盐腌制的鳕鱼鱼子。因为距离朝鲜半岛很近，朝鲜明太子泡菜经福冈传入日本，20世纪70年代逐渐有厂家开始制作日本口味的明太子咸菜。随着远洋捕捞到的鳕鱼鱼子数量越来越少，明太子的价格应声而起。那些外形完整的红色鱼子带先经过几天盐水的脱水腌制，再撒上掺和着辣椒和香料的红色汁液进行二次腌制。最终，西瓜红色的明太子以成对的方式进行销售，是过年或答谢时做足诚意的礼物。

最初的明太子里会加胡椒，呷一口烧酒，胡椒仿佛撒进酒中，饮酒之人会觉得非常过瘾。后来它的味道被改良得稍微清爽一些。现在成了被广泛接受的一道配米饭的小咸菜，小小一颗，就足够撑起整碗米饭。

新年时吃腌制食物是日本人的传统。因为有正月忌火的说法，家家户户在除夕时都会提前做好可以保存数日的年菜，盛在涂红色漆的方形重箱里，一共四层，色彩鲜艳，样貌华丽，翻译成中文叫"御节料理"。

我们在博多站前的大商场里见过琳琅满目的御节料理模型，动辄数千元起价，在阳历1月1日新年之前做好，送到家里享用。红色的对虾、蟹钳，黄色的"玉子"（鸡蛋）、炸鱼寿司，绿色的青柠、扁豆和配菜，还有晶莹的鲑鱼子、炙烤过的牛肉卷、腌渍入味的扇贝等，每种食物三五片分别装在一个个小格子里，过年时直接冷着吃当作主菜。御节料理中的食材包含了很多特别的意义，过年吃为图个好彩头。最醒目的位置一定会摆着通红的对虾，它因为弓着背像老人驼背的样子，被用来代表长寿；黑豆也是必备元素之一，因为黑豆日文中的发音和"认真""健康"接近，寓意是一年到头认真劳作和健康生活；昆布卷的发音与"喜"类似，所以也是祝福时必不可少的食材。

听当地一些组建了跨国家庭的中国人说，御节料理更适合看，而不适合吃，在中国过年时是热气腾腾的饺子，在日本就觉得冷冷清清。我们在福冈的翻译崔宏涛娶了日本太太，我问他太太顺子御节料理好吃吗，顺子想了想说，因为每年只吃这么一次，母亲和姐姐要花好几天时间采买、制作，工程浩大，光是这份心意就胜过了一切。

顺子的老家在熊本，是一个很传统的日本家庭，她是家里的小女儿，她的姐姐一家现在和崔宏涛的岳母住在一起。采访期间，我们曾跟着老崔回过一次熊本，老人家的肺病还没痊愈，但还是亲自下厨为我们精心准备了丰盛的早餐。

日本人的三餐必然有鱼，早晨大多是煎鱼，刷好酱汁，配一片柠檬，此外还有配着小咸菜的玉子烧、一小碟毛豆角、腌好的白菜和火腿配炸芝士条。这么多菜来配一碗白饭，老崔还会再磕一颗生鸡蛋搅拌在饭里吃，为了讨老人家欢心，每次回家他都要努力多吃几碗。"老娘最喜欢听我说：'再来一碗。'"

老崔比顺子年轻几岁，又是家里唯一的成年男子，"老娘"对他的宠爱无以言表，他一回家，家里原本有些沉闷的气氛立马活跃起来。长姐6岁的小外孙步梦特别喜欢他，一进门，崔宏涛要先在过世岳父的牌位前合掌祭拜，步梦跪在旁边，"当"的一声，敲响一只祭祀的钟。祭拜完毕后，步梦便扑到崔宏涛怀里厮打玩闹起来，光脚追着老崔在屋里跑来跑去。

每年年底，老崔和顺子会提前两天回家。除夕之夜，全家人围在一起吃荞麦面，叫"年越荞麦"，也是辞旧迎新的传统习俗。看完类似中国春晚的NHK红白歌会，凌晨时要到神社去祈福，到新年这天往往睡个懒觉才起。上午第一件事是全家喝屠苏酒，是过年时解毒避秽的一种药酒。已经化好淡妆、戴起漂亮丝巾的岳母端出红漆面的大、中、小三段重叠的酒器，最上面一层由老人家先斟给崔宏涛喝，其他家人再各自喝一些，于是日本人安静而温暖的新一年就这样开始了。

岁暮旬味与会席料理

我们在福冈采访时，时不时会感受到含蓄的日本料理人流露出对"中国烹饪天下第一"的微妙心情。"中华料理是火，日本料理是水。"很多人都像宫武尚弘这样讲，"中国的水质不好，食材没那么棒，就要通过火在短时间内把味道挖掘出来，但问题是油用得过多。日本的水非常干净，很多食材可以生吃，这不是国外人想象的'野蛮'，而是食物太好的缘故。"

如果只能用两个词来概括日本料理的特点，那应该就是"生吃"和"鱼"了。日本料理有一句话叫"割主烹从"，提刀切割生鱼片的"板前"师傅地位是最高的，负责蒸、煮、煎、烤的其他料理师往往都要听他调度。

板前师傅都有自己运用多年的宝刀，看起来简单的落刀，其实需要很多年的磨炼。"不同的鱼，入刀的角度和力度都不一样，就像刨木头，不是使大劲就能做得到的。"宫武尚弘说，从刀刃的根部到尖端顺序行刀，切的时候手腕也要顺势下划，既不破坏鱼肉，也不制造多余的刀痕，"食材都是由细胞组成的，归根结底就是不要破坏细胞组织。首先看切口是否干净。吃起来如果是甜的，说明细胞完好。切蔬菜也一样，切完葱砧板不会变绿，切完番茄不会流汤，吃起来就会很甜。"

在"河太郎·松幸"餐厅看副料理长太田记央使用出刃刀卸一条鲔鱼，从胸鳍后倾斜入刀，切下鱼头，再稳稳地从鱼脊骨上侧将刀侧着插入，毫不迟疑地划到鱼尾，剖开鱼身，几下动作要非常连贯，为了不松懈，往往要屏住呼吸才行。将一条鱼剖成鱼块之后，要根据鱼的状态进行熟成，可能需要用纸包裹起来，密封之后放入冰中沉睡几日，等水分散失掉味道才最好。

也有捞上来后立马要吃掉的。"河太郎·松幸"在冬季有道招牌菜，是用佐贺县呼子港的鱿鱼来做鱿鱼刺身。太田记央从捞鱼到制作完成，只用了两分多钟，眼见着红铜色的鱼体掏尽内脏后瞬间变得透明，卸下生吃的鱿鱼肉被切成一条条细丝，铺在鱼体上，便被端走成为餐厅里最棒的冬季美食。

我心惊胆战地从依然扭曲伸张的鱿鱼肢端旁边，夹起一条透明的鱿鱼肉丝，按照服务员的提示，蘸了蘸撒了柠檬汁的细盐。没想到入口是如此清澈的味道，凉丝丝的鱼肉很甜，很有韧性，柠檬的香气和盐的陪伴，让人想起夏日的青芒。想起北大路鲁山人描述日本料理的追求："食材成千上万，谁也不知道到底有多少，但是任何一种食材都有它独特的味道。任何食材都有其他食材不可替代的原味。因为那都是天地创造的自然的力量使然的。"日本人把食物本身的美味称为"旨味"，并认为只有生吃才不会损坏包括香气和滋味在内的旨味。

对季节非常敏感的日本人，在饮食上相当讲究"旬"（时令，"最佳时机"之意），也就是中国人说的"不时不食"。有天早上我们混进了福冈青果市场里看清早的拍卖，一组组市场工作人员分别站在高台之上，举着麦克风降低音调呼喊着外人听不懂的方言，以免有人偷溜进来看懂批发价格，扰乱市场秩序。拍卖者飞快的节奏和中气十足的力量感简直可以称为一种民间艺术形式，而站在台下的批发商和超市买手则举着小黑板写下出价和数量。早上8点前，当天的货物就全部售空，这个季节优质的蔬菜水果随后就进入了菜市场和超市。九州的冬季绝不乏美味，除了能吃到其他季节无法享受的鱼和海鲜，还有萝卜、春菊、高菜、白菜等蔬菜，草莓、柿子、柚子等水果，另外一年四季不间断的鱼和蔬果也有很多，并不是我们想象中冬季饮食的单调。

想了解日本料理中如何来体现季节与"旬味"，去吃传统筵席是一个便捷的方式。

怀石料理是公认的日本料理的精髓和最高形式，但这种暗合禅宗戒律与茶道礼仪的饮食方式早已不在普通人生活范围之内。目前在大众餐饮中能找到的，是在承办高级筵席的所谓料亭餐厅，其风格是以传统茶室风格为参照。筵席的形式也从"怀石"变成了"会席"——两个词在日语里发音相同，不同之处在于会席料理围绕的不是茶，而是酒来做设计。一套会席料理通常会有十几道餐食，分为"先付""吸物""刺身""盖物""烧物""温物""扬物""酢物""御饭""止椀""香物""水果子"等，每一

代表日本料理最高水准的怀石料理已经渐渐演化成了会席料理，同样有十多道菜的流程，但内容已经变得亲民

道都体现着对旬味的执着。

我们在"稚加荣"餐厅吃会席料理,作为"先付"的前菜是冬天的腌海参、明太子、玉子烧和鲑鱼子。第二道"吸物"是主菜之前用高汤煮出的手打鳕鱼鱼丸,鱼丸里包着一片花边胡萝卜片,像一片飘落在汤中的枫叶。第三道"刺身"通常都是会席料理中的核心,一只红漆大木盒子里盛着切好的比目鱼片和竹荚鱼片,叠放在紫苏叶中间,旁边点缀着青葱段、柠檬片和红心萝卜丝。坚持以生吃体察"旨味"的鱼,缺少了与之相配的酱汁会滋味寡淡。竹荚鱼是冬季肥美的时鱼,厨师在"切付"时特意留下了部分闪着银光的鱼皮,顶在泛着红色和青色的鱼肉上面,让人想起拿着金丝手绢轻掩樱唇的贵妇。竹荚鱼是青色的鱼,适合蘸酱油和芥末,吃起来细腻而浓郁。比目鱼肉体透明,肉质比竹荚鱼硬,切的厚度比竹荚鱼薄,肉质坚硬的鱼适合蘸刺身酱油——通常是由餐厅自行调配,将酱油、醋、白萝卜泥和香葱末调在一起,通过酸味的轻口感来烘托白色鱼的嚼劲。"盖物"则是煮过的对虾、甜鲷鱼、山药和一小截高菜,但和中国料理的不同之处在于,几种食材要分别煮完,绝不让味道相互混杂,最后同样要勾一个芡,但也不同于中餐,勾芡要全然无味,仅仅是要让口感浓稠而已。"烧物"一般是烤鱼,"温物"是鸡蛋羹,"扬物"指天妇罗,"酢物"是为了在"御饭"(米饭)上来前清口的酸菜,"稚加荣"做了冬季鲛鳒鱼的鱼肝,蘸着醋来吃,之后的"止椀"指汤,"香物"是小咸菜,"水果子"顾名思义指甜品。

日本料理中极少见炒菜,让刺身以外的食物入味,全都靠吊汤来实现。吊汤也是日本料理的一个重要组成部分,没有它,面对众多的食材便会无所适从,宫武尚弘是"板前"名师,但他却说,日本料理里最难的是水的使用方法,足见汤在日本饮食中的重要性。

吊汤有两样神器，一个是"昆布"（一种海带），一个是鲣鱼。"味彩"料亭餐厅的主厨岛田裕明极善制汤，他的秘诀是把洋葱炒一下后，与酱油、日本酒一起分别和昆布或鲣鱼吊汤，他做了一道生蚝糯米团汤，用了鲣鱼吊汤，另外撒了很多白萝卜泥，只用了极少的盐，味道就极浓郁。

　　十几道菜的日本传统筵席在形式上做足了美感，最能体现日本人"用眼睛来吃"的饮食美学。我在"河太郎·松幸"看太田记央摆盘，他营造的冬季气氛真是美呆了。一只镶嵌着金色花边，绘着红叶的淡黄色瓷盆作为盛器，用紫苏叶托底，上面放两块鱿鱼卷，鱿鱼提前切出了花纹，卷起来像濑户内海的漩涡；旁边的一只枫叶托盘盛着鰤鱼刺身，红色的鱼肉上飘一朵红心萝卜做的花，撒了两枚松针，带来了清冷的气息；鸡蛋大小的菊苣叶托起象拔蚌，旁边用南瓜细丝衬托出颜色，最后撒一些紫苏花和几片刨成薄片的淡红色萝卜条，实在是赏心悦目。

　　很多厨师都说自己有在"料亭"里修行的经历，在料亭里工作，更多是积累处理复杂问题的能力，即便你想开一间简单的小餐厅，料亭的经验也会在你应对突发状况时帮到你。料亭雅致的环境也是很多顾客青睐它的一个原因，但在我看来，料亭固然有它的长处，但料理职人的专注和匠人之心，在单一类型餐厅里能得到更多体现。

食鱼的民族

　　北大路鲁山人说人要在料理上体现出"王者的骨气"。"一个有身份

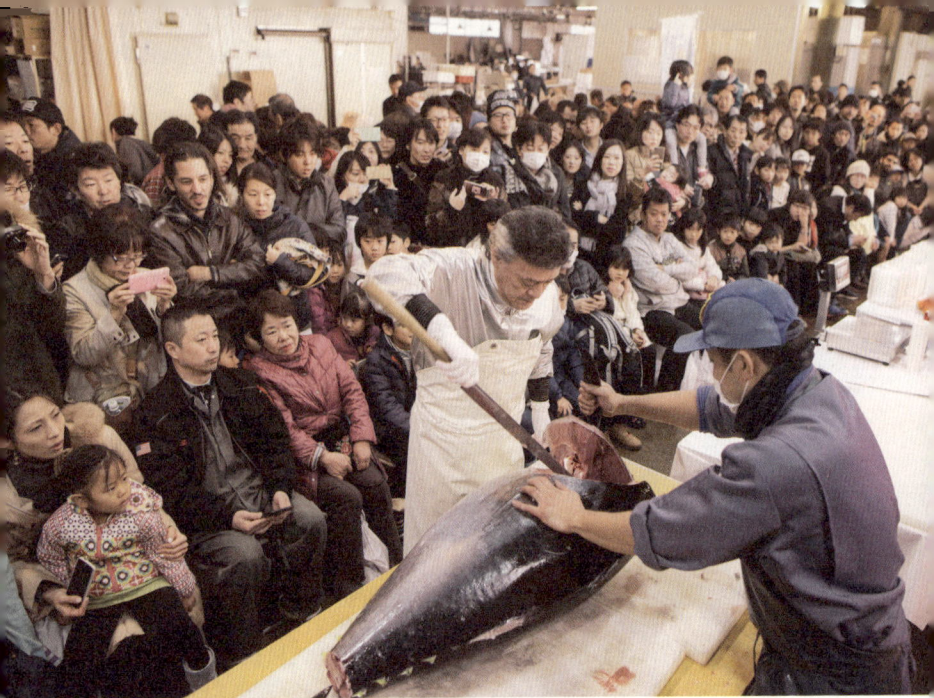

福冈的长浜鲜鱼市场在每月一次的市民回馈日都要表演"金枪鱼解体"，对市民，尤其对小朋友是一次很好的海鲜知识普及

有地位的君子，如果不能理解有品位、有价值的食物，那就难免被人讥讽为素质低下。"日本人说自己的血液里流淌着的是鱼的血，即使是小学生也能随口说出10种不同的鱼的名字来。他们对鱼的了解程度是我完全没有想到的。

每个月的第二个周六，是福冈长浜鲜鱼批发市场向普通市民开放的日子。我在日本只见过两次郑重其事的排队，一次是在福冈天神购物区的大商场门口，男女老幼齐上阵买新年彩票，一次就是这一天的鱼市场，9点钟正式开门，我们7点半去那里，看到已经排了上百人，让人不由得联想起中国春运排队买火车票的情景。

一向谦让的日本人此时变得有些疯狂。9点钟开市后，人流踩着斑马线从露天的广场上奔进了市场内，我挤在人群里，不断被身后赶上的购物车蹭到腿。他们的目标是前面的一片水产区，一个个泡沫塑料箱里已经分装好了，每个箱子里有一条冬季最肥壮的鲕鱼，另有一条青色的鲹鱼、一条红色的金线鱼和两条大眼睛的红色连子鲷，都是冬季时鱼。这样一箱分量至少有七八斤的鲜鱼，只售1000日元，换算成人民币只有60元左右，绝对是回馈市民的"福袋"了。因为当天限供500份，这一天又是日本新年前的最后一个开放日，难怪市民们争相抢购。

　　长浜鲜鱼市场是福冈最大的海鲜批发市场，紧邻着博多港。每天凌晨，从玄界滩、日本海及东海等地归航的捕鱼船便会聚于此，鱼货由市场中的两家批发商进行收购。之后，两家批发商再以拍卖或招标的方式将其贩卖给市场内的46家次级批发商。长浜市场往常是封闭的批发市场，海鲜分散到次级批发商手里之后，几百家由零售商、超市、加工业者组成的采购方接踵而至，类似筑地鱼市的拍卖环节就此展开。而每个月的第二个周六，平素的遮蔽却要在这天一网打尽似的展示在大家面前。

　　当我们还在感叹60元福袋的市民好福利时，长浜鲜鱼市场的"市场长"西依正博催促着我们赶去看10点钟的"金枪鱼解体秀"。一只捕捞自长崎的64千克的野生金枪鱼被郑重地挂起来，旁边写明"纪念写真"（合影留念），好多跟着父母来逛市场的小朋友们蹦蹦跳跳地要跟金枪鱼合影。金枪鱼体形庞大，光洁的表皮散发着藏青色的微光，肉质紧实得直至尾巴尖都没有懈怠的意思，完全符合我心目中那来自海洋深处的神秘幻想。

　　伴随着金枪鱼的首尾被斩断，热闹的竞购随即开始了。原来是鱼店的老板与围得里三层外三层的市民集体猜拳，赢了继续猜，直至决出最后一个胜出的购买者才作罢。日本人很诚实，输了就把手放下，一片混乱中也无人作弊，最后买到鱼尾的是一位白头发奶奶，另两个小朋友分别买到了两瓣鱼鳍。金枪鱼的体重在30～80千克范围内，体重越重，油脂越厚，吃起来味道也越好，其中最好吃的是油脂最多的金枪鱼腹部，砖头大的一块"中肥"，惠民售价也要5000日元。

转了一圈，发现市民日的多数活动小朋友都可以参与，他们甚至可以亲自上手跟着鱼贩们一起解体金枪鱼。金枪鱼是日本鱼食材里最有代表性的一种，"金枪鱼解体"也可看作日本人处理鱼食材的标志性流程，体形庞大的金枪鱼至少需要两个工匠相互配合才能分解完成，其间使用的巨大刀具至少要七八把。小朋友们在工匠的配合下，体验着锯木般推拉鱼刀、切掉金枪鱼头部肥肉的过程，接着观看工匠们将一把硕大的尖刀从腹部插入，沿着背部鱼骨的走势将鱼完全劈开，之后按照上、中、下三端，将鱼切成几份，并分割成小块。

很难想象，我们印象中气味腥臊、污水横流的海鲜市场竟能成为孩子们玩耍的乐园。在父母的鼓励下，小朋友站在水池边勇敢地把一大条一大条的深海鱼揪起来。有的摊位把鱼直接铺在碎冰上，插上小旗子，上面写着鱼的名字，方便小朋友们辨认。可是为什么要鼓励小朋友们来市场呢？西依正博说："从小就要给他们普及吃鱼的知识啊，这样长大了才会来买鱼。"参观了一圈下来，我发现为了挖掘未来的潜在客户，鱼市场做得实在是太淋漓尽致了。

首先是在二层办公区内有间名为"观鱼广场"的展览馆，里面介绍了自1923年鱼市开张以来的大事件和平均每月的鱼类销量变化，以及主要产渔区的分布。九州地区一直都是日本重要的渔业区，长浜市场的水产来源里，玄界滩上的对马群岛、福冈和长崎分列产量前三位，再加上佐贺、鹿儿岛等地，九州地区的产量占到了60%。因为渔产实在丰富，日本人把鱼做了详细的归类和分析。首先是当季该吃哪种鱼，到了冬天，要吃鰤鱼、鮟鱇鱼、乌贼、海参、河豚等。吃不同的鱼究竟有什么功效也说得非常详细，比如沙丁鱼可以促进脑力活动，预防动脉硬化和脑梗死，秋刀鱼能防治心脏病、改善高血压，比目鱼则可以美化皮肤以及促进术后外伤愈合。我想在中国，大概不会有什么食物可以让人如此清晰地了解它的食用知识吧。

除了懂吃，还要学会做。展览馆旁边有间寿司教室，只有12岁以下的小朋友才能进去学习，教简化了的寿司做法。金枪鱼、鰤鱼、乌贼等八片生鱼片和捏好的饭团都已经准备好，小朋友只需要掌握左手铺好生鱼片、右手窝起来捧着饭团的动作，再把生鱼片贴在饭团上，左手食指和中指并拢，配合着拢起的右手，轻轻地来回挤压两次，一个漂亮的寿司就做好了。除此之外还有亲子厨房，一个带着浓重福冈口音的老师正在教家长和孩子们如何用鲷鱼和鰤鱼做些洋式料理。

既然来到了海鲜市场，谁都不想错过一顿最新鲜的早餐。趁市民排队等开门抢福袋的时机，我们钻进一家名叫"福鱼食堂"的小餐馆，后厨里几个忙碌的厨师正从档口推出一盘盘以鱼为主的"定食"（套餐）。看多了日本人精致而安静的饮食程式，这里的烟火气倒使人充满亲切感，像极了香港茶餐厅的模样。小馆子早晨6点开张，没有菜单，当天送来的什么鱼好，老板就手写一个餐牌贴在墙上。老板娘野口美叶子看起来有60多岁了，仍旧体面地画着眉、打着橘红色的腮红，眼神非常干脆利落，她从小在鱼市场里长大，家里做鱼食堂已经40多年，最自豪的是自己跟外婆学

"福鱼食堂"每天清晨用当天从鱼市场进的鱼制作早餐

的一手酱汁调法。

　　我们去的那天鲷鱼特别好，于是点了"糖醋连子鲷定食"，里面配了五片鲕鱼刺身和一小碟鱿鱼"渍物"（腌制食物），以及一碗米饭、一碗蛋花汤。汤已经微凉，米饭口感也平平，但鲷鱼却蒸得漂亮，红色的表皮脆亮，里面的鱼身金黄，绛红色的汤汁浓稠，一筷子下去，糖醋酱油汁的味道早已浸入巴掌大的鱼身里，原本都在嚷着"我早晨吃不下整条鱼啊，我们几个人点两份分着吃也够了"，结果几个人呼啦啦就把鱼吃了个精光。

　　店里的另一大特色是"海鲜丼"（海鲜盖饭），一群人又在嚷嚷"我早晨吃不了这么多生的东西，我习惯早晨喝热咖啡"，结果海鲜丼上来所有人都傻眼了，鲷鱼、鲕鱼、海鲈鱼、乌贼、金枪鱼各一片刺身，一只帝王蟹蟹脚，再加上半盒海胆！一份相当豪华的海鲜料理。尽管日本人也并没有大早晨就吃海鲜丼的习惯，但鱼市场胜在新鲜，连店家都说，不吃一份海鲜丼有点遗憾哦。我舀了一勺，拌着海胆和一片鲕鱼，入口时，原来米饭的温度比平时要热一些，很快就平衡了生鱼的寒凉，只剩各种新鲜交织在嘴里，吃完开心得热血沸腾，哪还有什么"早晨要吃热的"的傻话。

寿司：鱼介与醋饭的主次

寿司职人的修行有"煮饭三年，学做八年"的说法，大卫·贾柏拍摄的纪录片《寿司之神》里，小野二郎的徒弟甚至光煮饭就煮了多年。"为什么煮饭这么重要啊？"我问福冈的寿司职人松昌民亘先生。"因为，寿司的美味是由米饭决定的啊！"啊？决定味道的难道不应该是顶在上面光彩夺目的鱼介吗？

寿司的来历与鱼的保存历史密不可分。日本的很多"寿司专门店"都会在门帘上写一个"鮨"或"鮓"字，两个字表达的意思相近，所谓的"鮓"，在古汉语里指的是用盐和米的发酵来腌制鱼肉，从而达到长时间保存的目的。这种最早由中国人发明的腌鱼方法，据说在唐朝时随着中日文化交流传到了日本，将鲜鱼处理好后先用盐腌三个月，再用两层米饭夹着一层鱼，用重物压制后让二者一同发酵后食用。那时的贵族吃法是只吃鱼，不吃米，在耕地面积有限的日本显得过于奢侈，后来，渐渐有人开始尝试腌鱼的下脚料，发现发酵过后的米饭微微带甜带酸，还有一股酒香，口感很好，于是"一种保存鱼的方法"，逐渐演变成了"鱼和米饭结合的奇妙产物"。我们在福冈所见到的寿司做法都是"江户前寿司"。日本寿司最主要的做法分为关东和关西两派。其中关西寿司的做法历史悠久，称为"箱寿司"或"押寿司"，是按照贵族腌鱼的方式，将鱼和米饭直接放在容器中进行制作，因此寿司可以较长时间保存。关西寿司的工序复杂，内容丰富，很符合关西人追求华丽和仪式感的秉性。而关东的"江户前寿司"则是后起之秀，产生于江户时代后期，靠的是师傅的手感和技术，在一分钟之内将寿司制作完成，简单直接，很受关东武士后代的欢迎。

江户前寿司也称"握寿司"，顾名思义，寿司是拿手握出来的。在福冈时，我曾跟着一位老师傅学了几下。先用中指指尖蘸一下手醋，在两个掌心间均匀涂开，这样可以防止米粒粘在手上。右手从一个木桶中攥起一小团煮好的米饭，在手掌窝里微微聚拢，左手同时握一片切好的生鱼片或者其他"ネタ"（制作寿司时除了饭、干瓢[1]、海苔之外的食材），并将右手的寿司饭塞入，用右手的拇指和食指轻轻挤压，之后捏起寿司调转方向，用拇指的指腹按一按饭团的首尾两侧，基本就算完成了。尽管在手掌上涂了不少手醋，但为了能让寿司饭结实，用的力得适中，力量一大米粒就在手上黏黏糊糊，如果力量太小，寿司还没捏完，米粒就已经分崩离析。想想小野二郎在4秒内就能完成一贯寿司的制作，这是何其娴熟的技术，不然两手迅速交替、旋转，一不小心寿司就会被甩出去吧。

握寿司的速度与味道有非常密切的关系。"たつみ寿司"店主厨松昌

1.海苔卷中间的食材，由瓢瓜果实制成。——作者注

民亘是福冈有名的寿司职人，他说，尽管大多数寿司的"鱼介"采用的是生鱼，但拿活鱼做寿司味道一定不好。"水里大约是16～17℃，鱼吃起来不温不凉。好的寿司，鱼应该在3～5℃，米饭保持在30℃与人体温接近时最好。况且鲜鱼因为水分比较多，吃起来口感并不一定是最好的，所以鱼片都是放在冰箱里冷藏着的，吃哪个就做哪个，因为室温高，就要迅速做好，以免影响寿司的口感。"

寿司餐厅的主理人尤其要注意协调用餐和享受气氛之间的关系，在其他餐厅可以轻松地享受一段愉快的时光，在寿司餐厅可能会因为食物的特殊性，心情变得紧张无法放松下来。正统的寿司店一定是职人站在"板场"（寿司的案板）气定神闲地握出一只寿司，双手托着摆在你面前的"大叶"（紫苏叶）上，回转寿司虽然轻松随意一些，但寿司在传送带上晃来晃去，味道一定不对。即使没有像二郎的儿子祯一那样，不客气地质问你，"为什么还不吃掉，还在等什么"，但正统餐厅里的职人们也一定会用渴望的眼神，希望你将这贯温度最佳的寿司立马一口吞下去。

"たつみ寿司"以新派的创意寿司为特色，但万变也离不开现握现吃的定律。主厨松昌民亘今年76岁，对于勤奋又长寿的日本人来说，这个年龄距离退休还很遥远，他拿起"鱼介"微微在手里晃动一下，将饭粒推到鱼片下面，两手迅速交替，瞬间握出一个线条流畅的寿司，我默默掐了下表，也是4秒钟！

日本很多餐厅都是采用"Omakase（お任せ）"的方式，意思是主厨做什么，客人就吃什么，并没有固定的菜单，这种模式在寿司餐厅里最为常见。主厨把当天最好的"鱼介"拿出来切，确保客人吃到他们认为最好的，而不是客人希望吃到的，这也是内容看起来颇为单纯的"寿司专门

在乌贼寿司上花一些心思丰富口感，这一贯寿司即使口味清淡也会给客人留下深刻的印象

店"会吸引客人不断前往的原因之一：每次都无法预计今天将会出现哪些惊喜。

　　松昌民亘首先准备的是一贯乌贼寿司。以白肉作为开篇是很多寿司店的惯常出场顺序，白色鱼肉味道纤细，口味清淡，享用时更能感受到这种寿司的气质。他在白色的乌贼肉条上面细细密密地切出刀痕来，弹性的肉质于是刨起了卷卷的花纹。捏好的乌贼寿司上，他抿了一小团腌制后的鲣鱼干刨出的鱼干丝，又点上一小颗暗黄色的梅肉，最后刷上盐水汁，就请我直接吞下。

　　因为和松昌民亘聊完天已经接近下午3点，午饭没有吃，早已饥肠辘辘。我迫不及待地将这贯通透得像美玉一般的乌贼寿司送进嘴里，凉凉的乌贼肉划过口腔的侧壁，心开始兴奋得突突跳。乌贼肉味道清新又有弹性，鲣鱼丝有脆感，我理解松昌民亘的意图，似乎是以此来加深首贯寿司给客人留下的印象，因为往往这一贯的记忆会因为味道清淡而被后面的红肉寿司横扫而过。

乌贼的味道十分甘甜，松昌民亘后来解释说，他通过盐水和梅肉来引出并放大了乌贼本身的甜味。在"たつみ寿司"店，服务员不需要额外为客人准备调料盘，这是松昌民亘最大的创新之处。他在乌贼寿司上刷了岩盐，另外加了昆布配制出的高汤般味道的盐水汁，免去了客人蘸酱油汁的麻烦。

不要说初来乍到的外国人，就是很多日本人也不一定懂得寿司的礼仪，就比如夹寿司时筷子的手法，一定要平着出去才不会把寿司夹散，蘸汁更是不能直接接触到米粒上，否则会严重影响寿司的味道。松昌尾亘在乌贼寿司上的细小而精心的设计，的确与传统的寿司店简朴的做法非常不同。

第二贯寿司用料是青虾。剥壳后从中间剖开，将寿司饭包裹在下面，这一次他在上面刷上蜂蜜汁水，又舀了一大勺柚子醋打成的泡沫顶在上面。青虾粘连而柔软，泡沫却在嘴里转瞬即逝，只留下柚子的清香、醋和蜂蜜的酸甜，这一次芥末的味道呛一些，青虾甜而软的余韵在芥末味道逐渐涌出时戛然而止。吃着这样的寿司，就觉得松昌民亘一定是个非常风趣的人。

第三贯寿司用了寒冷季节才有的鲐鱼。鲐鱼的鱼脂丰盈，要经过盐和醋的浸泡与几日的沉睡，独有风味才会被最大限度地激发出来。松昌民亘在制作红肉寿司时用的是酱油、鲣鱼末以及盐腌制的鱿鱼酱和鱿鱼卷等混

"たつみ寿司"店的寿司不
需要额外的调料盘，这是
主厨松昌民亘最大的创新
之处

合在一起的酱汁，这种浓郁的酱料饱满地刷在鲐鱼片上，增加了体积感，使整个寿司显得更为圆润。

随着鲐鱼与米饭因咀嚼而逐渐融合，油脂开始在嘴里融化，米饭里的甜咸味和醋酸味成为油脂融化过程中的柴火，寿司的香气浓烈地蹿了起来。这种感觉是与吃生鱼片完全不同的，无论在多么温暖的房间里吃生鱼片都会觉得冷，寿司因为有米饭的加持，吃完胃里非常扎实，因为有了饱腹感而觉得浑身舒坦。

我把这种感觉告诉松昌民亘，他向我更明确地解释说，带来这种满足感的根源其实是米饭入口之后"像房屋倒塌般，瞬间崩裂着散开的感觉"。"寿司要一口吞进去，因此它的体积非常关键，每一贯大约是鱼10克，米饭8～9克。如果把一个巨大的寿司塞进嘴里，恐怕什么美味都尝不出来。大小适中的寿司吃进去，米饭在嘴里立刻散掉。握寿司的过程中包裹进米饭中的适量空气，能让鱼肉和米粒更加均匀地搅拌在一起，充满弹性。"

松昌民亘15岁开始在鱼店当小贩，不久带着对鱼的了解正式进入餐饮业修行。一年半之后，他通过以前同事的介绍，进入东京一家非常著名的餐厅当学徒。像很多日本厨师一样，他从在优秀餐厅当学徒开始起步，一步步成就自己。松昌民亘说，新入行的学徒都要从打杂开始，每天清晨五六点就要进入厨房，先打扫一遍，为厨师们准备厨具、煮开水，大多数时间就是洗碗，给前辈打下手，处理食材，最多是帮客人准备最简单的腌菜。他所在的那间餐厅从早晨7点营业到晚上10点，中间只有3个小时的休息时间，而后厨一共只有6个人，他要做很多事，而且时常会被前辈们否定，"但日本的厨房是这样的，前辈们说那样苛刻的话其实是在锻炼后辈，所以一切都值得忍耐"。后来他转投了东京另一家有百年历史的寿司店学习，仍旧从最基层开始做起，先是洗鱼，接着是送外卖、准备其他食材，之后再到前厅服务。在这间餐厅，他终于遇到了一个机会，当时负责煮饭的同事要辞职，出现了一个职位空缺。虽然他从没学过煮饭，但他和这个同事关系不错，同事将煮饭的技术教给他。没想到他试了试，把米和水的比例掌握得很好，于是主厨就让他顶上了这个位置。

在煮米饭的问题上他似乎比别人更有天分，理解也更深刻些。首先要选好的米，到他自己开店时，光是为了选理想中的米就花费了几年的时间，最后在日本最有名的大米产地新潟县找到了稳定的供应商。"米要含有适量脂肪，挑选靠的是看成色。米粒上的白尖越小越好，白尖的地方是酥的，或者是空洞的。一开始我们也不知道什么样的米好，但客人的嘴很刁，会问为什么米饭有变化，是客人的反馈才促使我慢慢找到原因所在。"松昌民亘说。

煮熟的米饭首先要将混合醋浇入并搅拌均匀。醋汁里混合了砂糖、盐、日本酒，拿铲子翻动米饭，但米粒不能弄碎，除了混合，这个过程也是为了让热度变均匀；另一个更重要的要点，是要打破米饭的黏稠度，使其变得松软，职人通过高超的技艺，迅速让寿司饭保持外部紧密、中间松散的状态，入口即散掉。搅拌均匀的米饭要盛在木制的米饭钵里保温，自然状态下温度保持的时间有限，于是那些考究的寿司餐厅，对客人在入场时间、用餐速度上进行苛刻的要求也就不难理解了。

寿司是由鱼、米饭、食醋、盐和酱油构成的一个简朴的世界，松昌民亘觉得这太单纯了，于是自创了新的流派，把寿司做得很丰富。寿司也有做成华丽风格的，比如我们在博多商业区附近造访了一家名为"隆"的寿司店，社长二田隆史的风格，是将所有寿司盛在黑底绘着金色波浪花纹的

"隆"寿司店的风格非常华丽

平盘中推出。洁白的乌贼、肥厚的鲕鱼、撒着金箔的金枪鱼大肥、微微炙烤的金枪鱼中腹、焯熟去壳的对虾、海苔包裹的玉子烧等，纯白、焦黄、橘红、娇粉、赤焰和墨绿的色彩看起来非常豪华，又应景地在其中点缀了冬季的小菊花、胡萝卜雕刻的枫叶，甚至还用黄瓜做出一株绿色的松柏来。只是，这种做法更偏重于视觉上的享受，那些放置时间稍久的寿司因为失去了水分，口感变得不那么美好了。倒是边上一盏作为陪衬的鲑鱼子酒肴特别让人叫好，盐渍的鲑鱼子任性地一粒粒在嘴里爆开了花，味道对于不喝酒的人来说也没有咸得过分。更珍贵的是，鲑鱼子中飘荡出一股来自昆布的香气，这要拜职人们加入"出汁"（高汤）所赐，衬托出了鲑鱼悠悠的香味，即使没有点酒，这样的酒肴也非常值得来一份，活跃一下等待寿司时略显寂寞的味蕾。

行天：隐藏在寿司中的微妙关系

至此，我以为此次寻访的寿司部分可以告一段落了。没想到在返程前一天，突然传来一个好消息，福冈米其林三星餐厅"行天"同意接受我们的采访了。

在凡事需要提前预约的日本，我们突然说要去采访谁，都会得到对方一句"怎么不早点说"的抱怨。"行天"的预约要提前至少2个月，我们委托了福冈观光会议事务局、当地的华商等三拨人去向"行天"提出采访请求，均遭到拒绝。但就像一些米其林餐厅既摆出饥饿营销的架势，又能准确拿捏客人的心思，在我们不得不放弃的边缘，当地旅行社的一位朋友突然通知我们，"行天"的采访可以在晚上9点半进行。

当地的朋友说，主厨行天健二在电话里对他一通斥责，当然是在抱怨我们的唐突。我们诚惶诚恐地提前赶到餐厅，结果被晾在小院里等了半个多小时，其间有个高瘦的小学徒沮丧地出来跟我们道歉，因为他把鸡蛋煎煳了，被主厨骂了一顿，我们因此要再多等一会儿。

这一切都让我觉得，行天健二一定是个很难搞的怪老头，可走过来的却是一个穿着考究的深蓝色和服便装的年轻男子，圆脸大眼睛，头发一丝不苟地向后梳去，温和有礼地用日语、英语和汉语分别向我们问好，与想象中的怪咖无任何相似之处。

这间无窗的小寿司店仅有10个座位，围绕着多边形的木制寿司台依次排开。行天健二从厨房掀帘进入，站在灯光汇聚的"板场"前，微笑着让助手从身后的LV旅行箱里取出从筑地鱼市买回的一块最高价的金枪鱼鱼腹。金枪鱼是传统日本寿司店的看家招牌，整个鱼腹一分为二，寿司店会将其中一块整体购入。行天健二说，很多人觉得他生活奢侈，但他就是觉得LV的旅行箱最严密，最适合拿来装冰镇的金枪鱼。他的助手打开排尽空气的塑料袋，取出手风琴大小的金枪鱼，剥掉上面卷裹的"给水纸"（吸水纸），鱼肉因为沉睡几日已变得更加软嫩。

金枪鱼腹部的几个部分有着边界分明的色泽差异。包裹在最外层的是因血液充足而呈紫黑色的"血合"，深红色的"赤身"逆着"血合"的纹理横向排布，"赤身"之下是粉嫩的"中肥"，"中肥"延伸出去，粉色鱼体中整齐的白色脂肪呈现出均匀的风琴褶皱，这便是金枪鱼最为昂贵的"大肥"部位。"大肥"又分成"霜降"和"蛇腹"两段，"霜降"靠近"中

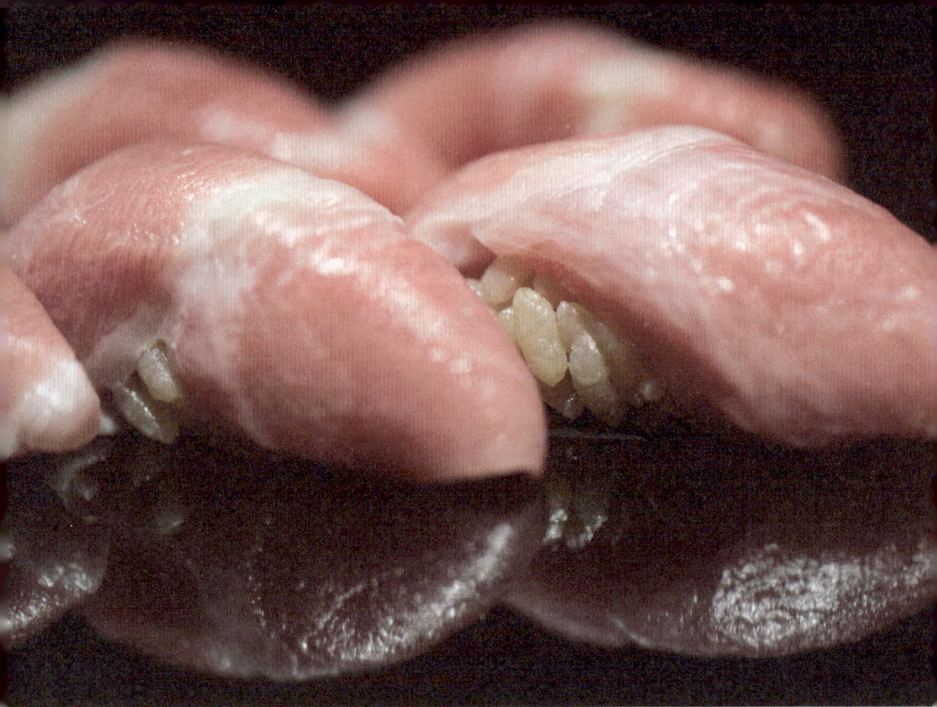

行天健二用金枪鱼脂肪最丰腴的蛇腹制作寿司

肥",脂肪融合在鱼肉中,因纹理像霜降一样而得名,肉质柔软,"蛇腹"是脂肪最为丰腴的部分,白色筋肉与其他部位的粉色鱼体明显间隔分布。

餐厅每晚接待两拨客人,我们等客人都走后才进入,行天健二抱歉地说今天只剩下金枪鱼可以给我们尝试。他从蛇腹上削下两条已熟成软化的鱼肉,扬起柳刃刀,用手腕的力量从肉条上横着扫下一块鱼片,动作轻盈得就像大提琴手在抽拉着琴弓。"做几个好呢?"他问,"中国的吉利数字是几?"我们说"8"。于是他切了8片鱼。

原本做来为了拍照的寿司,他却把握好的第一个先递给我吃。我低头没找到筷子,洗手又来不及了,只好硬着头皮拿脏手接下,因轻度洁癖心里有点不爽。可是，入口的一瞬间，所有的别扭都变得完全不重要了，因为这是我吃过的、最最好吃的一贯寿司。

我爱金枪鱼油脂的芬芳！只是轻轻一咬，蛇腹的油脂就像被挤出的橙汁，仿佛脱离了鱼肉似的开始在嘴里融化，醋饭和酱汁的甜咸味随即开始吊出油脂浓郁的甘香。那一刻味蕾的满足，让人陡然升出一种幸福感。如果在其他餐厅吃到的寿司让我用点头来表示满意，那嘴里的这一贯就必须蜷着胳膊、攥起拳头来说，真的是太棒了，太棒了！

可是，这与和牛粗粝肉质留下的悠长余韵依旧不同，蛇腹的红肉相当细滑，当我依依不舍地将这贯寿司完全吞下之后，"咕"的一声，那种芬芳和幸福感就像一场梦一样消失了，嘴里依然清澈，纤细的肉质已经卷裹着回甘，一起流进了嗓子眼儿。

真的是太妙了！

等我从这贯寿司的回味里恢复了神志，开始聚精会神地看他那双在手醋滋润和灯光照耀下显得敦厚而柔亮的双手。他握的速度并不算快，右手要往复几次揉捏饭团，鱼和饭交会后也要挤捏几个回合，双手交替着弯折、伸展，据说这就是正宗的"正手反八手"的江户前寿司手法。

等他捏好了全部的寿司，摄影记者拍完照后，大家把寿司分着吃了。很意外的是，他这时又切了片鱼片，单独捏了一个给我。这一次金枪鱼变得短而厚，轻轻一抿，油脂融化得更快了，好像还没发动牙齿，鱼便没了，于是我被芥末呛了一下。

终于可以跟他聊聊寿司了。2014年7月，首次出版的《米其林指南》（福冈·佐贺版）中，只有两家餐厅获得了"米其林三星"称号，"行天"是其中一家。当时"行天"在福冈只开了5年而已，行天健二也只有32岁，是米其林榜单里年纪最轻的寿司职人。但他并不愿意跟我聊寿司的技术：
"技术真的不难，只需要几年的锤炼就可以做得到。比如'鱼介'的厚度、
米饭的温度、芥末的用量，都是很容易掌握的。"他把寿司台上每一把锋
利的刀依次架在右手食指上，让我们看如何保持平衡，吓得他的女徒弟捏
着耳朵往后退了一大步。

"但平衡很难。"行天健二说，把鱼、醋饭、芥末、酱油等因素统合在
一起的是握的动作，如何根据客人的特点制作适合他的寿司，这是寿司餐厅
与其他餐厅最显著的不同之处。往常，他会在寿司之前，准备一些酒看给客
人。"客人喜欢吃什么，哪一种食物他没有动过，看看他喜欢盐、酱油、鲣
鱼吊汤调制的酱油，还是昆布和日本酒调制的蘸料，基本就对他的喜好有一
个判断了。接下来就要基于这种判断，捏出来最适合他口味的寿司来。"

原来在我吃他捏的第一个寿司时，他就留心观察着我的表情。他说：
"你一定很喜欢吃油大的东西，而且比较重口味。"所以，就有了之后他专
为我捏的一贯寿司，难怪这一次觉得金枪鱼更厚，芥末味更浓。

尽管行天健二一直面带着微笑，但他会因为女徒弟收拾东西的噪音影
响了我们的谈话，瞟去一个狠狠的眼神，又自顾自地讲。尽管很多人批评
他生活奢靡，但他毫不在意，认为这是一个优秀职人所该享有的待遇；同
时他对自己的作息和情绪进行严格控制，再联想起他几次拒绝我们的采访，
最终同意的迂回策略，这些都让人感觉到他其实是一个非常强势的人。

"好吃是有界限的，关键是如何去了解对方的性格，营造出一种让客
人感到愉悦的气氛。"他的眼神带着狡黠和一丝优越感，一旦和你对视，
又会非常专注，不得不说很有魅力。

我突然想起女作家冈本加乃子写的一篇小说，一位母亲为了让自己厌

食的儿子爱上吃饭，亲手制作寿司给他吃，儿子不但从此爱上了吃饭，而且终于把一直以来脑中幻想的母亲形象和眼前的母亲画上了等号。想到这个一吃寿司就联想到母亲体温的暧昧暗示，我面对行天健二时突然脸红了起来。

寿司真是一种奇妙的食物，当你与这个主厨眼神交会之后，传递着他手温的寿司便可成为一种隐匿关系的指代。

好在，这种意乱情迷并没有持续太久。当我们结束采访正准备离开时，他让我们为刚才的几个寿司支付一下费用，于是我瞬间清醒了。这块顶级的金枪鱼以10公斤50万日元的价格购入，一贯金枪鱼蛇腹寿司的正常售价大约是5000日元，约300元人民币。我只能安慰自己说，还好我们之前说中国的吉利数字是8，我差点说100也很好，非常圆满的一个数字。

天妇罗：小食物里的大幸福

在我的印象里，天妇罗是最奇怪的一种食物处理方式。

我们在博多运河城的天妇罗餐厅"高尾"寻找"旬味"食材，看到墙上小黑板写着一份定食菜单：佐贺有田的鸡胸肉、鲽鱼，广岛的牡蛎，北海道的生蚝，以及菜花、茄子和山芋三种蔬菜。一份7种当季的食材，配着米饭、酱汤和盐渍小菜，是日本人常见的"一人食"的选择。餐厅的厨师说起自己炸天妇罗的体会，觉得最难的是给食物挂上混着鸡蛋的面糊，保证面糊不会跟食材分离，以免炸成了面疙瘩和焦黑的鱼。

既然这么麻烦，为什么要做成天妇罗呢，拿水焯一下不就完了？你们

天妇罗同样离不开"旬味"，冬天会选择鲽鱼、牡蛎、生蚝等当季海鲜作为食材

日本人不是以"水制"的烹饪方法为傲的吗，怎么会有天妇罗这种与油如此浓烈接触的食物呢？况且是炸鱼、炸菜叶和米饭同吃，想想都觉得没有胃口啊。从我第一次来日本开始，这个疑问就一直都没有想明白。

直到我遇见"天寿"餐厅的主厨岸寿宪，才激动地发现，我对天妇罗的认识彻底被颠覆了，所有疑惑在他那里都找得到满意的解答。而且岸寿宪本人也是我此行最喜欢的一位厨师，尽管我们第一次见面时，闹得非常不愉快。

"天寿"开在汇集了美术馆和剧院的博多座旁边，在一座公寓的底商内，门前有一块精心修葺的小小园林，半开放的围墙里，两三棵叶子没完全红透的树木错落排列着。帮我们联系采访的是福冈观光会议事务局的中村里彩小姐，因为她非常负责任地已跟我们确认好具体的采访流程，所以摄影记者和视频记者见到这个雅致的小院，架起设备就直接开工了。没想到从店里忽然闯出一个金发飘逸的年轻人，愤怒地扬起手指指点点，非常不满地嚷着。看他年轻气盛的样子，谁也没想到他就是主厨岸寿宪，因为跟他的沟通失误，他并不知道还有拍照和摄像的环节，以为只是单纯的谈话，气呼呼地把我的同事都赶走了。

好在他没有对谈话表现出厌烦。看起来只有20多岁的岸寿宪其实已经43岁了，这家店也开了有13年。16岁时，他开始和人一起开酒吧玩，是一个不良少年，之后萌发了想做一名厨师，拥有一间自己店面的想法。他在福冈和东京一共修行了11年，分别在两家天妇罗店和一家料亭里面工作。"小时候看妈妈炸天妇罗，并没有对这种食物有任何好的印象。原本我以为天妇罗只是一种不上档次的'定食'，可到了东京学习之后才了解，原来天妇罗和寿司拥有同等的地位，如果我自己开店，很想把天妇罗经营下去。"

日本人品味清淡，可是为什么要吃油炸食物呢？看他情绪稍稍恢复，我禁不住抛出了脑子里最大的问号。"天妇罗和一般的油炸是两个概念，天妇罗是通过油炸让食物脱水，又不让油渗进去。"岸寿宪其实是个挺诚恳的人，坐下来谈话就变得心平气和，"贝柱可以生吃，但那样吃不出香味，只有等水分流失以后，甜味才能体现出来。如果生吃是为了吃出食物的'旨味'，天妇罗更加是在体现食物原本的美味了。"

听起来好高深的样子。

这种最早由葡萄牙人带来的油炸物，在日本经过三四百年的演化，终

"天寿"餐厅制作的天妇罗让食物在油温中迅速失水，味道由此变得非常甜美

于变成了日本料理中重要的一种。岸寿宪用的油是白色胡麻油，这种油没有太多香味，不会像芝麻油那样影响食物本身的味道，也不像家用的菜籽油，吃起来会让食物的口感变得很沉。白色胡麻油耐熬，浓度也会保持很久，如果和其他油直接对比，就会发现这种油不容易渗入到食物里面，在需要脱水的状况下，是一种最理想的油。

在油锅里做到脱水又不容易吸油，一个是要控制油温，另一个是要充分利用面糊。"虽然都在同一个面盆里蘸，但不同位置面糊有浓有淡，和不同食材搭配，就要选择在不同的位置蘸面糊。"芦笋水分多，面糊就要薄一点，莲藕水分少，面糊就要厚一点，"所有的食材出锅后仍然是笔挺的，如果是普通的炸，一定早就蔫掉了"。

因为马上要为晚上的开业做准备，他让我们周日再来一趟。"周日晚上7点半再来吧，周一是店休日，周日晚上剩下的食物我都可以炸给你们吃。"他说。

于是在期待中终于到了周日的夜晚。餐厅旁边的博多座正在上演歌舞伎表演，很多观看演出的年长者穿着和服或西装，在寒风中昂首前行，神情姿态都非常优雅。到了"天寿"店门口，全透明落地窗里映出橘红色灯光，店内的状况一览无余，落座的9位客人都是头发花白的长者，其中2位女士穿着高档的礼服裙，男士们都衣着笔挺，或许也刚看完演出。显然这里的天妇罗并不是最初疑惑中低廉的一人"定食"（套餐）概念了，我也非常好奇，他是如何仅靠天妇罗这种并不惊艳的小食物来撑起黄金地段的一家高档餐厅。

岸寿宪穿着日本厨师在"板前"的标准服装，衬衫加淡黄色领带，外面是白色上衣，腰系围裙，头上的桶形大厨帽把他飞扬的卷发通通聚拢在耳后。他正举着一块厚厚的莲藕，拿长形的尖刀卖力地削着皮，看我们进来，脸上立马露出老熟人般亲切的笑脸，示意我们先坐一会儿，手上的活儿并没有一丝一毫的怠慢。"天寿"餐厅也采用"Omakase（お任せ）"的方式，没有菜单，客人安心地等待主厨全权做出安排。主厨在制作食物时，几位长者便相互聊着天，食物上来，大家便安分地立刻吃掉，吃完再与岸寿宪交流几句，厨师本人则是不断"嗨（はい，"是"）""搜得斯内（そうですね，"原来如此"）"，眨着眼睛频频点头，面对长者毕恭毕敬。所有人都没有任何失礼之处，气氛相当轻松融洽。

给我们做的第一只天妇罗照例是对虾。就像金枪鱼之于寿司，被日本人叫作"车海老"的对虾是天妇罗里最经典的一种食物。先是一只虾头，蘸一点盐，酥脆无比，是天妇罗料理中惯常的开场。而已经剥皮的车海老在蘸面糊之前要逆着身体将虾身掰直一些，先牢牢地裹上面粉，再在面糊里转一圈，扔进油锅炸的时间只有20多秒。车海老只要稍稍把水分渗出一点，甜度立马就会出来，一旦熟成过度，反倒会破坏甜味。岸寿宪拿着炸天妇罗那种超长的银色筷子，把一条笔直的淡淡黄色蓬松炸物放在我的盘子上，食物接触到盘中垫着的用来吸油的白纸时，微微地弹了一下。

以我有限的天妇罗食用经历来讲，这绝对是我吃过的最好吃的车海老了。好的天妇罗果真能保持着口感的清爽，生虾肉质黏软，煮熟则变得很有弹性，做成天妇罗就觉得很甜，外面的一层面糊非常清脆，咯吱咯吱，对耳朵也同样是享受。想起岸寿宪之前说的，面糊要调成一个合适的浓度，恰好能让水分子渗出去，而比较大的油分子又进不来，看来所言不虚，吸油纸上只有两三颗小小的油粒而已。

品尝每一种食物时，都禁不住想拖着调子叹一句："好甜啊！"其中让我印象最深刻的是贝柱，象棋大小的一颗，炸完颜色也并不漂亮，可从中间一切开，晶莹的白色贝柱肉颤巍巍地露出来，马上觉得食欲大开。只是简单地蘸一点盐，贝柱瓷实的肉质中甜味便开始流淌，非常浓郁，贝类的回甘又特别的悠长。一块密度和厚度都很大的食材炸几下就变熟，岸寿宪讲到天妇罗的原理，原来在油锅里是同时进行蒸的过程，"面衣包裹住食材形成一个封闭的空间，食物的水分有些是没有跑掉的，反过来就蒸熟了食物。不过因为面糊密度比较大，天妇罗比普通的蒸制时间要短得多，也能更好地保持鲜度"。我越发感觉到天妇罗这种食物的奇妙。在油锅里走一遭却阻挡住了油，在别处因为不新鲜才拿去浓重地炸，天妇罗反倒是

车海老通常会出现在会席料理中，因为弓着背像老人驼背的样子，被用来代表长寿

比其他用火的手法更能保鲜。

当然，天妇罗也有它的局限，比如无法使用红色的鱼，因为厚厚的油脂很容易跟水分一起渗出来，一般都是拿蛋白质少的白色鱼来做，针鱼、金目鲷、虾虎鱼等。味道清淡的食材就要做些补充，比如没什么味道的乌贼，就拿大叶包裹着来炸，增加一些风味，还有销魂的海胆，用海苔卷成卷做固定，炸过之后就会像奶油一般馥郁香甜。

那天的蔬菜也让我印象极为深刻。当天最好的菜是芦笋，比大拇指略粗，新鲜地分布着淡紫色的芽尖。裹面糊之前同样要拿刀横扫着切出一些刀口。"虽然天妇罗是油和面的功夫，但刀工也很重要，首先不能切坏细胞，下刀的时间和角度都会影响水分的渗出，对海鲜、对蔬菜来说都是如此。"岸寿宪把炸好的芦笋递给我，让我蘸一点调着萝卜泥的酱油料。芦笋真嫩，没有丝毫会咬空的地方，糯糯的甜，一口一口都觉得扎扎实实。我在之前从来不知道芦笋会这么好吃，内心的冲击和感慨，就像北方人第一次到湖北喝到了藕汤，原本你以为很熟悉的食材，居然那么陌生和美妙，有点怅惘，有点恋恋不舍。

"食材里的水分是天妇罗的生命。"岸寿宪说，控制面糊、油温以及油炸的时间，归根结底是看你对食物水分的把握，为此他只要休息就会去九州各地的农家买东西，日积月累地熟悉每一种食材的水分含量。我以为青果市场的蔬果足够好了，但岸寿宪直摇头说这种形式无法满足他对食材的要求。他说："从产地到批发市场，再从二级公司到我这里，至少要几天时间，这样水分就没法保证了。"于是他就去农户家里找，跨过了批发环节，价格反而更贵。日本农业、渔业和牧业都有很强的计划性，大多数生产者都会加入当地的行业组织，既能保证稳定的收购价格，又可以避免盲目养殖造成的产品滞销。岸寿宪想跨过这个漫长的流通链，但他的需求量又很有限，所以只能以高价额外收购一小部分，比如来自长崎一家农户的芦笋，每两三天送一次货，藕目前有两家农户供应，米也是自己找了10年才稳定下来的，在熊本的菊池，产量很小。

我们一边吃一边拍照，旁边就座的爷爷奶奶们难免好奇。其中有一位是一家医院的院长，他说，从"天寿"刚开始营业时，他就来光顾。"他啊，可是福冈天妇罗第一啊！"这位院长带着他的几位中学同学一起来吃，其中有位是东京的音乐人，拿出跟张艺谋的合影给我们看，两人曾经在东京有过合作。另一桌坐的一位阿姨，听我们不断说"北京、北京"，就来告诉我们她的儿子和女婿都在中国做生意，还硬要塞给我钱，说买两本杂志寄给岸寿宪。低头忙碌的岸寿君时不时会仰起天真的笑脸，诚挚地点点头，享受着各位长辈对他的爱护。每做完一种食材，他就要迅速洗手，拿抹布清理干净操作台，接着从旁边的小玻璃柜里拿出洁净整齐的蔬菜和海鲜，准备完下一道，又马上洗手清理。几位爷爷奶奶坐着看他，都禁不住说："看这孩子，多么爱干净，我就喜欢这里的环境，做天妇罗也这么一尘不染。"

我问他学厨是否经历过什么挫折。"那应该就是我开店的前两年吧，少有人光顾，又借了很多钱，那是人生的最低谷。"想起第一次见面时他的愤怒，应该是很担心没有提前准备，我们的大阵仗会惹得客人不高兴，这估计让他着急。店里包括他在内只有三人，小店的确经营不易。临走时他的助手送我们一人一个迷你版的铜锣烧。"哆啦A梦。"我笑着自言自语道。"对，哆啦A梦。"他听懂我说的中文，笑眼弯成了一条缝，用双手的拇指和食指各比出一个圆圈，做出OK的手势，样子就像孩子般可爱。（文：吴丽玮　摄影：黄宇）

印·象

微·自鼻

日本的『微』与『小确幸』

日本人的天下不过是远东的一串岛屿。人们盘踞在蜗牛大的国土上，沉溺于琐细的事物之中。

——内村鉴三

我们熟悉的"小"

只要稍微从北京南锣鼓巷的游览路线往旁边的胡同里钻，就会发现想象中的大宅门已经被瓜分殆尽了。空地在人口膨胀的时代被盖成低矮的水泥平房，这些只为解决容身之地的房屋，毫无美感可言，跟雾霾、秃枝融为一体，像城市里的荒漠。

难以想象这些火柴盒一样的狭小房子如何住得下老少三代人，可日本设计师青山周平却把其中一间只有35平方米的房子，改造出餐厅、厨房、卫生间、主卧、次卧、儿童房来。

墙壁做成了储物空间，屋子里没有家具，主卧的床是榻榻米的形式，中间可以升降出餐桌来。如果家里的客人多，门口墙上贴着的木板可以放下来，刚好搭上电视下面的突起，变成一张长桌子。每一样家具或者房屋构造都是多功能的，每一寸空间都被精确地计算过。

这个设计把小空间利用到了极限，青山周平告诉我，他并不想被贴上

微·异

157

日本设计师的标签。可是，改造屋的简洁风格、大量使用木材、小空间的闪转腾挪，却是典型的日本风格。连设计师预想出的生活场景都是日本式的，所以，当我们拜访胖大婶家的时候，屋子实际效果不如视频里惊艳，因为大而化之的北方家常生活，习惯把日用杂物摆在表面上，而不像日本人一样收纳起来。

以地大物博为荣的中国电视观众对这个设计感到惊奇，媒体上经常可以看见"逆天改造"这样的词，来北京10年、在清华大学读博士的青山周平一炮而红。可是对他来讲，改造的难度是平衡大杂院里牵一发而动全身的邻里关系，至于小空间设计的技术难度，并不高。

日本的小空间利用一直有其传统。对后世思想、文化和美学影响极大的《方丈记》，是鸭长明隐居方丈庵时所写。小庵的边长只有一丈，换算成日本榻榻米的计量方法只有四叠半大，高度不足2米。在这样狭小的居所里，依旧有丰富的内容，东面铺着蕨穗做床，西南吊着竹棚，上面放着三只皮面的竹笼，里面是和歌集、管弦书和《往生要集》，竹笼旁竖着一把琴。

"二战"以后，日本经济及城市化的飞速发展，让地价寸土寸金。在大建筑空间剩下的面积狭小、不规则的地块上，日本人发挥想象，把这些边角料充分利用起来。1966年，建筑师东孝光在新宿买下20平方米的建筑用地，用清水混凝土建起了地下一层、地上五层的狭窄楼房，作为住宅和建筑事务所。跟青山周平的作品一样，房子的内部没有门，全是开放空间，地下一层用来收纳，一楼是玄关和车库，二楼是起居室和厨房，三楼是卫生间和浴室，四楼是主卧，五楼是儿童房。因为地基面积小，外观像个狭窄的立方体，这栋房子也叫"塔之家"，是日本极小住宅的经典作品。

除了物理上的小，日本人情感上的纤细也让人印象深刻。青山周平观

1966年，东孝光在20平方米建筑用地上建造地下一层、地上五层的"塔之家"，是日本超小建筑的典型

察到胖大婶家老少三代相处得非常和谐，改造时没有设计门，一个是考虑到空间的多功能利用，另一个目的是让家人沟通无阻碍。但他还是体贴地在二楼为小女孩设计了一个相对独立的空间，并且在一楼最宽敞处地板下设计了一个蹦床。居住的空间虽然狭小，但还是要在生活琐事里感受到幸福。

这种细腻的情感，就是2014年之后爆红的"小确幸"。"小确幸"是作家村上春树的自创词汇，指的是微小而确切的幸福，最早出现在村上1986年的随笔集《朗格汉岛的午后》第19篇。原文中的语境是，村上春树喜欢收集内裤，看到抽屉里满满的整齐排列的折成圆形的内裤，是人生中微小而确切的幸福。他还写道："我也很喜欢白色内衣，从头上套下闻到扑鼻的全新纯棉白色内衣的感觉，也是小确幸。"

在1999年出版的《旋涡猫的找法》中，村上春树对"小确幸"有了更为详细的阐释：就像是耐着性子激烈运动之后喝冰凉凉的啤酒的感觉，

微·异

由村上春树小说改编的舞台剧《海边的卡夫卡》。剧中蕴含着生命的欲望与无力感，以及对自由生活的向往等人生命题

"嗯！对了！就是这一味。独自闭起眼睛而不禁喃喃自语的兴致，这就是'小确幸'的个中真意。我认为如果没有这样的'小确幸'的人生，只不过像是干巴巴的沙漠，索然无味而已"。

"小确幸"不是作家的心血来潮，这种对个人内心的细腻描写，与日本私小说作家志贺直哉的小说《在城崎》非常相似。这种以第一人称写身边琐事和心理活动的私小说被看作日本纯文学的重要形式，它的出现有日本独特的文化、审美土壤，所以，村上春树甚至预测"小确幸"会被收入到日本辞典《广辞苑》。

以小为美，以细节为美

以小为美是日本的传统审美意识。日语中的"美丽"一词是"美し
い"，在《新明解古语辞典》里的解释是表达一种亲情，到了平安时代，
演变成对小的事物的喜爱。

《万叶集》是日本最古老的和歌集，在日本的地位相当于《诗经》。
它里面吟咏的亩傍山、香久山、耳梨山都是低矮的小山，吟咏的花，也
是小巧精致的花。清少纳言的《枕草子》写道，美丽的东西就是，画在
甜瓜上的小脸，小雀儿一听见人家啾啾地叫，就一蹦一蹦地过来，两三
岁的小孩儿急急忙忙地爬了来，他们很敏锐地发现了路上极小的尘埃，
用系着丝带的小手指撮起土给大人看，甚是可爱。"无论是什么，凡是小
东西就美丽。"

在19世纪外国舰船出现在日本海岸之前，日本的文化主要受中国的
影响，可这种深入骨髓的对小的事物的喜爱，却同中国的审美不一样。翻
译家唐月梅教授在《物哀与幽玄》一书中把"以小为美"的审美意识归结
为地理因素的影响。"日本人生息的世界非常狭小，几乎没有大陆国家那
种宏大严峻的自然景观，如上所述，日本人只接触到小规模的景物，并处
在温和的自然环境的包围之中，由此养成了纤细的感觉和纤细的感情。他
们乐于追求小巧玲珑的东西，而不像大陆国家的人们那样强调宏大。"

琐细的事物，不仅指的是体积上的小巧，还有对细节不厌其烦的强
调。在日本文化典故里丰臣秀吉与千利休是一对著名的对比：丰臣秀吉喜
好纪念碑式的建筑，他有上千张铺席的大房间和当时最高的建筑大阪城天
守阁；千利休却只有四张半铺席的小茶室，他的审美情趣是"无意赏花

人，山村雪间草"，美不在豪华的房间和灿烂鲜花之中，而是在茅屋和雪间杂草里。

后世常把丰臣秀吉作为反面教材来衬托千利休的美学修养。可千利休所谓的"茅屋杂草"之美并不是恣意生长、放任自流的真实自然。有"日本文化天皇"之称的加藤周一在文章里写道，千利休的茶室茅屋是极端人工的自然。地上的铺路石、树木，都是经过周密计划而设置的。近似原木的圆柱也不是随便的一根木头，而是精心挑选的。土墙的表面以及色调都是有意识涂抹的。千利休茶室的美不仅仅是小，还有对细节的精心雕刻。

"以细节为美"，在形式上与"以小为美"一脉相承，其精神内核与日本人独特的世界观有关。加藤周一在《掌中的宇宙》里写道："日本的民俗信仰中几乎没有彼岸的想法，在诸神的影响下，无论好坏都在现世表现出来，所以死后不在彼岸发生作用。"这种神道世界观让大多数日本人只关心现在的状况、世俗的小世界。加藤周一认为，如果反映在美学上，就会产生对事物特殊性关注的倾向，在造型世界里就是强调细节。

《源氏物语绘卷》被称为"日本美术之源"。它的局部用工笔画的手法画得非常细致，比如画中的一把伞，伞的竹结构非常的细腻清晰，但这跟整体布局是没有关系的，完全脱离于整体。对局部的关注是日本人的强项。加藤周一在《日本的美学》中写道："在美术世界里，比如植物的根部、刀的护手装饰、茶碗表面的颜色和手感以及砚盒一类日用品的细微部分，总之，日本美术容易把注意力集中到细节部分。"

那些随着日式生活美学走入我们生活的餐器和茶器，大多形状歪扭、不规则，表面凹凸不平。如果看对设计师的采访，通常的解释是，朴拙、自然之美，顺应泥土、寄托心灵。加藤周一对这种风格的总结是体现了日本文化的独创性。跟欣赏优美精致的中国瓷器不同，日本器皿的审美原理不强调整体秩序，而是要被表面的凹凸吸引，联想到制作者揉捏泥土的动作，被有的地方粗糙、有的地方细腻所吸引，被釉色的深浅不匀所吸引，想象力由此驰骋到天空、森林、海洋。川端康成就从志野茶碗的手感，联想到小说女主人公的肌肤。

对细节的关注也体现在情感上，中国人很难对一抽屉折叠整齐的内裤思绪万千、百感交集，可村上春树就发明出"小确幸"一词。这种细腻敏感，其实是日本美学的传统，他们的关注点不在客观事物的形式美上，而是人的主观情感判断。美学家、曾任东京大学美学教研室主任的今道友信认为：美是关于个人体验的、具体的个别现象。所谓美，不是视觉上的美丽，而是由心里产生出的一些光辉，也就是说美是精神的产物。

日本美学里的"物哀"就是一种纤细的情感，它最早是两个感叹词的组合，在《万叶集》中用于情人苦恋之后的相逢和恋爱失意的哀愁。到了《源氏物语》，日本国学家本居宣长认为，"哀"是人生种种真切的情感，用人心去体验落花、残月、枯枝、红叶的美。

如果阅读"私小说"，体会则更加深刻。作为日本现代文学的重要类型，"私小说"追求的是极度真实的内心情感剖析和日常生活的细节，所以大量笔墨都用在了细腻描写上，形成其独特的风格——叙事冗长、琐碎而节奏缓慢。

更贴近生活的例子是无印良品。在解释它的"日本式"风格究竟是什么时，无印良品顾问委员会成员、设计师杉本贵志说，中国的诗词必须有主题，和歌不一样。和歌里有一句是"春花绿叶回望无，浦江秋暮一苫屋"，这句话里没有关键点，什么都没有，只传递一种意象。这种意象因为引起日本人的情感共鸣而传唱千年。无印良品的商品背后，就有这样的精神脉络。

日本人的时空观

对事物特殊性的关注，可以说是细节当中有整体的理念，就是"微"。

这种视角反映在时间上，就是只有现在。最广为流传的例子是"一期一会"，它的字面意思非常明白，眼前的人与事不会重来，所以必须要格外珍惜这个瞬间。这个词最早出现在千利休的弟子山上宗二的《山上宗二记》中，后来被幕府末期的茶人井伊直弼在《茶汤一会集》里引用和发展。

喝茶在15世纪的日本是一种豪奢的游戏，权贵们聚集在一起，赏玩从中国进口的书画和茶具，茶水由仆人们泡好端进来。16世纪，喝茶流行到富裕的商人阶层，他们主张主客同席，亲自泡茶。武野绍鸥创造了四张半铺席的茶室建筑，门口有檐、方柱、白墙，屋子铺了地板，不光使用精致昂贵的中国茶具，也有朝鲜茶碗和日本质朴粗糙的茶器。千利休让这种朴素更加极端，他的茶室只有两张铺席，门口没有檐，用原木柱代替方柱，用土墙代替白墙，用"乐烧[1]"代替进口的高级精美茶器。

1.乐烧是桃山时代最具代表性的茶陶，最初是由千利休定型，京都的陶工长次郎烧制而成。——作者注

这种草庵茶室的外观虽然简朴，可细节都花费了大量的心思，树木的选择、茶碗的凹凸在手中展开的姿态、土墙表面的颜色和触感的不同，这些精心布置的偶然让那一天、那一时刻与众不同，变得无法复制。这种草庵茶室无法抵御地震和台风，没有耐久性，有种建筑无常、人生无常的意味。

每一杯茶都是一心一意、一丝不苟的。"要把茶的味道点好，炭要准备好，能马上把水烧开，茶室应该冬暖夏凉，室内插花保持自然美，时间以早为宜，即使不下雨也要准备好雨具，以心待客。"无常感和诚心的准备，让茶会成为"一期一会"之缘。井伊直弼在《茶汤一会集》里写道，即便主客多次相会，但也许再无相会之时，为此作为主人应尽心招待客人，不可有半点马虎，而作为客人也要理会主人之心意，并应将主人的一片心意铭记于心中，因此主客皆应以诚相待。这就是一期一会。

时间既不涉及过去，也不涉及未来，所以并不费心去做耐久建筑，而是把注意力放在当下，一丝不苟地奉上一杯好茶。日本设计师黑川雅之用哲学家柏格森和巴舍拉对时间的阐述来说明日本人的视角，柏格森认为时间是线性的，而巴舍拉认为时间是点的集合体。巴舍拉看到的是自己体内流淌过的时间，这种时间永远只有"现在这个瞬间"。也可以说，在"现在"这个瞬间中，蕴含了漫长的时间。

如果从更大的格局来看，这种"现在主义"渗透到了日本文化的很多方面。日本传统的音乐并不像西洋音乐一样是结构性的。结构性的音乐可以更换乐器，虽然音色不同，但是只要不更改结构，依然可以领略音乐之美。日本传统音乐关注的是"音色"，不用从头听到尾，"音色"的魅力在各个瞬间都可以脱离整体而存在。因为这样的原理，加藤周一分析，演奏日本传统音乐的音乐家非常重视停顿，因为停顿决定了下面发出声音的音色效果。歌舞伎的表演则重视亮相，演员的动作并不是从头到尾行云流水，而是要在一个姿势转化为动作之前，不看着打斗的对方，面向观众，摆出好看的姿势。

"微"的视角反映在空间上就是只有"这里"。出身日本建筑世家的设计大师黑川雅之少年时代在日本传统建筑里长大，他说："我耳濡目染地开始逐渐注意到日本的审美意识。从水屋的帘子后窗吹入的微风，日本庭院一角蹲踞微小空间的细腻，从茶室向外看见的风景，开始意识到这一系列的安排组合妙不可言。"

只有这样深谙日本审美的逻辑，才能真正体会到茶室的玄妙。黑川雅之在《日本的八个审美意识》里介绍了日本茶室的正确欣赏方法："视线从室内的榻榻米延伸到走廊，再从走廊延伸到庭院，然后再到围墙，甚至一直到远处的群山，全部被计算在内了。"每一个去过京都的人大概都到过龙安寺看枯山水，在东西长25米、南北宽11米的长方形地面上，全部铺上白砂，上面放置大小不一的石块。游客们都坐在面向石庭的地板上，只有这个角度，才能体会到震撼心灵的白茫茫一片，犹如面对浩瀚大海和星星点点的岛屿。从一个微小的位置去看整个世界，意味着"这里""那里"以及无数的向外延展构成的宇宙。

日本人的空间逻辑形成了独特的道路规划。黑川雅之对比过西方和日本城市规划的迥异。西方是整体中有局部，先有了城市的围墙，然后是广场和街道，建筑再沿街建起来。日本是先有微观的房屋，一个个房屋的结合体就形成了城市，而道路是连接这些房屋的。从门牌编号的方式也可以看出这种区别，整体思维的编号是道路两旁按照奇偶数排列，而日本是一个区域先有大编号，区域中的房屋再赋予详细的编号，这是因为日本的街道并不是建筑的轴心，而是为了走到门口而设置的通道。

日本人关注"这里"、关注"局部"的空间观形成了"扩建思维"的建筑习惯。桂离宫是"日本之美"的典型，德国著名建筑师陶特评价它是纯粹而原生态的建筑，直击心扉，如孩子般纯洁。可对于中国人来讲，很难像描述紫禁城一样来描述它的整体形状。桂离宫的构造极其复杂，先是1620年智仁亲王兴建了一座"古书院"，然后整顿庭院，引桂川的水入园，在池中岛架桥、栽植，搭设茶屋。1645年智忠亲王扩建了这座别墅，1662年为了迎接后水尾天皇驾临，又建造了御幸御殿。它现在被建筑界称为多种风格的综合体，可这是多次扩建来的，建筑师最初并没有设想出它应该呈现出来的整体样貌。桂离宫不是特例，加藤周一对日本传统建筑的评价是："只要不是仿照中国或西方的形状，在日本建造的建筑都不是从整体，而是从部分出发的。"

在日本建筑师眼中，即便一个单独的建筑，其外观也不是从全局性的、整体的眼光出发而考虑的。日本建筑大师伊东丰雄曾经说，建筑是室内空间的延伸，因此给人非常和谐的感觉。日本建筑的内部与外部并不是二元对立的，而是一个连续的空间。

非对称性

回到当下的语境里，日本美学走向世界，很大程度上是通过设计师的作品。20世纪80年代初，深受日本传统美学影响的服装设计师川久保玲在巴黎举办时装秀，她的不对称结构作品让看惯了优雅精致服装的时尚界震惊，虽然被嘲笑成"广岛原爆装"，但很快，山本耀司、三宅一生、高田贤三这些作品带有日本基因的设计师在西方世界掀起浪潮。第二次世界大战之后，伴随着经济复苏和高速发展，日本人迫切希望脱离榻榻米、纸拉门的和式生活，快速向欧美式的现代生活奔跑，在设计上也以西洋风格为时尚。直到1976年，从法国留学回国的三宅一生在第22届每日设计奖（Mainichi Design Awards）上提出源于日本传统美学的"一块布"的概念，得到许多设计师的共鸣和盛赞。日本设计师田中一光曾经总结当时的背景，日本战后在单纯欧美文化环境中成长的设计师逐渐走向成熟，从盲从欧美风格到重新审视自己的位置。在这种重新审视中，设计师们意识到日本风格的东西其实会有更丰厚的设计生命力。

川久保玲、山本耀司所使用的不对称结构，正是日本美学的特征。中国人讲究"好事成双"，日本人却崇尚奇数。和歌、俳句的字数是奇数，歌舞伎的剧名字数是奇数，日本料理的摆放也不是对称排列、平均布局，而是讲究"三分空白""奇斜取势"。中国人送礼要送一对，日本人相反。唐月梅回忆，一次她拜访川端康成的夫人秀子，临别时女佣送上一袋新摘的橘子，秀子亲自数了数，确认是奇数才送给客人。如果留意日本庭院的布置，也可以看到对非对称性的强调，宁可牺牲行人的便捷，铺路石也要故意破坏对称，摆出复杂的形状。

非对称美学最明显的体现是在建筑和庭院设计上。日本对称性的建筑是早期的佛寺，因为佛教从中国引入，佛寺的布局也模仿中国的轴线对称、前殿后塔格局。可是很快，日本佛寺也采用非对称结构了。日本的神社虽然受到佛教寺院的影响，但却是一种"日本化"的风格，并没有遵循

川久保玲是日本设计师的旗帜，非对称性是她的风格

对称性的原则。

　　这种非对称性是没有用全局眼光，只关注"局部"的空间观的体现，黑川纪章曾经说过，建筑语汇和庭院规划根本没有所谓的"对称"。桂离宫那种想到哪里就建到哪里的扩建方法，不是孤例，从日本农家、武家，到庭院，全部是沿着强调非对称的方向发展的。建筑的魅力不是整体的形象，而是每一部分的装修细节，从窗口看到的不同风景，小景观、小区域的心思。在日本人的意识里，对称性是人为的秩序，而阳光射在窗格上形成的阴影、陶瓷器皿上不规则的釉色、春天山上的小花、秋天庭院里的落叶，这些美好并没有给对称性留下余地。他们崇尚自然，而自然是不对称

的。

现在的日本建筑师依旧强调非对称性，这种设计理念也影响到其他国家。1935年，瑞典建造了北欧的第一座日本茶室瑞晖亭。它的设计灵感来源于立体剪纸。为了对非对称性进行强调，不但每一面墙都独立设计，互相毫无关系，而且窗户和门全部故意设计成上下不一的形式。北欧的设计师们曾经参观这个建筑，并在其他的别墅设计里运用了这种风格。

类似的标志性的建筑还有1972年黑川纪章设计的中银舱体楼，它用现代科技来实现日本的传统建筑美学。他把140个舱体悬挂在两个混凝土筒体上，混凝土筒体是永久性的结构，而舱体可以随时更换。黑川纪章后来回忆，舱体的悬挂为了遵循日本传统，特别强调了非对称设计。舱内的空间是传统茶室的空间，但是经过仔细的规划计算，墙、床、天花板合成一体，家具和设备单元化，没有一寸多余的空间。（文：杨璐）

日本鬼怪：
非人的『怜』与『恨』

狐狸变作公子身，灯夜乐游春。

——与谢芜村《春》

笑与可爱的鬼

念研究生的时候，我在东方文学课上听到一个关于"鬼笑"的故事，出现在日本的传说《鬼子小纲》中。这个故事说一对夫妇的独生女被妖怪抓走，母亲找到鬼家里。在鬼喝得烂醉之后，母女俩逃出来，却被吸光了河中水的鬼再次抓走。此时，女尼出现相助二人，冲母女大喊："把重要的地方露出来给鬼看！"鬼看到后，大笑不止，前仰后合，不停呕吐刚喝下去的河水，无暇理会她们，三人顺利脱逃。

与我们日常读到的恐怖鬼故事不同，这是一个十分无厘头的故事。"鬼笑"通常是一种可怕的存在，即使在日本的故事里，也有"天狗狂笑"：在人迹罕至的深山老林中，忽然听到惊天动地的狂笑，比见到妖怪更令人惊恐。柳田国男在《笑文学的起源》里说："笑是一种进攻形式，是鬼与人的正面交锋，具有主动意义的行为。它是针对弱者或者不利地位者的攻击，或者说是一种胜利者的特权。"

然而，在《鬼笑》里，鬼因为捧腹大笑，颠倒了力量，从强势变弱了。笑在这里产生了一种相对性的效果。笑是一种人性化的存在。笑可以让神接近人类，也可以让怪物和妖怪从另一个方面接近人类。笑的作用在哪里呢？在于"开启"。人与鬼（妖怪），原本有着绝对性的差异，但因为笑的存在，让绝对性变成了相对性。笑消解了恐怖与庄严，拉近了人与鬼之间的距离。

我想这个故事很好地体现了日本鬼怪故事中十分独到的一个特征——非人的"异物"也有着滑稽可笑的一面，有时甚至是可爱可亲的。用当下的话来说，就是"可萌"。妖怪的"萌"属性，体现在许多受欢迎的动画和漫画作品中，宫崎骏的电影、《夏目友人帐》《阴阳师》《犬夜叉》《鬼灯的冷彻》等。在这些作品中，人们看到了许多可爱的"自然异物"。它们与人类相异，又与人类共存，都是自然的产物，靠自然供养。

在"自然异物"的幻想世界里，大众最熟知的是"鬼"。"鬼"是一个由中国传过去的汉字，指代广泛，既包括鬼卒、幽灵、邪神和不明怪物，也包括形貌丑陋、形体不全之人。古时的日本人认为鬼吃人，在《风土记》和《伊势物语》里，都可以看到相关记载。"鬼吃人"的法子，很像我们现在吃寿司，是一口吞下去的。

在日本的"鬼榜"里，有一个古今名鬼，叫作"酒吞童子"。之所以叫"酒吞"，是因为这个鬼嗜酒。不仅如此，他还好色，经常到京城掠走姿色美丽的女子，最后朝廷只得出兵征讨。源赖光及其手下的"四大天王"，就因为降伏了"酒吞"而名垂青史。

据称，平安朝的人不爱在深夜出门，因为担心遇到"百鬼夜行"。在大德寺真珠庵的《百鬼夜行绘卷》中，可以看到"百鬼夜行"的画面：领队的青鬼首先开路，接在其后的是群妖跟着火球，四处跳蹿。除了猫、狗、狐、狼这些由动物变成的妖怪，还有许多器具变成的妖怪，也就是人们所说的"付丧神"：琴、琵、伞、扇子、铜锣、柜子……不一而足。画面很像是日本妖怪版的《爱丽丝漫游仙境》。看着可爱，实则并不好惹，据说遇到的人必死无疑。《今昔物语案》里，就记载了藤原常行如何躲过百鬼夜行的故事。连大名鼎鼎的阴阳师安倍晴明，遇到百鬼夜行的时候，也只得将车马隐藏起来，以躲过劫数。

妖或半妖，各显神通

与"鬼"并驾齐驱的另外两大妖怪，是天狗和河童。一个生活在山间，一个生活在水中。宫崎骏电影里的高鼻大眼的汤婆婆，原型就是大妖怪天狗。魔界中，称得上"君临天下"的，就是天狗了。根据江户时代中期的《天狗经》记载，在日本全国的山林之中，栖息着十二万五千五百只天狗。佛教僧人生前若是过于傲慢、误判佛道，或者带着邪心死去的话，将无法往生极乐，会堕入魔道，这个魔道就被称为"天狗道"。即使如此，生前善良的人，会转换成"善天狗"；而怀有恶念的人，则会成为"恶天狗"。

水里亦有一个妖怪家族，妖数众多。排名第一的自然是无人不知的河童。河童外表看起来像一个小孩，年龄在2岁到10岁之间，最爱吃的东西是小黄瓜，但是非常讨厌玉米和葫芦。另外，还非常讨厌猴子，宛若天

日本动画电影《河童之夏》剧照

敌。然而，也有一种河童长得像猴子。日本的河童与人类一样，有着地域差异，生活在不同地域的河童呈现不同的外貌。我们最常看到的河童，是电影《河童之夏》里面，头上留着流苏一般的西瓜皮头、背上背着乌龟壳的那种。这种河童大多生活在山梨县，也被叫作"山梨河童"。

人鱼是另一种生活在水里的知名妖怪。与安徒生故事里美丽的小美人鱼不同，日本的人鱼相貌极其丑陋，上半身是人形，下半身是鱼形，是一个标准的怪物。然而，这个不伦不类的怪物，却有着一身"唐僧肉"。传说曾经有人吃了人鱼肉，活了几百岁，依然宛若少女。因此人鱼肉又被叫作"禁忌之肉"。但并非所有人吃了都可以长寿，体质不耐者，可能会变成另一只怪物。

一些动物变作的妖怪，也在妖怪榜单上声名远播，出现在许多作品里，比如犬和狐狸。《幽灵公主》中的莫娜就是有着300岁的智慧、能说人语的犬神。《夏目友人帐》里变成胖猫的猫咪老师，真身是一只狐妖。狐狸擅长变化，不仅能变人，还能变物，比如将树叶变作铜钱。狐狸娶妻也是妖怪界的一件盛事，娶亲队伍会举行大游行。至于娶妻当天是晴是雨，还是挂上彩虹，则因地制宜了。

人与动物妖怪结合生下的"半妖"，在虚构作品里，经常被描绘成超凡绝伦的人中龙凤。比如高桥留美子的《犬夜叉》中的主人公犬夜叉，就是大妖怪犬大将与人类公主十六夜所生的半妖。在民间传说里，大阴阳师安倍晴明也是人狐相恋所生，其母是来自山林的白狐葛叶，因此，安倍晴明天生就可以看到鬼怪。

异类妻子、怨女与隐身而去的女人

如果将与人类相异的妖看作自然的一种化身，我们会发现，在日本人那里，人与自然处于十分微妙的关系之中。诞生之初，人与自然是合为一体的。因为种种原因，在某个时间点上，人类与自然分开，认为自己与之不同，却依然想去了解自然，可自然却未必愿意接受这种了解，二者处于若即若离的暧昧关系之中。于是，在妖怪的世界里，动物或者自然的其他现象化身为人类，与人类结为连理。这其实是一种人类与自然恢复关系的表现。

"异类妻子"的故事，就是描写自然中原本不是人类的东西化身为人，与人类男子结合的故事。在这类故事中，妻子的本体可能是各种动物，比如蛇、鱼、狐狸、猫、鹤之类；也可能是自然现象，比如雪。雪姬是日本传说里十分著名的一个妖怪。据称，在大风雪过去之后，满月的黑夜里，会出现一身雪白、年轻貌美的女子，就是雪姬。

小泉八云将这个故事收在了《怪谈》里。传说在武藏国的一个村落里，住着一个叫巳之吉的年轻人。一天夜里，他与同伴外出，遇到暴雪。巳之吉见到一个雪白美艳的女子，这个女子搭救了他，离去时对他说："不要将见到我的事情告诉任何人，否则我将结束你的性命。"年轻人应允得救。不久，他遇到另一个皮肤雪白的女子，结为夫妻，共同生活了许多年，生下了10个孩子。奇怪的是，多年过去，妻子依然容颜如故，不见衰老。某天夜里，巳之吉看着妻子的侧影，忽然想到了多年前风雪夜的奇遇，将之告诉了妻子。谁知妻子神色大变，告诉他，她就是当晚的雪姬。考虑到孩子，雪姬不忍将丈夫杀害，便化为白雪，消失不见了。

在日本的民间传说里，可以看到许多类似的"隐身而去"的女人。她们是自然的化身，幻化为人形，与人类结为夫妇，最后，却因为各种原因消失散去。有时随风而逝，譬如雪女；有时驾月东升，譬如辉夜姬。《鹤妻》里被丈夫偷看了衣橱，隐身而去的仙鹤，也是其中的例子。《日本人的传说与心灵》的作者、学者河合隼雄说，这是为了让读者产生"怜悯"的情感。

枝头怒放的花朵，倏地整朵滚落下来，是非常可爱、可怜的，面对这样的情景，产生的就是一种"怜悯"之情。"怜悯"是如何产生的呢？往往是在故事即将完结的一刻，整个故事突然终止，因而引发了一种美学情感。"方才开始，就马上结束了。"为了让这种"怜悯"意识形成，故事中的女子最后必须隐身而去。这中间还夹带着一丝"缘已尽、情未逝"的遗憾，更显哀寂。这被看作是日本文化中的"宿命"。

女子化身为鬼，往往因为"怨恨"，许多日本女鬼，实则是"恶灵"。

日本动画电影《黑冢》剧照

这种"恶灵"又被称为"物"（もの），看不见形体，却会害人。"物"有时是不明物或者是植物之灵，有时则是人类的亡灵，甚至是"生灵"，即活人的怨灵。最有名的当属《源氏物语》里的六条御息所。因为嫉妒，她灵魂出窍，化为"物"，在夜间缠住光源氏的情人夕颜，令其香消玉殒。源氏的正妻葵之上，也为六条女御的生灵所害。

怨恨的产生，有许多原因。嫉妒是较为常见的一种。除了六条女御，另一个因为嫉妒而变为鬼的古今名鬼是"桥姬"。据称她是由一位年轻的单身女子变成的，盘踞在桥上，如果看到美貌的年轻男子就会将他拉到水里去。桥姬非常善妒，若是让她看到有婚礼队伍从桥上经过，这对夫妇就会遭遇不幸，以离婚收场。

另一个重要的由头，是"恨"的另一面——"羞耻"。在著名的能剧《黑冢》里，可以看到这种羞耻感是如何被表现出来的。这是一个关于女鬼与僧人的故事。一个和尚来到安达原，向女房主乞求住上一晚。女子应允，条件是不可看其闺房。和尚犯了禁令，偷看了女子的香闺，却吓得"心乱肝失"：只见"闺房"里尸体堆积，遍地脓血，腐臭冲天。女子见到秘密被发现，便化身为厉鬼，追杀僧人。最终和尚念经，女子离去。离开之时，女子说道："隐居在黑冢，却因为隐藏不深而吓到旁人，真是羞耻啊。"

"无穷的羞耻令她变成了鬼。"《鬼的研究》的作者马场秋子认为，《黑冢》中的女子原来不是鬼，而是秘密被发现后变成的。女性因为残酷的背信行为，深感秘藏的闺房为外人看见，极端的羞耻感令她成了鬼。"这个故事浓墨重彩地描写了凄凉美丽的人性。这是一种恨，也是一种人生。"

"怜悯"与"恨"，是十分有意思的一对概念。"怜悯"是突发的情感，譬如朝露，时日无多，而"恨"则是希望过程可以永远延绵下去，是对于"消失"的抵抗，"此恨绵绵无绝期"。为了产生"怜悯"，必须牺牲掉女性的存在。而离去的女性为了对抗这种宿命，则留下了"恨"。以《黑冢》的结尾为例，在佛经面前，痴、嗔、恨、怨本该全部消失，但在讲究人情的民间故事里，人们却给"恨"网开一面，让这些女性卷土重来。

《意识的起源与历史》的作者、荣格派分析学家埃利希·诺依曼认为，女鬼与英雄象征了日本与西方的不同心理意识。因"恨"而变成鬼的女性形象，象征着新事物的出现与新故事的展开。这些因为"悲悯"离开的女性，借助"恨"开启了新故事。打败怪物的男性英雄，象征了西方的自我意识，而日本人，则是在留下怨恨离去的"女性"身上，寻找自我。

这些怨灵化作的女妖，是日本传说里让我印象最为深刻的一部分，即使许多故事是在年幼的时候看的，依然记忆至今。看到般若的能面，我总会想到女人的怨灵，因此生出深深的寒意。走在春光烂漫的樱花树下，也会想起"樱花树下埋死人"的典故。故事说，沾染了怨女之血的樱花，格外鲜艳。"四古的樱花，为何红颜？四古的樱花，要告诉你一个故事。"

以非人女性为主角的故事，也并非都惹人怜悯或招人怨恨，也有团团美美的两相欢。《怪谈》里有一个"屏风少女"的故事，是名叫白梅园鹭水的作家讲的。

在京都，有一个叫笃敬的年轻书生，被一扇画有美丽少女的古老屏风迷住，日日打量，寝食难安。他向一百家酒馆买了一百壶酒，献给画中人，少女便从画上下来了。两人立下誓言，结为七世夫妻。"你要是负心，我便回到屏风里。"那少女说。那少年仿佛真是良人。直到如今，屏风上少女倩影的留痕处，依旧一片空白。（文：何潇）

日本动漫里的能剧式哀情

"若吾起舞时，丽人亦沉醉；
若吾起舞时，皓月亦鸣响；
神降合婚夜，破晓虎鸫啼。"

　　1989年5月，日本漫画家士郎正宗在讲谈社青年漫画刊物《周刊青年MAGAZINE》上开始连载一部注定不凡的作品《攻壳机动队》。

　　光从直搬过来的日语汉字来说，这部作品的名字有些让人费解，但它的英文译名"Ghost in the Shell"就好理解得多，寓意是破壳而出的灵魂。

电影版《攻壳机动队》，斯嘉丽·约翰逊扮演的义体人

1995年，动画导演押井守把它搬上银幕，成就了它一代传奇之地位。2017年，派拉蒙公司的美版《攻壳机动队》出炉，由斯嘉丽·约翰逊扮演的那个只有灵魂是真实的义体人草薙素子恍然把人拉回20年前。

动画版《攻壳机动队》的背后，除了押井守，还有一个重要人物，就是作曲家川井宪次。电影的成功让两人从20世纪80年代起就形成的合作关系更加牢固，就如同宫崎骏和久石让一样，押井守和川井宪次是动画界另一对"神一样的组合"。

现代都市的泛神主义

从东京市区一路向南，经过一些略显荒芜的风景，来到另一片钢筋水泥的丛林，品川区的新城建设方兴未艾。听说品川在20年前只是挤挤挨挨的小街町，可现在如果从大崎站下车，你会发现自己正身处一个巨大的太空城般的建筑内，各种空中走廊与商务楼连接，如同身上插满天线的机器人，在这冰冷的机器的硬壳内很容易让人找不到南北。我和川井宪次约了一个短暂的采访，那天我很庆幸自己早于预计时间一个小时出发，果然在那座太空城的肚膛内重复上下了好几回。在东京的陌生人，显然是无法一时间摸透这个城市密密麻麻的机关的，一不小心就会卷入无形的闸门，身不由己地滑到另一个"次元"里。

就因为1995年那部《攻壳机动队》里的《傀儡谣》，我萌生了想见到这位作曲家的念头。在论坛上，有"动漫宅"把他奉为"大神级"的人

押井守拍摄的动画版《攻壳机动队》剧照

物，确实，一曲《傀儡谣》让人念念不忘20年，必得有神异之功。从他助理那里，我知道他每天要在录音房里工作12个小时，他的时间是刻度化的。旅日30年的华人扬琴演奏家郭敏是川井宪次的老朋友，10年前他们一起合作电影《墨攻》的配乐时就认识了。郭敏告诉我："找他配乐的电影都要排队了，他最近在欧美挺红的。"

品川的天际线上伫立着无数簇新的大楼，东京的"高度"也是从如今的东京站开始慢慢向周边延伸的。村上春树有一部短篇小说与品川有关，名为《品川猴》。小说里，一个住在品川的家庭主妇总是突然间忘了自己的名字，家中一个中学时代的挂脖子上的姓名牌也丢失了，后来区政府土木工程科的科长在地下水道里找出个会说话的猴子，该猴以偷人的名牌为乐，总偷那些让它心荡神迷的女人的名牌……这个故事被收

物哀之美：日本风物记

录在《东京奇谭集》里。这本故事集总让人感到即使在东京这样的都市，日本人的神灵观还是那么淋漓充实，在高楼的缝隙间也是无处不能搭道场的。

当"傀儡"两个字在中文的含义里已经脱离了古义，在日语里它还是保留着木偶戏的意思。"傀儡"仍在日本人集体无意识的文化心理中若隐若现，可能和能剧依然在上演有关。所以，《傀儡谣》的诞生本来就源于传统文化，动漫让传统元素历久弥新地凝结在主流文化里。也许，神灵观在现代日本人的脑海中挥之不去，才会有像《攻壳机动队》这样的拥有未来主义本位，却又充满泛神哀泣的动画片。我在拜访川井前，先去了品川神社，瞻仰这个他从小玩耍的地方。

神社在与御殿山山坡相连的一处台地上，走上53级台阶，是一片林子，不大的神庙本殿就在林木掩映中，侧边有个映着松竹障子的戏台，一切因无人问津而清幽。本殿边上有个小神龛，从十来个密挨着的玲珑的鸟居穿过就来到跟前，那过程就像童年时玩过家家游戏，简陋却充满仪式感，就这么一小片浅短的橙红，把神界与俗界分割开来。神龛里供着司掌五谷生产的"阿那稻荷神"，稻荷神在神谱里是名列前茅的大神。

每年6月5日到7日，品川神社会举行例大祭，又称"北之天王祭"的祭奠活动，各种小吃、游艺、玩具都会出摊儿，热闹得像庙会。最吸引川井的要数6月7日的抬神轿，动作会根据笛子与太鼓的节奏来变换。很多年后，这种日本人在神乐里称为"音头"（おんど）的音乐就出现在他的作品里。

不衰的《傀儡谣》

　　神社外的东海道线本线已经走过明治、大正、昭和、平成四个年代，1889年东京到神户段开通运行，是连接当时的江户（东京）和京都的主要路线。而品川是从日本桥出发后53站的第一个站，成为重要商埠，是旅客来东京后的第一个食宿地。沿线仍然保留很多小寺庙和神社，是个香火繁盛、神灵信仰坚固的街区。川井就是在这样的环境下长大的。如今，他的工作室在离家10分钟路程的一条小巷子里的三层别墅里，大铁门严实地关着，让人难以想象里面是个玩电子乐的地方。

　　他的头发已经从几十年如一日的黄色染成了银色，脖子上挂着银饰，看起来丝毫不觉他已年届六十。某种程度上来说，他的生活从早到晚都在录音房里度过的，在日本，这样的电子乐制作人叫"棚虫"。他从录音房里走出来，一时间回不过神，讲话又轻又慢，说起上一次来中国，还是2017年6月作为《绣春刀2》的配乐制作人出现在宣传会上，他上台打起一个闲置着的大鼓。大鼓是他除了吉他和电子琴外最拿手的乐器。宣传以外，他不爱出国旅行，自认是个讨厌麻烦的人，平日里连电影都不看，除了需要配乐的样片。

　　《绣春刀》的导演路阳是听着川井的动画音乐长大，所以请他来配乐。但川井坦言，在日本，"御宅族"有时并不那么在意一个动画片的配乐，所以在本国他更像个职业音乐人。川井生于1957年，大学就读的是东海大学工学部原子力工学科，但他说自己并不爱读书，经常逃课，逃到无路可逃了，就选择退学在家里玩吉他。之后自己组建了乐队，经常为一些广告和电子游戏配乐，还拿了个奖，就这样稀里糊涂地走上职业配乐道路了。他表示自己并不是学院派出身，至于很多中国"动漫宅"在论坛里说他后来转向对日本邦乐（日本传统音乐）的研究，他坦承并没有，他根本不懂民族乐。

"若吾起舞时，丽人亦沉醉；若吾起舞时，皓月亦鸣响；神降合婚夜，破晓虎鸫啼。"川井一共为《攻壳机动队》创作了三首《傀儡谣》，最早的一首创作于1995年，音头为太鼓和铃间或一奏，突然引入一段叫"鬼音"的女声合唱，以鹤唳般凄厉的声线摄人心魂，尾调拖得很长，是动画电影里从未有过的神乐风格。相传鬼音源自中国唐代，是一种如泣如诉的唱腔，是由女子清音模仿幽灵哀叹的古老乐曲，在日本属于祭祀音乐的范畴。"押井守指定要在音乐中用太鼓和铃，但我觉得光这两个元素形不成旋律，太单调了，所以想如果能唱出来（就好了）。"他说。

"鬼音"在民谣里出现过，但一般是独唱，可是川井弄来了十几个民谣歌手唱起了合唱，套上一种引领作用的"音头"就开始唱了。音头在不同的地域有分别，东京音头、东北音头、秋田音头、秩父音头……川井说他没有特地学过，只是听到一个起调，后来的旋律就在心里自然而然地流出来了。这三首谣曲的词，是他整天泡在图书馆里参考《万叶集》写出来的。

这位在20世纪80年代玩吉他，后来接触电子乐的配乐家起先的梦想是做混音师，而不是编曲，他坦承自己"视谱"很慢，并不如科班出身的同行能够同步读谱演奏。七八十年代的日本，古典、爵士、电子、摇滚等各种西方音乐形式纷纷传入，披头士非常流行，比如村上春树曾写过自己年轻时对西方音乐潮流来者不拒，零花钱统统用来买唱片，一有机会就去听现场。走过那个时代的日本知识分子有太多西乐的发烧友，川井则更偏向法国流行乐，憧憬雷蒙德·勒菲弗（Raymond Lefèbvre）、弗朗西斯·莱（Francis Lai），还有美国的伯特·巴卡拉克（Burt Bacharach）……

传统日本邦乐、雅乐、神乐都是日本人潜意识里的文化记忆。郭敏曾经在《墨攻》中给川井宪次录过扬琴的部分，她说，编曲和研究不同，更多时候一个编曲家的成功在于一种先天的直觉和天才。"他可以不懂邦乐，但他创作出来的东西就像邦乐，春祭、秋祭、盆踊时街上随处是跳和唱的，在这种氛围中自然就会有乐感。"

"纵使无月照日夜，虎鸫悲啼亦如昔，蓦然回首百花残，宛似心慰杳无踪，新生之世集诸神。"这是另一首谣曲的歌词。歌词里的虎鸫是平安时代的一种妖怪，声极悲怆，被称为招魂鸟，日文汉字里写成"鵺"。《太平记》记载着这种鸟的模样：阴历八月十七日，皓月当空的夜晚，突然从山边飘来一大片的乌云，接着有怪鸟开始不停地啼叫，啼叫时会从口中喷出火焰。闪电也伴随着出现，那炫目的光贯穿宫殿的竹帘，天皇吓得不敢睡觉。

根据13世纪镰仓时代的《平家物语》的描写，虎鸫头似猿，身体像狸，尾巴像蛇，四只脚像老虎……日本人喜欢把对异世界的恐惧具象化，所以在日本美术史上，鬼怪不仅横行于世，而且还平易近人。中古时代诞生的妖怪在江户时期更加大胆，在街头昂首阔步。那些妖怪衍生出新的故事并被图鉴化。有头是妇人头、身体是青烟的枕边人，有当作手提灯笼的鬼头，劈柴烧火的狐狸，隔障窥伺的骷髅……幽灵也被画在挂轴上，在戏剧世界也很活跃。江户时代的浮世绘大师葛饰北斋以《神奈川冲浪里》闻名于世，他的《百物语》是鬼怪的"百科全书"。

鬼道上的末世情怀

很难想象一个玩吉他和电子乐出身的烙有"赛博朋克"（cyberpunk）印记的日本人能到传统里挖掘到一线灵光。在川井宪次2007年的作品音乐会上，压轴曲就是《傀儡谣》。由15个身着白色祭祀服、扮作神女的歌者组成的民谣合唱团，站在演歌式的舞台上，身后是乐队，在剧场中仪式感极强地唱着凄厉到要震破屋顶的谣曲。

日本人喜欢听太鼓、铃、三味线等单调的声音。日本寺庙里的青铜钟并没有和声，但他们钟情于这种单独的清音。聆听单个乐器本身的音色起伏，似乎能唤起一种伤春悲秋的季节性感受。日语中将乐器演奏间的停顿叫"间"，如能乐中的小鼓、大鼓、太鼓，在交替的、差异细微的音响效果中，存在一种"间"的作用；如《傀儡谣》中，鬼音似是踩着笃笃的步伐出现的，于无声处惊起落下。日本人喜欢将高音和旋律做自然的间离，和谐交融反而成了一种幼稚。这里面有一种不能用音程关系来表述的不协调的"空间"，就是"间"。

"间"的存在仿佛是为了让下个音更生动，室町时代的能剧理论家世阿弥在《风姿花传》中特别论述过它。他认为一个演员在台上动作定格的时候是最传神的，"动十分心，动七分身"，凝固在咫步里的招式往往让能量达到饱和。招式间的静止、鼓与面具里低吟的空隙，就叫"间"。这种"间"的概念在"幽玄""侘寂"里都是必不可少的元素。

1995年的《攻壳机动队》动画电影中，本身就有很多仿真的街道画面，刻画环境之压抑沉闷、言语之晦涩都与《傀儡谣》一同传达出一种末世哀戚。即使今天看，它所蕴含的哲学高度也是超前的。2029年，高科技与信息化泛滥，使人可以通过义体的替换让自己的身体不断变得强大，可以通过身体上的接口连入网络，随时下载信息，甚至能够进行全身的义体化，将记忆拷贝至电子脑。电子脑在提供便利的同时，也将大脑这一控制系统暴露在了网络中，催生了新型黑客及新的犯罪手段。为了应对非常规的突然状况，政府成立了特殊的秘密部门"公安九课"。女主角草薙素子就是公安九课中的一个全身改造过的义体人。

在这部作品里，公安九课几乎所有人都是义体人，他们的研发者和所有者就是政府。电脑里的黑客程序"傀儡师"宣布自己是一个真正的 ghost（鬼，鬼魂），所需不过一具躯壳，而素子的义体在祭祀般静谧神秘的唱腔中逐渐成形，抱膝漂浮于水中，并在一次次的成形中质疑自己。作品中未来赛博世界的傀儡依然焕发着日本中古时代的哀世情调，在任何时代，日本人对于灵魂、精灵、生灵的情结都绵延不绝，这些 ghost 永远有着身不由己的怨念。

能剧里面有"现在能"和"梦幻能"之分，可见其中来世今生的转换的观念。"梦幻能"的主题有点似中国的"黄粱一梦"，闹哄哄一世，最后寂灭成空。"梦幻能"的套路一般是一个旅人到达某地，遇到被亡灵附体的主人公，这个人开始以第三者口吻讲自己的事；到了后段主人公以自己本来面目出现，再诉过去的场景。作为观剧人，被层层代入后置身于亡灵的视角，生死无界。

押井守的这部《攻壳机动队》，曾震惊好莱坞，西方人发现其中的傀儡已超越一种简单的教谕，不再是以人的全知视角来牵动傀儡的命运，最终给出善恶的教训。《攻壳机动队》背离了人本位的视角创作，更像一出精灵道上的揭竿起义，素子作为可把灵魂装进卸出的义体人，以非人的视角思考着人类的堕落和贪婪，并说着人类的语言："我的记忆属个人独有，我有我自己的命运，我虽感受到限制，却能在束缚中伸展自我。"这就是这部20年前的作品的立场，导演在批判机械化冰冷的现世和建构未来世界的奇幻玄妙时流露出的感时伤怀，就如同古代能剧、傀儡戏穿上一件人工智能时代的外衣。

在日本，押井守的地位与宫崎骏相当，都是Japanimation（日本动画）的代表，却探讨着截然不同的伦理困境，他以哲理的思辨和尖锐的审视形成自己的特点。《泰坦尼克号》的导演卡梅隆看了《攻壳机动队》后专门撰文表达对他的敬意："押井守的电影是先确立世界观，再设置人物和角色，这在好莱坞是没有的，他从内部审视科技的发展，抱有反乌托邦情结……"电影中的背景设置在广告牌林立的中国香港九龙，繁华背后是一个被高度控制的社会，各种监视眼在空中盘旋，污秽的空气、肮脏的河流和集市，傀儡们躲在坚硬的机械躯壳里横行于世，思考着自己的未来。让人想起现在的东京，盂兰盆节时满街的精灵舞——两者都在同一片文化心理土壤上，一个是拼命往土里扎，一个是往空中发出新芽。（文：王丹阳）

物・哀

日本文化的『崇物』与『物哀』

高雅的东西是，淡紫色衵衣，外面着了白袭的汗衫的人。小鸭子。刨冰放进甘葛，盛在新的金椀里。水晶的数珠。藤花。梅花上落雪积满了。非常美丽的小儿在吃着覆盆子，这些都是高雅的。

——清少纳言《枕草子》

从和纸说起

去东京时，在银座地铁站旁边的鸠居堂里，买了几张和纸。一张纯白的，隐隐露着些草木的形状；一张墨蓝色的，淡淡地印着仿古花纹。彼时跟自己说，这些东西美丽而无用，不要太过迷恋。然而回来之后，再拿出来观看，又悔恨没有多买几张。想起周作人说，"我们看夕阳，看秋河，看花，听雨，闻香，喝不求解渴的酒，吃不求饱的点心，都是生活上必要的——虽然是无用的装点，而且是愈精炼愈好"，就更加觉得遗憾了。

如果要选一件东西来展现日本的物之美，我想最好的物件还是和纸。"洁白的纸本身就是一件艺术品。"著名的民艺理论家柳宗悦说，"真是不可思议，明明只是一张书写用纸，光裸无瑕的表面，却蕴含着另外一种美感。美纸招来美梦。"和纸温润的色泽里，有着未经掩饰的自然风貌。天然的颜色，经过日光的烘照，散发出迷人的韵味。一旦你从纸上看到了自

物·哀

193

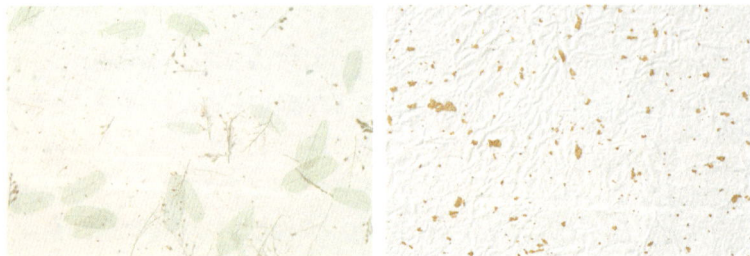
日本和纸

然，便会发现每张纸皆美。这就是和纸的力量。

看似单薄的一张纸，实则各具生命，各有性格。手工和纸多以长纤维的韧皮部为主要原料，再加上短纤维混合炒制而成，由于原料和成分比例的差异，纸张呈现千般面貌，有着不同的纹路和肌理。原色雁皮纸是用雁皮的树皮纤维制作的，光滑而透明，讲究剔除杂质；白玉手工纸则纸质柔软，结构结实，显得"有骨有肉"；明艳和纸适用于山水画，利用原色泽木浆搭配不同的纤维炒制而成。纸张的纤维原本不是白色，使用者为了追求视觉效果，有时会对其进行漂白，虽使得纸张变白，却也破坏了纸张的纤维，不利于保存。

清少纳言写雪天的信纸，也很有意思。书简是由随从模样、"细长漂亮的男子"，撑着伞从侧门里送进来的。信写在纯白的和纸或色纸上，末笔的颜色很淡，"封缄地方的墨色好像忽然冰冻了的样子"。信卷得极细，开封来看时，"细细的有好些凹进去的摺文"，墨或浓或淡，很有趣味。

信应该在下雪或者月光明亮的晚上阅读，在皎洁的月光与洁白的雪的映衬下，纸张的美可以更好地展现出来。"极其鲜明的红色的纸上面，只写道'并无别事'，叫使者送来，放在廊下，映着月光看时，实在觉得很有趣味的。下雨的时候，哪里能有这样的事呢？"这名挑剔的女官对于雨天常常怀有微词，比如，她觉得信纸在雨天打湿了之后，就露出不好看的样子来了。

"纸没有私欲。它并未憎恨世上某个特定的对象。于是，纸张有股亲切的特性。不仔细观察的人，也许漠不关心；亲近纸张的人，则会感到一股难以割舍的缘分。每当我展示心爱的纸张之时，见者无不为之倾倒。见纸之人，均有所体认。好纸惹人怜爱。惜纸加深人们对于自然的敬念，以及对美的爱怜。"在《和纸之美》一书中，柳宗悦这样写道。

传统和纸制造工匠

崇物

日本人对于"物"怀有崇敬之心。在日本，不仅崇敬有生命的东西，即使是没有生命的"物件"，譬如裁缝用的针、书法用的笔，也会有人将之好好收放，甚至建一块供养之碑。思想家冈田武彦在《简素：日本文化的根本》中说："我们不应该忘记物所给予人类的恩惠。"粗暴对待物件的孩童，会遭到大人的训斥，这或许也是出于人与物之间的亲近之情。日本人在物的名称之前，经常冠以"お""ご"这样的敬语接头词，以表达敬畏之情，如"お月さん"（月亮）、"お陽さん"（太阳）、"お湯"（热水）、"お砂糖"（砂糖）、"お茶"（茶叶）、"お料理"（菜肴）、"ご饭"（米饭）等。

冈田武彦认为，"简素"和"崇物"是日本文化里根本性的哲学范畴。"简素"是简单平淡的价值追求和内外功夫，"简素精神"是崇尚思想内容的单纯化表达。表达越单纯，内在思想就越高扬。他认为，与之相辅相成的"崇物"是"日本思想文化的根本理念"。

在日本人看来，"物"并非单纯的物质，而是有着生命的灵性，有灵魂与情感的存在。冈田武彦这样说"崇物"二字："物即命，命即物，人虽为物之灵长，然一旦无物，生即不复存在。有了对物的崇敬之念，便产生对于生命的崇敬之念。"正是因为怀有对物之生命的崇敬，才会对物产生感激之情，从而转化为共生共死、万物一体之仁的理念。这种"崇物"理念，不仅使人成为物的一部分，也赋予了物主体性和伦理性。

日本人的"崇物"，与中国道家的"观物"和"造物"，有着很大的区别。道家主张顺应造化，物我合一，是对"物"的"造物者"的崇拜，

"崇物"是日本文化里
的重要概念之一

归顺的是自然，是"出世""无我"的隐士哲学。而日本人的"崇物"，是对"物"这个自然对象本身的崇拜。它不"出世"，而是"入世"的庶民哲学。它所主张的"物我合一"，是大我与小我的合一，而非"物我两忘"。

"天人合一"是中国人和日本人共有的自然观。在侧重点上，却并不相同。中国人侧重于"人"和"我"，日本人则侧重于"天"与"物"。如果说相较于西方文化的"人类中心论"，中国文化偏向于"非文化中心论"，那在日本人那里，便是"万物中心论"了。日本哲学比中国哲学更偏重于"物"，甚至将自然之物与人文造物等量齐观，都作为崇拜的对象。

"崇物"的思想，归根结底来自日本人对自然的崇拜。日本神道以天地万物为母，将自然视为人类生命的赐予者，对其怀有感恩之情，近乎一种宗教情结。在这种情结的引导下，他们自觉地爱护自然。自然界的万物，也被视为具有超人的力量，具有神性。日本神道宣扬多神论，神社里供奉着自然界的万物。在崇物思想的支配下，自然界与人世间的一切，都成为顶礼膜拜的对象。"付丧神"的存在，也可以看作是这种思想的体现。

在一些极其日常的事物上，也可以看到日本人的哲学思想和宇宙理论，比如食具。在日本，流传着许多关于筷子的神话传说：大神降临凡间，一位老者将米饭盛在米叶上，并放上杉树枝条来款待大神。大神十分高兴，饭后将筷子插在了地上，筷子落地生根，长成一棵参天大树，一直存在到如今。这棵神树，代表着连接太阳和大地的"宇宙树"。"插箸成树"的行为，是由不可能变为可能，体现了神与圣的力量。

《今昔物语集》中，有许多筷子与树的故事。多武峰的圣僧增贺在路边，折断树枝当筷子，他自己吃，也让身边的雇工吃。折枝当箸的习惯，一直延续到现代。小朋友出去郊游，发现便当盒里忘记放筷子，便折断树枝来用。吃完后，将用过的树枝扔在附近，这些"筷子"最终会回归自然。如果使用西方餐具里的金属制成的"刀叉勺"三件组合，就不可能做到这一点。筷子与三件组合的象征对立，体现了日本与西方不同的宇宙观。

物哀

或许因为对物怀有崇敬之心，日本人特别能体会物之美。最能体现这一点的文学作品是《枕草子》。你可以在其中看到清少纳言是如何发现日常物件的细微之处的：清洁，是"土器。新的金属碗。做席子用的蒲草。将水盛在器具里的透影，新的细柜"；漂亮，是"唐锦。佩刀。木刻的佛像的木纹。颜色很好，花房很长，开着的藤花挂在松树上头"；可爱的东西则多半细小，"雏祭的各样器具。从池里拿起极小的荷叶来看，又葵叶之极小者，也很可爱。无论什么，凡是细小的都可爱"。

见到美好的东西，心生爱慕，便买下来，搁置在家里，时间长了，虽保留着过去的形貌，却已显得可怜，从喜爱生出厌弃了："云间锦做边缘的席子，边已破了露出筋节来了的。中国画的屏风，表面已破损了。有藤萝挂着的松树，已经枯了。蓝印花的下裳，蓝色已经褪了……几帐的布古旧了的。帘子没有了帽额的。七尺长的假发变成黄赤色了。蒲桃染的织物现出灰色来了。"

物如此，人亦如此。"画家的眼睛，不大能够看见了""好色的人但是老衰了。风致很好的人家里，树木被烧焦了的。池子还是原来那样，却是满生着浮萍水草"。如是这些，都是清少纳言所说的："想见当时很好，而现今成为无用的东西。"即使如此，人与物依旧保留着其可爱之处，是可为之哀怜的。

言及至此，就不得不说一说日本文化里的"物哀"传统。本居宣长在讨论《源氏物语》时，对"物哀"这个概念做了详尽的解释和说明。所谓"知物哀"，是对所见所闻的事物能有所感动，观之以心，动之以情，能感知"物之心"和"事之心"。字典里的"感"，注释为"动也"，而"哀"，则是这种"动"的表现。看到樱花开放，觉得美丽，就是知物之心，因为樱花的美丽而感到高兴，就是"物哀"。

"所谓'物哀'，也是同样的意思。所谓'物'，是指谈论某事物、讲述某事物、观看某事物、欣赏某事物、忌讳某事物等，所指涉的对象范围很广泛。人无论对何事，遇到应该感动的事情而感动，并能理解感动之心，就是'知物哀'。而遇到应该感动的事情，却麻木不仁、心无所动，那就是不知物哀，是无心无肺之人。"本居宣长这样写道。

"物哀"是一种移情："虫声唧唧，催人泪下""听着风声、虫声，更令人愁肠百转"。在《源氏物语·法事》一卷中，写了这样一个场景。此时紫上已经非常虚弱了，然而，消瘦增添了其姿容之优艳。傍晚，秋风萧索，紫上倚靠在矮几上看到庭前花木，吟咏了一首和歌："秋风吹来了，荻叶上的露水啊，就要消散了。"源氏听罢，悲痛不已，和歌一首："世间的露水啊，终归会很快消散，先后都一般。"明石皇后也吟咏道："万物似秋露，易逝岂止叶上霜，人生难长久。"当晚，紫上便去世了，宛若秋露一般。

恋物实则是恋人，所谓"人物合一"。不论是睹物思人，抑或人物同哀，都是相似的情感。一些美丽的事物，会引起人对过去美好的怀念，譬如："枯了的葵叶。雏祭的器具。在书本中见到夹着的，二蓝以及葡萄色的剪下的绸绢碎片。在很有意思的季节寄来的人的信札，下雨觉着无聊的时候，找出了来看。去年用过的蝙蝠扇。月光明亮的晚上。这都是使人记忆起过去来，很可怀恋的事。"

另有一些事物，则是无可比喻的："夏天和冬天，夜间和白昼，雨天和晴天，年轻人和老年人，人的喜笑和生气，爱和憎，蓝和黄檗，雨和雾。"清少纳言这样写道，同是一个人，没有了感情，便觉得像别个人的样子了。无可比喻的事物，总是一期一会，令人备感无常，生出哀寂。看到院里枯墙上的光影斑驳，"物哀"起来，想到《枕草子》里"一直在过去的东西"：使帆的船。一个人的年岁。春，夏，秋，冬。（文：何潇）

论物哀

『哀』里的心有所动：

既然一切美好终将消逝，那么一切美好，也唯有死亡可以祭奠吧。

有时候我们要懂得欣赏一种"一碗白粥"的美。因为越是白粥，则越是难以烹饪、越见功力。"物哀"其实就像日本文化体系里的一碗白粥。清白、寡淡、渺然，但有时遇见极惊喜纯熟的一碗，则会让你瞬间忘了许多过于矫饰的色彩。

"物哀"的日语是"物の哀れ"。据叶渭渠、唐月梅《物哀与幽玄——日本人的美意识》一书，"哀"的理念在8世纪日本有文字记载后诞生的《古事记》《日本书纪》和最早的歌集《万叶集》等作品中就开始萌芽，及至《源氏物语》等日本"物语文学"，逐渐形成"物哀"的理念。

18世纪的日本学者本居宣长是物哀理论的重要奠基者。他认为"物哀"概念的最高峰是《源氏物语》。这一日本乃至世界上最早的长篇小说，出现于11世纪。后来18世纪的本居宣长从《源氏物语》中提取了"物哀"的概念，写了著作详加论述。如今，"物哀"已是日本文学、诗学、美学理论中的一个重要概念，在日本人的生活中处处有其影子。

"物哀"，于今日之感，某一层面可理解为"哀伤、可怜、淡淡的忧郁"。但它的意思当然远不止于此。据本居宣长论述，"哀"的意思在最初是"人的各种情感"，同时又是一种唯美的感动，超越了是非善恶。"心有所动，即知物哀。"他在《〈源氏物语〉玉小栉》中这样说。而在《紫文要领》中，他又进一步阐述：世上万事万物的千姿百态，我们看在眼里，听在耳里，身体力行地体验，把这万事万物都放到心中品味，内心里把这些事物的情致一一辨清，这就是懂得事物的情致，就是懂得物之哀。

香港女作家方太初在《浮世物哀：时尚与多向度身体》中说，"物哀"原是日本人为摆脱中国道教思想影响而提出的一种独立的美学观点。

日本人喜欢看樱花，一在其美，另一在其转瞬即逝。这也是一种"哀"的体现。

文学

在《源氏物语》中，从紫式部的角度来说，物哀分为三个层次：第一层是对人的感动；第二层是对世相的感动；第三层是对自然物的感动，尤其是季节带来的无常感。比如《源氏物语》开篇，皇帝对逝去嫔妃桐壶更衣的极度悲伤的怀念，就是第一层的物哀。而在《帚木》卷源氏和头中将在"雨夜品评"一节，把女子按出身、才艺、容貌来分类品评，又颇有"世相"的哀。源氏和明石姬在吉明神社相遇时的"夜幕渐晚，正是晚潮上涨之时，鹤于海湾中引颈长鸣，凄厉之声催人泪下"，则是很显然的第三层物哀了。

三岛由纪夫的小说《潮骚》，描写了日本一种很典型的纯净的海洋渔村文化。在那个叫"歌岛"的美丽小岛上，人和自然是怎样互相依存、斗争、和谐相处，以及生活在这片土地上的人是怎样被环境影响，而同样的潮声和海水又是如何浇筑出一个个迥异的人格，这些人格相遇时又是怎样碰撞、处理的……可以说，在物哀的三个层次中，《潮骚》所表现的第三个层次的物哀，尤其让人触动。

同样，物哀的集大成者川端康成在小说《雪国》中对自然的物哀之情也颇浓重。"山头上罩满了月色，这是原野尽头唯一的景色，月色虽已

雪中的京都醍醐寺

淡淡消去，但余韵无穷，并不使人产生冬夜料峭的感觉。"在这篇小说中，整个雪国的色调，就是"白"。夜空下一片白茫茫，山上还有白花、杉树，并配以白色的月光。而日本本身，也是一个尚"白"的民族。

物哀是靠"情绪"去感受自然，亦即中国的"感时花溅泪，恨别鸟惊心"。因而所有景色在人的眼中，都是主观的。

《源氏物语》可以说是了解日本物哀文化的一个非常好的开端。今天我们去日本，以及阅读、观看日本文艺作品时所感受到的很多难以名状的气质，似乎都可在这部小说里找到萌芽。在《源氏物语》中能清晰瞥见日唐交流，作者引用唐玄宗和杨贵妃的故事来刻画小说中皇帝和桐壶更衣的恋情。书中也多次出现了吟唐诗、写汉字的情节。

日本人对于汉字的观感其实是直觉性的。《源氏物语》中，当时贵族阶层写信时如用汉字，会被认为是一项非常了不起的特长。泽木耕太郎在他红极一时的游记《深夜特急》中也描述，当年他一个日本人，坐着颠簸的泰国境内的火车，最能抚平他心绪的反而是一本中国古诗集——李贺的集子。他说只要看到那些汉字堆积在一起，就觉得无来由的舒适熨帖。可知日本人对于汉字本身的爱，是一种天性。

然而，读完整部作品，还是可以发现，"物哀"其实是一种基于日本本土的独立产物，是一个只有在日本才能形成的特殊的美学概念。

一列狭长群岛。一边是寂寞深邈的太平洋，一边是中国。白雪在太阳下化了。春雨，也就这样漂浮在神社门前的台阶。夏夜空蝉。冬日皑雪。覆盖住一切。又孕育了一切。

日本文学中的"物哀"，其实都是淡淡的、不可言传的、似有若无的。它并不是真正的颓废、绝望，而是一抹漂浮的薄云。相较之下，被印

物·哀

于日本纸钞上的作家夏目漱石，他的"物哀"，又有着一种深层之严肃。被称为"日本的鲁迅"的夏目漱石，有着日本人传统的悲剧内核，又建立了自身独特的美学色彩。譬如他的《心》，用词枯淡清冷，用一种细腻白描的语调表达了对日常感情流淌的反省。具备"私小说"一贯的要素，全书大量充斥心理描写和意识分析，在近乎"琐屑"的细节阐述中，形成了一种独特的物哀气质。在他的另一部作品《三四郎》中，主人公面对繁华现代的东京都市生活，产生了一种窘态，也可以说是物哀超越古典美学的一种更现代性的体现。

人生结局惨烈的作家三岛由纪夫的作品有一种出了名的能融化人的压抑哀伤，特别是他的绝笔之作。这个被认为是"日本的海明威"的悲伤作家，读他的作品时，几乎总能被一股强大的哀伤沉沉压过去。

松树的绿还是浅淡时，靠岸的海面已经被春天的海藻染上了红赭色。西北的季节风不断从港口吹拂过来。这里赏景，寒气袭人。

《潮骚》中的这段句子，瞬间就勾勒出一种画面感极强的意象，也无来由地营造出一种淡淡的"物哀"。然后，三岛由纪夫接着写到"薄暮下的桃花"、沉默的年轻人、白色搪瓷大盆里濒死的比目鱼流出来的血、黎明时分半明半暗的云在海面上映出的一片白茫茫的样子。凡此种种，将我们所能触摸到的关于"物哀"的那抹暗痕，印刻到极致。

可以说，物哀，更像植根于日本人心中的一种感受。川端康成几乎所有的作品都表现了一种传统物哀的美，尤其是《古都》这部很有古意的作品。小说主角千重子和苗子，于文中并没有极大的欣喜若狂，也没有极痛的刻骨铭心，而只是一抹淡淡的宿命感，以及在这淡淡的宿命感中所凸显的辽远而纯粹之情。

《雪国》最末一段也是时常能让我感到这种难以道明的"哀"的一个瞬间。"待岛村站稳了脚跟，抬头望去，银河好像哗啦一声，向他的心坎上倾泻下来。"此时，叶子的死、驹子的失常，以及岛村抬头望去的那片无垠的天，都好像在之后定格了一般。这段文字的画面感极强，读到的一瞬间几乎让人忘了身处的现实。整部小说的"虚无"之感也是它最大的魅力所在，也是我认为的最完整地呈现了川端康成物哀思想的一部作品。

对四季特有的美的感触，也是物哀的一个表现。清少纳言的《枕草子》有这样一段美不胜收的句子：

春，曙为最。逐渐转白的山顶，开始稍露光明，泛紫的细云轻飘其上。

夏则夜……

秋则黄昏。夕日照耀，近映山际，乌鸦返巢，三只、四只、两只地飞过，平添感伤……

冬则晨朝……有时霜色皑皑，即使无雪亦无霜，寒气凛冽，连忙生一盆火，搬运炭火跑过走廊……

《源氏物语》中，在"紫夫人的春殿"里，"鸳鸯等各种水鸟，雌雄成对，浮在罗纹般的春波上"。这种春的感觉，又岂是寻常之眼可以看出的？

与这些文笔厚重的作家相比，1983年出生的日本女作家青山七惠则展现出一种年轻、轻快、更富时代感的"物哀"。在《一个人的好天气》

这部排版字数只有4万余字的小说里，一种仿佛故事远没有结束的"物哀"感让这部小说读起来非常清新、迥异、爽脆。她的文风大都如此。看似没有波澜壮阔的情节，但一本书总能很快翻完，不忍停下来。这是翻译的功劳，也是因为青山七惠所营造的那种淡淡的"物哀"气质，它是可以超越语言的东西。不然这本小书在中国也不可能一直追加印数，2010年的销售就已超过20万册。它的气质，特别像雨中一盏昏黄的小灯，或弯曲小河中漂浮的一只夜航船。微暗渺淡的样子，但是又很能"抓"人。

后来，她的著作越来越多，但每一本似乎都有这种淡淡的"哀"的影子。尤其是她作品中对于四季风物的描写，"物哀"感尤其强。《一个人的好天气》里，就有春天的樱花、夏天的雷雨、秋天的落叶和冬日的白雪。而主人公的心境也随着这四季的变化，经历了一种成长和成熟。情绪映衬景色，是一种很典型的"物哀"体现。

究其内核，也非常具有日本文学中的古典美，"哀"的人物无处不在。《一个人的好天气》的主角是离开家乡和父母来大城市寻找未来的知寿；《温柔的叹息》里是工作数年却似乎每天都在重复同一种日子的江藤；《离别的声音》里的真美子，夹缠在一种"疏离感"之中；《碎片》则是不得不面对婚后生活产生的"改变"的杏子。

曾经留学日本的鲁迅，其作品中也有"物哀"精髓。最明显的一部便是《伤逝》。《伤逝》有着一种很明显的杏黄和土灰交织的绝望中又萌生希望的调子。首先，小说的季节背景，便是很有物哀特色的"暮春"。整部小说初读时不觉惊艳，但读后总能被莫名攫住，以至于多年后的某天深夜还能想起，是少数能深刻印在脑中的文字。"然而我知道她已经允许我了，没有知道她怎样说或是没有说。"这一段无疾而终的感情，其实特别具有现代感。不总是大喜大悲的结局，或许是因为生活本身就是不悲不喜的，就是"物哀"。

其次，小说中的很多语言也充满着宿命感。"负着虚空的重担，在严威和冷眼中走着所谓人生的路，这是怎么可怕的事啊！而况这路的尽头，又不过是——连墓碑也没有的坟墓。"

这段话，又令人突然想起我们中学语文课本中令人印象深刻的《藤野先生》。当时面临国破家亡的鲁迅，又留学异乡，作家本身敏感的体质，在那充满变革的时代里，感受到的会是一种多么丰富深重却又不胜负荷的情感体验啊。

形而美

多篇理论文章都阐述过"物哀"这个词是只可意会不可言传的，很难通过某种描述或定义来阐释个清清楚楚。这确实是的。美学、审美本身就是一种直觉性的东西。我们觉得某个东西、某个景物、某个人很美，是很难说出任何具体道理的。所拥有的，不过是一种通透的感受。

不仅是文学，就连风靡世界的日本动漫产业，本应是喧哗热闹的，但其间仍有不可避免的"物哀"。中国读者很熟悉的《名侦探柯南》中有一个人物"灰原哀"。虽然是漫画，但这个人物一出场，配合着她独特的气质、对白、身份，再加上极富身份感的名字，就使得读者可以轻易触到她身上也是日本文化深层所力透纸背的一个"哀"字。她的双眸为冰蓝色，发色为茶色，值得一提的是，在漫画中，阿笠博士原本希望为她取名为"爱"，而她本人则将其改为"哀"，恰恰就是"物哀"的"哀"。这个有着阴郁之美的角色，受欢迎程度甚至一度超过了第一女主角小兰。也许每个人心中，都潜藏着一股淡淡的不可被忽视的"哀"的成分吧。

漫画《最游记》，是整个亚洲文化圈都非常熟悉的《西游记》中四个主角的现代版。整部漫画其实有一种非常浓重的宿命感，不是一般漫画的那种浅显和盲目搞笑（当然其间也有搞笑成分）。这种太过熟悉的作品的重新改编，因为大部分读者都约略知道每个人物的命运，再看他们重新在一种新的背景、外貌、对话中进行着一段人生，总有一种俯视的悲悯感。

再看日本的神话。同样是神话，日本神话就没有希腊神话那般悲壮雄阔。初代神伊邪那岐和伊邪那美的故事，虽然是悲剧，但多了悲哀，少了悲壮。

"物哀"在日本服装界也有余韵悠远的渗透。三宅一生的"褶皱""禅意"几乎是一种呼之欲出的直觉性哀感。设计师在用色上偏冷色调，对黑、灰等晦暗色彩的偏爱也使得其大部分作品极为消极阴郁。三宅一生的作品有一种消极被动的、充满神秘色彩的感觉。日本由于多地震等自然灾害，它本身其实就是一个不相信"永恒"的民族。

设计师川久保玲刻意松开织布机的螺丝使成品无法估计最终形态的做法，以及她的"千疮百孔"风格都是一种很明显的物哀。1982年，川久保玲以她的品牌Comme des Garcons（宛若男孩）发表了著名的"僵尸新娘"装。一件黑黢黢的怪异毛衫，蜂巢一般的窟窿满布全身，有一种死亡的黑色典雅，和一种"满不在乎"的态度。川久保玲也掀起了一种"烂衫"文化。她的作品，表面上是设计的"不完美"，实则是物哀精神的布料展现。

在我们目光所掠过的日本事物中，日式布料总是能让人产生一种油画

《富岳三十六景》之《神奈川冲浪里》

般的震撼。细细品味，哀也渗透到日本的布料美学。张爱玲就曾经在作品中叙述了日本布料触目惊心的美。

　　浮世绘也是日本一种特别体现"物哀"之感的作品。周作人曾经在《知堂回想录》中引用永井荷风的话说："我爱浮世绘，苦海十年，为亲卖身的游女的绘姿使我泣，凭倚竹窗，茫然看着流水的艺伎的姿态使我喜，卖消夜面的纸灯，寂寞的停留着的河边的夜景使我醉，雨夜啼月的杜鹃，阵雨中散落的秋天树叶，落花飘风的钟声，途中日暮的山路的雪，凡是无常无告无望的，使人无端嗟叹此世只是一梦的，这样的一切东西，于我都是可亲，于我都是可怀。"

《富岳三十六景》之《御厩川岸见两国桥夕阳》

　　浮世绘中最具辨识度的《富岳三十六景》之《神奈川冲浪里》，从色调上看有一种很明显的物哀感，但是，其翻滚的波浪所呈现出的那种奔放，又充分言明了物哀的含义远不只"哀伤"而已。它不是那种单纯的消极。《富岳三十六景》中的《御厩川岸见两国桥夕阳》描述的是非常平淡的生活中的一景，色调跟《神奈川冲浪里》很相似，场景则更市民化一些。通过对这一平凡场景的描绘，也表达了生命周而复始、每天的生活似乎都很相似的那种物哀。《东海道五十三次》之《蒲原》是一幅被雪覆盖的孤寂小村客栈场景，不知为什么总让人联想到《雪国》。这也再一次证明了川端康成的作品具有古典美。

物哀之美：日本风物记

美食

其实居酒屋文化也一直有种"哀"的气氛。在日本，无论是什么样的居酒屋，或热闹，或清冷，或位于闹市，或远居小镇，几乎都可以说是最浓烈地体现日本人与物关系的一处场景。日本已逝导演小津安二郎的几乎所有作品都有居酒屋场景。而小津安二郎的空镜头则是出了名的物哀例子。他的镜头通过机位与人物的位置、距离，方寸的拿捏之间，体现了一种或疏远或亲近的心与物的关系。同样，酒也是非常能抒发人类感情的一种事物。小津也总是借着各式各样的居酒屋表达他对生命的思考：苦恋、寂寥、慨叹、忧思。酒在任何民族表达情感时，似乎都是一样不可或缺的媒介。小津安二郎的作品《东京物语》，没有用过分真实的情节来营造日本战后人民的生活状态，而只是用一段段居酒屋里的家常对话，来凸显战后人们精神的沉重、压抑、分崩离析。这恰是物哀之情的娓娓道来。特别是两个老人坐在海边的那一组镜头。广阔的海水、弯曲的峡湾，给人非常空寂、寥廓的感觉，而两个孤独的老人就这样坐在正对海水的一条呈直线形的石坝上。石坝的僵硬直线切割了海水的柔，在镜头外的我们看来，正是一股不可言明的物哀感。

生死，家庭，欢乐，落寞……其实在一家小小的居酒屋，就可呈现。

从《深夜食堂》的漫画，到电视剧、电影，其内核也是一种寂寥的日本饮食文化，物哀隐含其中。新宿街头的一条后巷，有一家"饭屋"（めしや），营业时间由深夜12点到早上的7点左右。深夜12点，很多人的一天都已经结束。而就是有这样一群灵魂，睡不着，12点恰恰是他们生活的开始。于是发生了一系列寂寞的晚归人的故事。人生，到最后，温暖人心的似乎只剩食物而已。

由小林薰主演的电视剧版《深夜食堂》，一开始就出现男声用日语演唱的片头曲，瞬间营造出一种深夜低回的落寞都市气氛。街头掠过新宿繁华的街景、人群，然后，一轮弯月出现，一家小居酒屋的内部，一个落寞的中年男人在出奇寂静地做着一道料理。切白萝卜、掰章鱼、滚油入锅、各种食材置入翻炒……

从漫画至影视，《深夜食堂》的一大出彩之处就是"食物"。章鱼形状的诱人红肠，半熟的烤鳕鱼子，方整细嫩如豆腐的玉子烧，金黄的炸竹荚鱼放入深厚油中一掠即出，味道交融通透的隔夜咖喱，嗞嗞作响的铁板意大利面；从户外端入的甫离火的烫手大砂锅，焖着莹如白玉的米饭，趁热盛出，敷上一层刚磨好的浓稠山药泥……这部日剧据说当时是在夜间的冷门时段播出，于是我想这一切是多么能让深夜观看的人产生一种莫大的食欲。然而，在这些美好的食物背后，却是一个个寂寞的故事、一种种不同类型的人生。这种因食物而产生的物哀感，不得不说立刻加深了整部作品的深度。

在《深夜食堂》，食客各异。有边吃一碗面边翻看漫画的人，有穿着齐整的上班族，有拖着行李箱刚从中国澳门归来、诉说生命中又一段艳遇的脱衣舞女郎，有戴墨镜的进来说"照老样子弄"的黑帮大佬。几乎每一个人，都是独自来深夜食堂吃饭。每个人点出菜单上没有的、吃法各异的菜，老板像变戏法一样——做出。其实整个日本居酒屋文化的精髓就是这样。小小简陋的屋子，令人惊喜的温暖美食，以及一个个性情迥异、拥有不同人生的食客，就在那一刻，恰好被浓缩在同一个环境中。因为食物和酒精的美好而聚到一块儿。因为无处可去或"就是不想回家"而被聚到一块儿。人们在城市中寻寻觅觅、身心俱疲，也不过是希望深夜中还能有这样一个去处，让自己可以放下任何负担和过去，而且它的环境又极具接纳性。任何人去到那里，都不会有人评判。

北京其实也能找到几家这种深夜食堂般或与小居酒屋文化类似的日本馆子。有一次我去了某居民小区里的一家饭馆。酒蒸花蛤、茶泡饭、日本串烧……居然也做得有滋有味、颇为热闹。老板娘的丈夫是日本人，这家小馆子本来是他们招待朋友的一个客厅，渐渐却发展成一个往来不绝的小居酒屋。我那次去时已是深夜11点，离开时将近凌晨4点。然而还有几桌客人未走，坐在暖炉开得极暖的日式榻榻米上，边喝着一种用日本威士忌调的鸡尾酒，边吃炭烤牛舌。那一刻我突然深刻体会到了《深夜食堂》中所凸显的物哀感。深夜不归的人，本身就有着某种无奈、寂寥，或内心太过独立、太清楚知道自己想要什么，只不过是在现实生活中始终不可得罢了。

中国台湾地区这种居酒屋更多，风格或许更接近日本。之前朋友带我去了内湖一家她私藏的居酒屋。冷冷的沿街店面，门是那种悬空的塑料帘，晚间坐下，一丝一丝的冷风还经常从塑料帘底部的缝隙中灌入。窗外，是台北那种永远不会睡眠的夜。绿茶可乐、明太子鸡肉串、海胆寿司、芋烧酒、麦烧酒、黑糖烧酒……台湾的居酒屋有着一些我在大陆没有吃过的食物，而酒则是一种全世界共同的沟通工具。

物哀的直接延伸还有能乐。初听能乐的人应该都会为其悲怆诡异的调子而惊诧。第一次听有可能让人感觉怎么这世界上还会存在这么诡异的声音。但听久了，却能听出一股真正低回的哀沉。与中国某些戏曲能无端使听者坠泪一样，能乐也可使听者落泪，因其是将日本物哀美学融会到声音里的一种展现。那种"知物哀"的人情并不是从宗教教义和伦理社会中生产演化来的人情,更近似于一种先验感知。

其实,说白了,物哀就是一种气质般的东西。喜欢的人很喜欢并且能瞬间认出。不喜欢的人也只是处在一种自己所永远不能抵达的世界,隔着一层雾般看那些"物哀"之谜。

哀之极致

本居宣长在《紫文要领》中说:"最能体现人情的,莫过于好色。因而好色者最感人心,也最知物哀。"这种观点和《源氏物语》是直接相关的,因为《源氏物语》基本就叙述了一个长相俊美的贵族公子和他周围的人不停、不停、不停寻花问柳的故事。

而物哀文化的这一特点,似乎仍很大程度上影响着今天的日本文化。日本作家渡边淳一一直以来就以其丰厚细腻的描写性爱的情节而著称,并一点也不讳言自己现实生活其实就和作品很相似。他的成名作《失乐园》中描述了一对出轨男女焦灼而热烈升腾的情爱史。可以说,男女主人公的相遇从一开始就注定是毁灭的。小说的语言从叙述的最初就暗含了这种宿命,直至惊诧式结尾,一切可谓达到物哀美学"转瞬即逝"的顶点。

村上春树《挪威的森林》一段时间曾因性描写过多而被众多中国家长列为禁书。但是真的,如果砍去那些情节,整本书也失去了必要的美感。从永禄年间写作《好色一代男》和《好色一代女》的国民文豪井原西鹤到

19世纪末的作家永井荷风，他们的人生也几乎遍踏花街柳巷，整日和艺伎歌女为伴。《感官世界》中，阿部定的"阳具迷恋"也成为影响日本后世文化的一大主题。这一部非常"官能"的电影，其间所包含的物哀色彩却也是任何理论家所不能否定的。日本是世界上最成功地将"性"变成产品的国家，与这个民族骨子里分不开的"物哀"观念，或许有某种关联吧。

（文：张月寒）

盏中宇宙：
寻访曜变天目

某种意义上，这幽玄闪耀如星夜的黑釉茶盏，不仅是宋代从中国传到日本的茶道名盏，更是权力、信仰与财富的象征。

世界上仅存的三件完整的黑釉瓷盏曜变天目都收藏在日本，且被奉为"国宝"文物。赶在三大曜变天目同期展出的 5 月，我从滋贺的美秀美术馆，到奈良国立博物馆，再到东京静嘉堂文库美术馆，一一寻访。某种意义上，这幽玄闪耀如星夜的黑釉茶盏，不仅是宋代从中国传到日本的茶道名盏，更是权力、信仰与财富的象征。

曜变天目与破草鞋

灯光暗下来，仿佛置身佛寺中。身着灰黑色袈裟的小堀月浦和尚扫了一眼席地而坐的人们，声音苍老而谦逊："感谢各位远道而来，大家参观过曜变天目了吗？"他话锋一转，"这些东西对我们佛教徒来说算不上是宝贝呢。国宝天目茶盏的曜斑是泥在火里炙烤出来的，会破碎，会消失。

大德寺龙光院藏国宝曜变天目

这些眼睛能看得到的事物，我们不会称之为宝贝。那么，什么可以称之为宝贝呢？是一个人给另一个人倒茶的心意啊。每天汲取自己心底的水源，过上充实的生活，这也是坐禅的目的。"

这天一早，我们从京都开车一个多小时到滋贺，由城市到乡村，周围渐渐被新绿季节的山林环绕，再穿过一条长长的隧道，便如陶渊明笔下的武陵人一样，豁然发现眼前的"桃花源"美秀美术馆了。本来，我们完全是冲着京都大德寺龙光院在此展出的曜变天目茶碗来的，没想到，正好遇上龙光院现任住持小堀月浦和尚在此举办坐禅会，这也是一期一会的缘分。

小堀月浦师父缓缓介绍坐禅之法，如何挺直肩背，深呼吸，盘腿坐。"闭上眼睛，但请不要睡着哦。""如果想要获得香板敲打，我到面前的时候，请合上掌心。敲打很痛的哦，但反复敲打会更接近释迦大师的体悟。"随着一声清脆的"叮"，30分钟的坐禅开始了。黑暗中只听到老师父的脚步声，每走一步停顿一下，似乎在检查面前的人是否挺直了身板。一阵阵打板子的声音在静谧中格外的响，令人不由得更加正襟危坐，生怕他手里的香板冷不丁地打到自己身上。脚步声越来越近了，又忍不住想尝尝被"打板子"的滋味，于是咬牙合掌。老师父在我面前站定了，举起香板，"砰——砰——砰"三下，落在左肩上，立即感觉火辣辣地疼。他喘口气，又用力打向另一侧，"砰——砰——砰"，这次轮到右肩也灼烧起来。奇怪的是，盘坐带来的酸麻也因为这疼痛而减弱了许多，终于坚持到又一声"叮"响起，坐禅结束了。灯光亮起，小堀月浦欣慰地道谢："大家来到这大山深处，一同坐禅修行，可谓至幸。大家都没有辜负曜变天目。"

美秀美术馆

　　从坐禅会走出来，觉得有点恍惚，仿佛不是来看一个美术馆里的展览，而是推开了一扇禅宗世界的大门。展馆海报中，小堀月浦手捧着曜变天目，走出寺门，郑重地将寺院秘藏400年的宝物呈现给大众。时任美秀美术馆馆长、日本茶道专家熊仓功夫说，这只曜变天目是龙光院的象征，现任住持小堀月浦和尚是唯一有资格触摸这件曜变天目的人。茶盏捧在住持苍老的手中，曜斑夺目，内壁上几道深浅不一的划痕未加掩饰，那是400年前使用过的历史印记。

物·哀

同行的日本茶道具研究者、早稻田大学建筑学科古谷诚章研究室研究员方恺说，龙光院是大德寺下辖的24个子院之一，是一座秘庵，从不对公众开放，这只曜变天目也只在1990年、2000年、2017年展出过，这次是有史以来第四次对外公开。熊仓功夫对我们说，小堀月浦和尚和他本人私交甚笃，他到任美秀美术馆馆长之后，两人很快达成了共识。除了这只曜变天目，龙光院还第一次将寺院里传承的茶器、书画，包括墙上的匾额、茶室的拉门都拆下来，几乎把全数"可移动"的文物都送往美秀美术馆，并且住持小堀月浦亲自来坐禅，就是有意识地要呈现给公众一个完整的禅宗世界。

展厅入口是复制的龙光院大门，让人有一步步进入隐秘禅寺的仪式感。展品以龙光院第二代住持江月宗玩的收藏为中心——他本人收藏的书画、茶具等，以及他引领的文人圈的相关遗存。除了曜变天目，还有油滴天目附螺钿唐草纹天目台、唐物丸壶茶入附菱形内黑外屈轮纹盆、大德寺住持一休大师的墨迹、南宋画僧牧溪的《柿栗图》，以及日本国宝、龙光院密庵茶室里南宋禅师密庵咸杰所写的《法语·示璋禅人》，也是现存唯一的密庵咸杰墨迹。美秀美术馆学艺部长畑中章良说，曜变天目纵然举世无双，但江月宗玩才是龙光院真正意义上的精神象征。

熊仓功夫说，这只曜变天目最早的记载来自大阪"天王寺屋"，那是江月宗玩的家族产业，他的祖父在室町末期得到这只曜变天目，从此成为传家宝。祖父死后，江月宗玩的父亲津田宗及修建了大通庵，庵中供奉此碗。津田宗及是著名茶人，曾任织田信长和丰臣秀吉的"茶头"，与今井宗久、千利休并称三宗匠，留下很多珍贵收藏。后来德川家康为一

美秀美术馆曜变天目展厅的入口处复原了龙光院佛龛

统天下，发起了决定性战役"大阪夏之阵"，居于大阪的西阵丰臣家落败，天王寺屋和大通庵也化为灰烬，不过一些藏品已经提前转到江月宗玩所在的龙光院了。江月宗玩是次子，但大哥宗凡早逝，他便继承了包括曜变天目在内的家族旧藏，奇迹般地将它们一直保留在他任住持的龙光院里。

400年间经历了很多变故，大德寺的很多子寺都变卖了土地和藏品，为什么龙光院藏品可以保存至今？畑中章良认为，一方面，龙光院的供养人是战国名将黑田长政，他后来从丰臣阵营倒向德川阵营，一直支持着龙

物 · 哀

223

日本京都大德寺

光院。另一方面，则是靠江月宗玩的精神力量。江月宗玩不仅是禅僧，还是有精准眼光的鉴定家，身边聚集了一大批文人和艺术家，把龙光院变成了文化沙龙。在这种精神的传承下，龙光院将寺院及藏品"封印"起来，在一代代住持手中守护着，400年都没有变换主人，如今宝物才得以重见天日。

馆方安排我们在闭馆后参观，这时人流散去，黑色展厅中央只有一束光，从正上方打在曜变天目的盏心，像是黑夜里的星辰。在三只传世曜变天目里，龙光院这只并不是一眼看上去最耀眼的，但和它的历史一样，是最幽玄魔幻的，具有仪式感的打光更凸显了这一点。漆黑的碗底，灰蓝发紫的曜斑成组分布，像一簇一簇的花瓣，摄人心魄。由于400年前曾经使用过，内壁釉面上有些失光，打茶时形成的一道道划痕清晰可辨。

"曜变天目与破草鞋"，这个看似奇怪的展览主题是小堀月浦和尚和熊仓功夫馆长共同确定的。两者看起来反差巨大，曜变天目是珍贵的、奢侈的，而破草鞋则是朴素破败的，为什么并置在一起呢？熊仓功夫解释道，小堀月浦和尚不只想展示宝物，而且想展现400年来龙光院每天的生活。就像一棵树，不只是让大家看"枝叶"，而是希望大家能思考"树干"，这个树干就是禅的传统。他说，"破草鞋"是禅宗里的概念，表面上是僧人修行的日用之物，像雷达分析图一样作为修行标杆，鞋越破，说明走得越多，修行更精进。再深一层，"破草鞋"其实在整个展厅里都没有出现，但它又无处不在。它是个无形的概念，指人的存在，从哪里来，到哪里去。如果去拷问自己，本质上是一个"无"字。"那么，曜变天目是用多少钱都买不到的东西，无价的；破草鞋代表人存在的无常，也是无价的，两者在本质上是共通的。让人领悟到这一层，也是龙光院拿出秘藏400年的曜变天目的深意了。"

茶盏里的美学风暴

尽管这只曜变天目幸运地被龙光院护佑，一直未曾易主，但可以想见，其间潜藏着多少改朝换代的战乱、禅寺势力的兴衰。而且在这400年间，天目盏在日本茶道中的命运也经历了巨大的转折与演变，茶席间绝不只是表面上的宁静平和。这或许也是曜变天目在日本拥有如此独特地位的原因之一。

"天目"是日本对于中国黑釉茶盏的特有称呼。最流行的说法是，南宋时期日本的僧人到浙江天目山的禅寺修习时，见到寺院内使用的黑釉茶盏，爱不释手，回国时携带了若干只，"天目"由此得名，还分门别类为油滴天目、禾目天目、灰被天目等。宋代时中国盛行点茶，将茶饼碾成末，调膏于盏中，用沸水冲点击拂，好的茶末颜色发白，宜用黑盏。兴之所至时斗茶，比试技巧，这时黑釉茶盏的优势更是显著，可以衬托出茶汤之白，便于观茶色，验水痕。

在众多黑釉茶盏中，首推福建建窑烧制的建盏，精通茶道的宋徽宗也将其作为御前赐茶的茶盏。建盏普遍采用蘸浸釉法一次性施釉，釉层厚重而肥润，《格古要论》赞其"色黑而滋润"。烧制时采用正烧法，口沿釉薄，而内底釉积，外壁多施半釉，常见挂釉现象，俗称"釉泪""釉滴珠"。由于窑内温度及环境的变化等因素，建窑黑釉呈现出绚烂多变的纹理，实际上是如云似雾的结晶体，以绀黑、兔毫、油滴、鹧鸪斑等最具代表性。北宋晚期，宋徽宗亲自撰写了《大观茶论》，对此推崇不已："盏色贵青黑，玉毫条达者为上。取其燠发茶采色也。"而建盏器型也符合宋代的尚用美学，呈斗笠式，口沿内敛，斜腹，矮圈足。《大观茶论》云："底必差深而微宽，底深则茶宜立，而易于取乳，宽则运筅旋彻，不碍击拂，然须度茶之多少。"不过，元朝之后，点茶与斗茶之风不再盛行，建盏的光芒也黯淡了下来。

而在日本，12世纪以来，僧人带来的宋朝饮茶习俗逐渐风行，不少禅院都定期举办茶会，可以说是日本茶道的雏形。到了15世纪的室町时期，饮茶更在贵族中流行，当时茶会的内容之一，就是鉴赏器物。熊仓功夫说，那个时候日本将中国传来的物品称为"唐物"，当权者都想要追求唐物当中最好的物品，特别是绘画、工艺品、陶瓷器，其中茶道最为推崇的茶碗，就是建盏。建盏不仅是千金难求的珍稀唐物，跻身于足利将军收藏在京都东山的"东山御物"之列，也成为象征将军身份的"格式道具"[1]。

日本最早的"曜变"记录来自《能阿相传集》，"曜变（建盏之名）天下稀有之物也，釉色如豹皮，建盏中之上上品也"。1511年，能阿弥、相阿弥在《君台观左右帐记》中记录，足利将军与朋友们对其所收藏的唐物进行评鉴："曜变，建盏之无上神品，乃世上罕见之物，其地黑，有小而薄之星斑，围绕之玉白色晕，美如织锦，万匹之物也。"熊仓功夫说，"匹"是日本当时的货币单位，"万匹之物"形容非常昂贵、豪华，这也是"唐物"给人的整体印象，曜变天目就是其象征。

为了探寻龙光院曜变天目的历史源流，我们去了位于京都北部的大德寺。大德寺是1319年由大灯国师创立的，大灯国师以严格的家风而闻名，使得花园天皇和后醍醐天皇均皈依其门下，后醍醐天皇更称大德寺为"本朝无双的禅苑"。寺院曾在战乱中被烧毁，后来著名的一休大师在80岁高龄时任大德寺住持，重建了大德寺。大德寺最大的危机出现在

1.意为显示地位、身份的工具。——编者注

大德寺瑞峰院"独坐庭"

明治维新时期，在全盘西化的背景下，明治天皇从京都搬到东京，开始推崇神道教，废弃佛教。佛教失去了供养，当时很多大德寺子院都无以为继，开始卖地、卖藏品，各谋出路。到如今，大德寺有24间子院，仍是洛北（京都北部）最大的寺院，也是禅宗文化中心之一，尤以茶道而闻名。

京都的夏季，满眼郁郁葱葱的景致，几间平时闭门的子院在做特别开放活动，而神秘的龙光院依然大门紧闭。我们去了常年开放的瑞峰院拜访，这里仿蓬莱仙山而建的庭院"独坐庭"很有名，而且经常举办坐禅会，也是寺院获取收益的一种方式。当天是周末，寺院里不只来来往往的游客，还有身着和服盛装而来的宾客，正聚在这里举办一场茶会。老住持前田昌道在"广间"（大厅）里招待我们，讲述寺院的历史，一个年轻僧人在我们每人面前奉上一碗抹茶。他小心翼翼地将茶碗有图案的一面转过来，便于我们欣赏。茶席上，每个茶碗都不尽相同，九谷烧、乐烧、濑户烧……尽管每个碗里都是鲜艳的绿色茶汤，但似乎每人眼里的景致和入口的味道都不一样。

老住持的儿子、下任住持前田继道说，大德寺初建的战国时代，各院住持都是由天皇任命的，地方上的藩主、退役的武将也聚集而来拜见天皇，获得大名的头衔与一块寺院的封地，本人成为寺院的供养人，儿子留下来当僧侣，就这样大德寺周边形成了一个贵族圈层。比如黑田家族，就是在龙光院里从武将变成大名，一直供养着龙光院。当时各种茶道、书道、花道兴起，武士们也开始攒宝贝，宝贝多了想给人看，于是茶盏的展示也逐渐融入茶道中了。

瑞峰院的日常茶席上，并没有天目碗的身影。前田继道说，天目茶碗平时供在佛龛里，偶尔有特殊仪式时才拿出来，而且都是下层对上层奉茶时使用。其间的演变，是一场关于茶道的美学革命，也是没有刀光剑影但又扣人心弦的权力之争。

熊仓功夫馆长说，《君台观左右帐记》里面记载足利将军给茶碗评级，标准就是高贵、权力和财富，中国来的曜变天目为最高等，朝鲜半岛来的、日本本土的都在其次。虽然当时权贵们对"唐物"极为推崇，尤其以"东山御物"为典型，但普通人毕竟难以获得。那么，能否不全部用"唐物"，其中加入"和物"来调和呢？于是人们就产生了建立一种新的审美的观念。

日本学者加藤周一指出，到了16世纪，饮茶渗透到了富裕的商人阶层。他们主张主客同席，不再由专人泡茶，而是主人给客人泡茶、敬茶。商人武野绍鸥专门建了一间四张半榻榻米的小茶室，就是后来流行的"四叠半"茶室，方柱，白墙。茶具不光使用中国的，也有朝鲜半岛的，还有日本信乐、备前的陶器，濑户烧的茶碗，带有明显的"草庵茶"倾向。把这种倾向彻底化的是后来被尊为"茶圣"的千利休。

千利休曾担任丰臣秀吉的"茶头"，秀吉喜欢在大厅里举办豪华茶会，而千利休却越来越推崇草庵茶，他把茶室做到只有两张榻榻米大小，用原木柱代替了方柱，土墙代替了白墙。茶室里替代华丽天目茶碗的，是看似粗糙朴拙的乐烧。乐烧茶碗的原型据说是一个从朝鲜半岛来的瓦匠长次郎做的，千利休让他完全按自己的想法试着做出来，为直壁墩形，碗底比建盏更宽大，点茶时可以稳稳地放在榻榻米上。更为重要的是，它器壁较厚，也不匀称，釉色为黑色或赤色，表面还有斑纹，看似不经意而成，其实工艺相当复杂。乐烧的美学，正与禅宗里的"本来无一物"相吻合，而与此结合的茶道，也从世俗享乐中走出来，变成一种美的宗教。可以说，千利休通过草庵茶改革，将美的价值从一个极端推向了另一个极端。他在美学领域对权力的挑战，为自己引来了杀身之祸，但他创立的"清贫、幽寂、安静、简朴"的茶道美学体系，以及对内向性、精神性价值的重建，一直延续下来。

在十八叠的"广间"里喝过茶，前田继道引领我们去瑞峰院里的另一处只有两叠的小茶室。前田继道说，这是在千利休去世50年之后，后人找出了他1582年在妙喜庵修建的国宝级茶室"待庵"的原图纸，按图严格建造的。这里也有300多年历史了，而且还在继续使用。茶室的入口很难说是门，只是一个狭小低矮的小洞，可以想象，当时无论什么人，天皇、高僧、大名、武将，都得屈膝卑躬地钻进去，众人平等。茶室内部只有两张榻榻米（约6.6平方米）大小，加上"次间"和"水屋"，总共才四块半榻榻米大小。仔细打量，茶室的墙壁全是黑漆漆的混合着茅草的土墙，窗子窄小，糊着灰暗的窗纸遮光，天花板的边缘和坡顶的椽子是竹子做的，房梁屋柱都是细杉树干，保留着弯曲的原始形状，室内放置着朴素的插花和充满禅意的茶挂，可以说将人的欲望降低到极限。

前田继道说，两叠茶室源于千利休的想法，主人一张榻榻米，客人另一张，这样就够了。而且在千利休的期待中，人活着，坐只需半张榻榻米，睡只需一张榻榻米。如此看来，两叠茶室算很宽敞的了。我们四人进去，前田继道坐在靠门口的一张榻榻米上，另外三个人坐在里面的另一张上，宾主之间早已超过人类心理上的舒适距离。前田继道告诉我们，在这样的茶室里，就像被包裹在母亲的子宫里面，所有人分享一碗浓茶，要喝半天之久，坦诚相见，无法掩饰。也正因如此，有一种紧张感，一切举止都不得轻疏，与其说是喝茶，不如说是修行。

从幕府到财团

"这只曜变天目不需要言语描述，一直看就好了，那些变幻无穷的蓝色曜斑中，可以生出各种想象。"藤田清说。藤田清是藤田家族后人，第

藤田美术馆藏国宝曜变天目

五任藤田美术馆馆长，也是家族所属曜变天目的新一代守护者。

藤田清说，19世纪60年代末，在明治维新的变革背景下，爆发了废佛毁释运动，导致诸多"重要文化财"流落海外，藤田传三郎对此非常担忧。为了防止佛教美术的流失，藤田传三郎和他的两个儿子平太郎、德次郎投入巨资大量买入老宅、神社和佛寺的文物，父子两代收藏有2000多件藏品，涉及茶器、墨迹、佛像、佛教经典及考古资料等，包括9件国宝以及53件"重要文化财"。其中，藤田家族尤其嗜好茶器，包括曜变天目在内的茶器是如今藤田美术馆藏品的主要类别。当时，1945年在大阪藤田旧宅原址兴建的藤田美术馆正在扩建，这只曜变天目在奈良国立博物馆展出。

奈良国立博物馆专门为这只曜斑天目碗设置了一个独立展室，整个房间是一个黑色盒子，四面墙壁环绕着碗壁曜斑放大的局部图，让人仿若置身璀璨的蓝色夜空下。学艺部室长岩井共二说，他们参考了美秀美术馆的展柜设计，也是用一束单独的光从上方打在碗底。有些可惜的是，这只茶盏外壁釉面上有犹如夜空星辰的斑点，这也是区别于另外两只曜变天目的特色，却没有用光线去强化。不过，上方打光更有戏剧性，让人们把视线聚焦在内壁，流连于那些连缀成片状或条状的蓝绿色曜斑，还依稀可见丝丝银毫。神奇的是，当变换不同角度去看的时候，釉光中的不同色彩也在变幻，就像是夜空中倾泻的流星雨。

岩井共二说，大概是从江户时代开始，这只碗就只作为观赏之用了，后来成为德川家族的著名藏品。据记载，它一开始被德川家康珍藏，德川家康去世后，传给了他最宠爱的小儿子德川赖房，传说附带条件是命德川赖房永远屈居第二位，其后人世世代代为德川幕府副将军。

物·哀

静嘉堂文库美术馆
藏国宝曜变天目

1918年，这只曜变天目被藤田家族第二代掌门人藤田平太郎在拍卖会上购得，购入价是53800日元，在当时相当于40千克黄金，是天价。藤田清说，这也是藤田平太郎有意识地为补充顶级茶道具收藏谱系而购入的，他当时已经收藏了朝鲜的井户茶碗及千利休用过的香盒等标志性藏品，曜变天目当然也是他渴求已久的。

某种意义上，作为权力的象征物，曜变天目的易主，也是封建幕府被新兴资产阶级取代的一个标志。除了藤田美术馆的这一只，收藏在东京静嘉堂文库美术馆的曜变天目也呈现了类似的流变轨迹。那只曜变天目又被称为"稻叶天目"，美得更为张扬，素有"天下第一盏"之名，是我们寻访的第三件宝物。

和藤田美术馆那只一样，这只"天下第一盏"最初也为德川家族所有。据传说，某次重病在身的德川幕府第三代将军德川家光喝下乳母春日局夫人用这个曜变天目茶碗进呈的汤药后，很快药到病除，于是在后来春日局夫人染病时，家光将这个茶碗赐给她使用，她也得以迅速康复。后来，这只茶碗被春日局夫人传给其后人稻叶家，故有"稻叶天目"之称。

静嘉堂文库美术馆学艺员山田正树说，茶碗药到病除当然是传说，但这只曜变天目确实被赐给了春日局夫人，从德川家族流入了稻叶家族。1918年，这只碗被寄存在三井财阀小野哲郎手上，小野哲郎和稻叶家族有亲戚关系，实际上还归属于稻叶家。1934年，小野哲郎将这只碗送到拍卖行，三菱集团第四代社长岩崎小弥太以16.7万日元拍下，在当时相当于125千克黄金。山田正树说，静嘉堂文库美术馆还藏有装这只碗的新旧两只箱子，旧的是稻叶家族自江户时代传下来的，新的是岩崎家族入手后做的，旧箱里还附着稻叶家的转让说明，说这只曜变天目十分珍贵，要岩崎好好珍惜。

位于东京近郊的静嘉堂原为岩崎家族宅邸，是一幢英式建筑。山田正树说，岩崎弥之助出生在江户时代，早年受中国的汉学教育，明治维新推行欧美化，他去了美国留学，儿子后来去了英国留学，家里基本上什么都是英式的。可以说，岩崎弥之助的生活是英式的，心理是日本的，教养是中国的。明治维新之后日本的佛教美术品大量流失海外，岩崎弥之助抢救性地收藏了差不多4万册的中国和日本的古籍，大量的古代美术品，就存放在静嘉堂内。战乱中，岩崎小弥太将这只曜变天目收藏于静嘉堂内，直至今日。

与另外两只曜变天目相比,静嘉堂的展示方式非常特别,就在美术馆中庭的落地玻璃窗下设置了展柜,茶盏在窗外绿树掩映下,被阳光照射着,就像揭开了曜变天目的神秘面纱,让人看得十分通透:内部的曜斑聚集成组,光晕呈现出斑斓绚丽的七彩渐变,仿若翩然的蝴蝶翅膀,难怪日本人称其为"碗中宇宙","天下第一盏"也是名副其实。

山田正树说,古人都是借助自然光去看茶盏,展览中的布置也有还原历史的意图。而且,在自然光下,一天的不同时间段看起来都不一样。白天看,是蓝色的,外面一圈带点黄色。傍晚夕阳下,又感觉是赤色、紫色、绿色的。"况且,这只曜变天目也不需要专门打光,它本身已经很耀眼了。"

"曜变"之谜

2009年,杭州上城区一处建筑工地出土了一只缺损三分之一的曜变建盏残片,大阪市立东洋陶瓷美术馆学艺课长代理小林仁去了实地调查。他说,这块残片纵然缺损,但它拥有与三件传世完整器同样的独特斑纹以及随角度不同而变幻光彩的特征,毫无疑问是曜变天目,而且其曜变的美艳程度可与静嘉堂"稻叶天目"相媲美。再加上出土地曾是南宋临安都城都亭驿所在地,又与刻有宫廷铭文的定窑白瓷、越窑青瓷等碎片相伴出土,应是与南宋宫廷有关的器物。

小林仁认为,这件杭州出土的曜变残片有极大的意义。他说,之前

大德寺内的织田信长陵墓

曜变天目传世品仅存于日本，有人就说，曜变天目的斑纹和光彩等是"窑变"，而且这种窑变在中国被认为是不祥之兆，从而被大量废弃，这种说法从此可以被否定了。与此相反，曜变天目曾存在于南宋宫廷，并且当时就极有可能是仅供皇室使用的贵重物品了。现存日本的几件曜变天目，来自南宋宫廷的可能性也很大。不过，杭州出土的曜变残片在南宋时期，而日本关于曜变天目的记载与评鉴，则出现在15世纪左右。小林仁认为，也可能是元代或明代，在中国放弃点茶之后，曜变天目才作为古董流入日本。

据记录明朝时中国与日本之间贸易的《大明别幅并两国勘合》所载，

物·哀

复原曜变天目的日本名匠长江惣吉制作的天目盏

明永乐皇帝于1406年赐予"日本国王源道义",即室町幕府三代将军足利义满,以"黄铜镀金厢口足建盏十一个"。小林仁说,这些建盏应是宋代文物,当中可能就有曜变天目。室町时代的《君台观左右帐记》中记载足利将军收藏唐物的评鉴为"曜变,建盏之无上神品"。"战国时代,有记载织田信长持有一只曜变天目,在1582年'本能寺之变'中烧毁,很有可能原属足利将军的'东山御物'。目前传世的三件国宝曜变天目,除龙光院所藏外,其余两件均为德川家康家族旧藏,追溯起来有可能都与足利将军有关。"

曜变天目为何会出现宇宙般的斑点和光晕?这是它身上最大的谜

团，也是其一直未被百分之百复原的原因。陶瓷研究者刘涛指出，建盏的奇异釉料，都是利用铁黑釉的结晶原理烧制出来的。简单地说，建盏的坯釉含有大量氧化铁，在高温焙烧过程中，坯中的部分氧化铁与釉熔融后缓慢地冷却下来，局部形成饱和状态，并发生分解，生成气泡。当气泡聚集，达到一定程度，便会使得釉面上升，连带其周围的铁氧化物一起排出釉面。可以说，一只完好建盏的烧制，受到坯、釉、窑温等诸多因素的制约，难度极高，更别说奇迹般的曜变天目。目前，中国和日本很多匠人都试图用古法再复原出一只曜变天目，但效果总是不尽如人意。

那么，"曜变"如此难得，是否是出自"窑变"，也就是可遇不可求的偶然呢？"怎么能说是偶然呢！这是低估了中国宋代工匠的才能。"长江惣吉是日本复原曜变天目最著名的匠人之一，他听到这种猜测，显得有些生气。他说，他总共去过福建建窑40多次，那里目前可确认有十余处宋代窑址，一度有成千上万个龙窑用以烧造天目茶碗，窑址周围留下了大量的天目废品及匣钵，但没有发现曜变天目的残片。"如果曜变是'窑变'偶然得之，那就应该有更多类似残片，目前却一个也没有发现。"

长江惣吉的工作室在濑户，这里自古以来就是日本优质瓷器的代名词，烧制出来的瓷器有"濑户物"的盛名，而濑户地区在14世纪初的镰仓时代就开始仿制曜变天目了。长江家族是陶瓷世家，从江户时代起就以制陶为业，传到长江惣吉这里是第九代。他说，1947年，他的父亲、第八代长江在京都国立博物馆见到当时展出的曜变天目后，决心尝试复烧曜变天目，1965年烧出第一只曜变。1995年父亲突然因病去世，长江惣吉接替了父亲的工作。他从建窑附近运回来几十吨高岭土和釉石，经过多次实验，认为曜斑是因为在烧制时投入了酸性气体，从而在釉的表面形成的，他也按照这种方法烧制了比较满意的成品。"现在我已经能烧出曜变了，即内壁同时出现星纹和光彩，但还是跟宋代的曜变天目不是一个级别的。"长江惣吉告诉我们。

2016年，长江惣吉和小林仁一起，参与了日本曜变学术研究组对藤田美术馆的国宝曜变天目进行的X射线荧光分析调查。小林仁说，这只曜变天目的曜斑，并非是重金属造成的，而是因为釉层中细微的构造色。但构造色具体的来源，是否像长江惣吉实验的那样是因为酸性气体造成的，还需要进一步的研究。

小林仁所在的大阪市立东洋陶瓷美术馆，是日本收藏中、日、韩陶瓷的重镇，尤以收藏家安宅英一在20世纪60年代的一批中国、韩国的顶级瓷器旧藏为代表，其中包括一件被列为日本国宝的油滴天目，还有一件吉州窑黑釉木叶天目。不过小林仁认为，与其他天目相比，曜变天目更明显呈现出如宇宙、如生命般的神秘感。或许正是这种神秘感，吸引着一代代匠人去挑战复原，也让曜变天目一直保持着在日本茶道中的独特地位。除了博物馆藏品，小林仁偶尔会在寺院里的重要茶道仪式中见到天目盏，一般是用来供佛供神。比如京都建仁寺每年会在开山祖师忌日时，以"四头茶会"的形式举办祭祀仪式，就要用天目盏和"天目台"（盏托），这也是传统禅寺清规的一部分。

日本的日常茶道中，尽管"唐物"已经与"和物"融合，天目茶碗也仍有其象征性地位。静嘉堂文库美术馆学艺员山田正树认为，天目茶碗是宋代随点茶法从中国传入日本的，它也是日本茶道的根源之一，其实千利休后来发明的乐烧茶碗也是黑釉，这也说明天目茶碗是后世日本茶碗的根源。而内壁有独特曜斑的曜变天目茶碗，更是孤高的、唯一的存在。

熊仓功夫也认为，曜变天目作为"唐物"的代表，是日本茶道美学不可或缺的部分。在千利休创立的两叠小间里对谈，多用侘寂的日本茶碗，而在一些特殊仪式的时候，会在更开放的"广间"里使用天目碗。熊仓说："你看月亮，满月很好看，而有云的时候，缺损的月亮也是另一种美。在某种意义上，在云层里被遮住一部分的月亮，就像是日本的陶瓷器。而闪闪发光的、没有一点暗面的满月，则是曜变天目。"（文：贾冬婷　摄影：张雷）

幽 · 秘

幽玄与侘寂

"幽"是日本文化中具有独特气质的一个字，它的内涵既和我们理解得有些许相似，又有着更广的延伸。

如果从中文的字面意义上理解"幽"，可以有千万种可能：幽静、幽暗、幽微、幽冥、幽艳……而在日本文化中，"幽"这个字有很多难以解释、只可意会不可言传的意义。四季分明的气候、长久笼罩的湿气文化以及岛国特有的生活习惯，孕育了这个字丰富的内涵。作家姜建强在《另类日本文化史》中这样描述幽玄：

> 院子里，结红果的树上有蝉蜕……它通体娇嫩、浅色。翅膀如白珊瑚与翡翠的组合，承托着水晶贴在那里，沐浴着朝露，宁静安详。日本人说这就是幽玄的诞生，更意味着发生的瞬间。

"幽玄"一词，是日本古典文论中借助汉语而形成的独特的文学概念和美学范畴。日本著名美学家大西克礼认为，幽玄是与露骨、直接、尖锐等意味对立的一种优柔、委婉、和缓的感觉。这种感觉，"使我们对被隐含的、微暗的东西丝毫不会产生恐惧不安感"。大西克礼进一步阐释，幽玄的终极意义是日本的"间"文化，即一种留白，一种"空而深远"的意

在日本石川县加贺市鹤仙溪享受
刹那的宁静清幽。黄宇摄

味，"意喻人所无法通过理性和知识获得的某种类似本质、本源的东西"。谷崎润一郎的《阴翳礼赞》就是一种典型的幽玄文化的代表，其间萦绕的那种阴翳、朦胧、微暗的感觉，就是幽玄。

"夕阳西沉之际，当我们由火车的车窗眺望乡村景色时，每每可以看到那以茅草为顶的农家，纸门上透着这种老式电灯的点点灯影。"《阴翳礼赞》中这种幽暗的"深远感"，是大西克礼总结的幽玄的第四种意味。这种深远感，不单是时间与空间的距离感，更是具有一种特殊的精神上的意味，"它往往意味着对象所含有的某些深刻、难解的思想"。而《阴翳礼赞》中描述的"我"的朋友在装修新家时，怎么都不想在窗上镶嵌玻璃，而想用纸的情节，这种必须得影影绰绰通过门或窗的糊纸透过外面光亮的审美，是典型的"幽玄"。这和大西克礼在《幽玄·物哀·寂》中说的"月被薄雾所隐""山上红叶笼罩于雾中"，都属于"我们对某种对象的直接知觉被稍微遮蔽了"的感受，是共通的。

幽玄，还指一种对事物不大追根究底，不要求在大理上说得一清二白的那种舒缓、优雅。然而，幽玄本身的内容不单单是隐含、微暗、难解的东西，而是在幽玄中集聚、凝结了无限大的"充实相"。禅竹的《至道要抄》说，有人认为有所美饰、华词丽句、忧愁柔弱就是"幽玄"，其实不然。松尾芭蕉的《草庵》，写"花云缥缈，钟声是来自上野还是浅草"其实是因为对于生活在江户时代的日本人来说，每天意识到的不仅仅是时间分分秒秒的流逝，还有梵钟那一打一敲之间的"间"这个感觉的跟随。于是，松尾芭蕉将这种感觉写在纸上，这也成为后世试图触摸"幽玄"的一部典型的具象作品。

川端康成在《古都》中，将人物情感寄寓于自然景物之中，充分体现了幽玄美学。为了描述女主角千重子的心绪，作者利用多处别具日本特色的美景，为其做了充分的"情景交融"的渲染。小说开头便是千重子看着院落里枫树上的紫花地丁。通过作者浅浅的描述，我们"闻"到了文章中一股淡淡的哀绪，因为女主角从这株植物身上，品出了一丝"孤单"的感觉——来往客人那么多，大家都只注意到枫树的"奇姿雄态"，却很少有人留意寄生在其上的紫花地丁。

电影《小森林》中那种极细致静微的日式乡村美学，也无不充斥着"幽"之味道，夏天田野里的光芒，秋天糖煮栗子的甜香，冬天窗外白雪透过拉门糊纸透进来的一种似明未明的光亮。《小森林》将日本的细致文化以及取之于自然用之于自然的哲学，解构得非常深刻。主人公一年四季

日系小清新电影《小森林·冬春篇》剧照

在名叫"小森"的村庄的劳作中，意识到人和土地的关系，意识到整个大自然神圣的关爱，从而开始反思自己过往的人生，通过"出走—回来"，完成了人生中从幼稚孩子到成熟成年人的过渡。电影中展现的日式乡村美学，不仅是充满美感的，更是让人敬畏的。含蓄悠远，超然物外，《小森林》将幽玄美学在这片土地上的"细内涵"勾画出来。

与很多商业电影露骨的表达方式相反，《小森林》的讲述语调也是"幽玄"的。在电影里，很多人物情绪的展现或情节的构成都不是用台词明言，而是通过各种暗示、借喻、闪回，曲折地表现出来。比如电影一开始抛出女主角的妈妈有一天突然留下了一张字条离家出走的情节。电影中很长一段时间都没有对这个悬念做出任何解答。女主角回忆起母亲为自己做吃食的用心，而镜头中一道又一道惊艳的菜，也大多是女主角回忆妈妈做的吃食的味道，以此试图重现母亲在时的生活。最终，电影再反过来用母亲的视角，浅淡揭露出她离家的因由。但也只是轻飘的、一笔带过的。直至影片最终，离家的妈妈也没有回来。然而，通过女主角在片尾跳的小森地区特有的祈福舞，我们明白她已从母亲出走后的悲伤中释然，找到自己生活的真正意义。平和、内敛的《小森林》，在当时被认为是日本电影自全面娱乐化时代以来向"单色经典和纯粹"的回归。

江户时代的小说家上田秋成在作品里描绘了大量鬼神之事，这些作品一方面具有深厚的日本传统文学底蕴，另一方面又体现了作者对人性的深入思考。他作品中人世与鬼世的自然往来，体现了东方人对精神世界的认知，也印证了日本怪谈小说凄绝气质的另一面，这就是幽玄之美。这与中国古代聊斋式的审美典型有些许相似，即认定鬼的幽怨与玄美，而非西方鬼怪的残暴与挣扎。

侘寂

日本文化"幽"的另一种理解，便是侘寂。

侘寂，日语wabi-sabi，据李欧纳·科仁的《Wabi-Sabi：侘寂之美》中的描述，这是几乎每个日本人都知道的一个美学概念，但如果你要让他（她）具体形容，却很难用一种精准的语言去描述。简单来说，侘寂是一种不完整、不完美的简朴美学，注重事物本来的表现形式或转变留下的痕迹。日剧《料理仙姬》中有一集，一件精美的手作瓷器被打破，但之后他们找到技艺高超的工匠，花费不菲的价钱，用金粉把这件瓷器重新修补起来。重修的瓷器上有金粉形成的裂纹走向，于是形成另一种无法代替、和

日本灯笼体现的侘寂

日本茶道文化

原来不同的美感，这就是侘寂。

侘寂的概念，是日本千年的美学基础。其中，茶道仪式是与这个概念联系最广泛的一种现实表现形式。

茶道又被称为茶艺，据李欧纳·科仁的观点，它是一种兼容并蓄的社会艺术形式，结合了建筑、室内和庭院设计、插画艺术、绘画、烹饪和表演等。造诣高深的茶艺老师有能力将这些元素（包括宾客）编织成一首和谐共融的交响曲，成为一场让人回味无穷的整体艺术。

正统学者认为，著名茶艺大家千利休是侘寂的最高权威。千利休坚持侘寂美学，而农民出身的丰臣秀吉实在无法欣赏这种审美，两者形成深层、不可调和的矛盾。除此之外，千利休日益升高的声誉、对政治的轻率以及茶具的可观收益，都让丰臣秀吉产生了嫉妒之心。于是在千利休70岁那年，秀吉给他下了一道自杀令。

千利休是日本茶事界的一个传奇人物，他终其一生对于侍茶美感的追求，是侘寂的一个最活生生的例子。到晚年，他的茶道越发寻求一种古拙质朴之美。千利休尊崇前代珠光大师倡导的"本来无一物""无一物中无尽藏"的禅之境界，彻底斩断旧式茶文化中与物质世界的联系。他把四张半榻榻米大小的标准茶室进一步缩小为三张甚至两张半榻榻米——李欧纳·科仁阐释，侘寂的空间就是狭小、孤立而私人的，有助于个人进行哲思。

千利休以农夫居住的泥墙小屋为雏形，用茅草覆顶，残破木造的结构大刺刺地裸露在外，室内装饰也尽量简化，将茶道回归到了淡泊自然的最初。与当时追求名贵茶具的世风相反，他把日常生活用具随手用来作为茶具，用日本常见的竹器来替代高贵的金属器皿。可是当时丰臣秀吉的审美观，却是喜欢"高贵的金属器皿"、极致的富丽堂皇和"金叶闪闪的茶室"。这一切或许是导致千利休最终悲剧的根本原因。

除去侘寂，日本人认为，喝茶的味道本身，还能感觉到幽玄的生命力。《另类日本文化史》中说，茶道的根底就在于幽玄之味道，如果没有这个功底，茶道就是一个空洞的形式。每天喝茶，是每天与自然的生命力接触，而不仅仅是一个将液体灌入胸腔中的、解渴的过程。

侘寂还是一种审慎和谦逊之美，不依循常规的随性之美。太完美、一丝不乱、过度雕琢的东西，都不能称之为侘寂。日本的很多手作餐具、茶碗，会有一些刻意残破或破败但同时又极具美感的器物，这也是侘寂。

川端康成的短篇小说《脆弱的器皿》，也表现了一种侘寂美学。"年轻女子的确容易毁坏……恋爱本身也意味着毁坏年轻女子。"小说叙述"我"在梦中，梦见一座观音像倒塌，"她"在地上收拾破碎的陶瓷碎片。主人公遂进一步联想，她是不是在收拾自身被损坏了的碎片？

侘寂的完整形态可以是一种生活方式，简化形态则是一种特定形式的美学。李欧纳·科仁在《Wabi-Sabi：侘寂之美》中举了一个何为侘寂的例子：如何打扫满是落叶的庭院？首先用草耙把地清理得一干二净，然后，摇晃其中一棵树，好让少许落叶掉落，这就是"侘寂"。

侘寂的心灵状态和对于物质主义的理解，源自中国诗词与黑白水墨画中苍凉、忧郁、极简主义的氛围。当夜晚降临郊野，旅人寻找遮蔽过夜之所，他发现到处都长满高耸的灯芯草，于是将草割下来，竖立在原野，并将顶部绑紧束好，形成一个草屋，他就睡于其中。第二天，他将昨夜的草屋重新拆开，一瞬间草屋又瓦解消失，回归为大草原上的草堆之一。这样，表面上的原野恢复了原样，但遮蔽处的短暂踪迹仍暗示着曾经的印迹。李欧纳·科仁认为这就是侘寂最纯粹、最理想的表现形式——"褪淡的轨迹、薄弱的证据，游走在无的边界上"。

从深层次理解，侘寂还是一种对渐逝生命的审美态度。夏日繁茂的树木，到了冬日就只剩下光秃秃的枝丫横过天际。曾经喧闹精致的贵族宅邸，等到人去楼空、时光侵蚀，又会呈现出一种昔日繁华、今日破败的萧索，但它仍是美的。这些感觉，都是佗寂。佗寂逼我们思考自身的死亡，以及它所唤起的孤寂和忧伤。这一点，又与"物哀"这个概念有所融合。永井荷风在《雪日》中说的"回忆总能把人带入梦境，却终究是雾里看花，水中望月，空欢喜一场罢了。梦醒后反而让人陷入绝望与悔恨的深渊，难以自拔"，便也是佗寂的一种体现。（文：悦涵）

日本幽玄：
云间月之隐秘

隐秘是花。

——世阿弥

隐秘

对日本美学感兴趣的人大概都看过市川海老藏主演的电影《寻访千利休》。影片中表现这位茶道大师美学素养的一个情节是，暮色降临，市川海老藏饰演的千利休拿着一个漆盒姗姗来迟。他打开朝向院子的拉门，然后往漆盒里倒上水，放在地上，织田信长只看了一眼，就把整袋金子赏给了他。其他人不明就里，凑上前来，才发现漆盒里是翻滚的浪花和一群飞鸟的图案，而当晚的明月刚好映照在海浪的上方，与漆盒里的图案一起构成了"海上生明月"的画面。

月之美深深地扎根于日本人的审美意识，不但有许多吟咏月光的和歌俳句流传于世，月亮的类型也被划分得非常详细，比如山月、峰月、野月、晕月、残月等。这些细分的月，来自日本人设计的许多赏月场景。嵯峨天皇的行宫改建成的大觉寺里，专门修建了一座观月台，观月台前是仿照洞庭湖修建的水池。赏月，不是举头望明月，而是站在观月台上或者泛舟水中，欣赏倒映在水里的月亮。这个思路跟《寻访千利休》中是一样的。

没有水做道具，日本人欣赏的月亮依旧不是一览无遗。在著名的《武藏野图屏风》上，即将升起的明月被茂盛的草木所遮挡。月亮的光华是由林深草密来表现的。身为陶瓷家、美食家的北大路鲁山人也以这个题材做过武藏野大钵，钵的外侧有半个月亮，内侧有半个月亮，月亮画成了金银色，依旧被草木所遮挡。

没有月亮，日本人也可以赏月。在茶道中，壁龛挂轴上如果是月与芒草的图案，就是告诉客人，今天茶会的主题是赏月。接下来插花的器皿、茶器等都一定有月亮的元素。茶人村田珠光曾经说过"若非云间月，何来观赏心"，这种引人联想的游戏，在茶道里叫作隐喻。

赏月的方式是表现日本美学原则的一个例子。日本人认为的美，不是一览无遗，而是要隐秘。能乐艺术家、理论家世阿弥在论述能乐之美时说："隐秘是花。""花"是一种比喻，用它来说明能乐的表演效果和艺术魅力。

能乐的标志之一就是使用面具，它让演员的个人表情隐去了，取而代之的是一种神秘、肃穆的气氛。除了没有表情，演员的动作幅度也不能过多凸显，而是经常处于缓慢静止的状态，基本没有剧烈的动作。因为世阿弥认为，能乐表演的秘诀是"动十分心，动七分身"，用心去控制内在情绪，动作要优雅含蓄。而观众欣赏能乐的要点也不是看演员的写实表演，而是通过这种无背景、无道具、无表情的演出，通过缓慢得几乎静止的动作、隐约的唱词去间接地感受无限大的空间和令人感动至深的喜怒哀乐。能乐是日本美学史上的一个里程碑，美学家能势朝次评价这种从写实到写意的表现"充分说明当时的艺术风尚是多么高级"。

这种间接的、委曲婉转的风格贯穿日本的艺术史，几百年后的设计大师黑川雅之依旧同意这个美学原则，他在《日本的八个审美意识》里将其

能乐通过无道具、无背景、动作缓慢造成一种神秘肃穆的氛围，是日本美学史上的里程碑

解释为，不表现全部，通过部分的隐秘来驱动对方的创想力。而且因为被隐去了，所以看的人才会参与到表现方的共创之中。

这也是美术、造型、设计领域的一项基本原则。日本的庭院里用石灯笼作为点景小品，这种有类似屋檐一样的超级大烛台，最早是神社、寺院里的献灯，后来据说是千利休发现石灯笼的灯火有"侘"的风情，就把它引入茶庭，隐约照亮踏脚石的小路。它虽然用于凸显、提衬整个庭院，却不能放在显眼的地方，那样反倒破坏庭院的和谐。有经验的园艺师会把石灯笼放在视线弯折的地方，或者用树来遮挡。这样适当遮挡灯光的处理，让石灯笼的火光忽隐忽现，有幽林深处小小草庵的意境。

继承这个美学传统的还有小津安二郎，唐纳德·里奇（Donald Richie）在《小津》一书中曾经评价这位大师的电影作品"最抑制、最限制和最受限定"。《小津安二郎的艺术》写到过滨村义康的描述，《麦秋》

中杉村春子饰演的角色因为得知原节子饰演的女主角将会嫁给她儿子而激动不已，第一次拍摄时"杉村小姐又是哭又是笑，表演实在太出色了"。但小津认为这种表演太显眼了，不能用。

小津安二郎现在被看作日本电影美学上的一座高峰，我们从电影里看不到激烈的动作、戏剧化的表演、激情澎湃的对白或者是任何一种浓烈的元素。演员们总是慢慢地穿衣、吃饭、打招呼，淡淡地笑、微微地哭，委婉含蓄、彬彬有礼，像滴水穿石一样，用宁静隽永的琐碎日常给人的内心以震动。

"隐秘是花"的美是一种暧昧。黑川雅之写道："晚霞的美，是那种由连续阴影所形成的，难以辨清细节的朦胧之美。虽然搞不清楚到底是怎么个状况，却又被某种感动抱拥着，我觉得这种感觉与世阿弥的'隐秘是花'是相似的。大凡莫名的，往往就是一种绝美无比的感觉。"

幽玄

"秘"没有严谨的内涵和外延，因为它不是一种美学概念，而是一种美的感受。它在日本没有受到西方哲学和艺术理论的影响之前就产生了，古典日本称这种感受为"幽玄"。

"幽玄"来源于中国。在古代佛典里是佛法深奥、难以穷测，以及微妙不可言喻的意思，在道教里是"玄虚"的意味。日本的"幽玄"不但应用于佛教，还扩展到了文艺理论领域。北京师范大学教授、翻译家王向远在文章中分析，因为和歌、连歌由古代歌谣发展而来，能乐从不登大雅之堂的"猿乐"发展而来，为了让它们成为一种真正的艺术，必须要变得文雅、有深度。

指导日本中古时代精神生活的是佛教，无论艺术的创作者还是鉴赏者都要从佛教思想中寻找理论支持。他们选择了"幽玄"这个汉语词作为一种审美精神的总结提炼。王向远在《入"幽玄"之境》中分析，因为日语固有词汇中的形容词、情态词、动词、叹词高度发达，而抽象词很少，因此带有抽象色彩的词，绝大部分都是汉语词。

这个寻找美的过程，日本著名学者能势朝次在《幽玄论》中总结道，在爱用"幽玄"这个词的时代，当时的社会思潮几乎在所有方面，都强烈地憧憬着那些高远的、无限的、有深意的事物。无论和歌理论家、连歌理论家还是能乐理论家，在阐述各自艺术之美时，也给"幽玄"累积了理论基础。

美学家大西克礼总结了幽玄的七项特征，第一是审美对象某种程度地被掩藏、被遮蔽，使其不显露、不明显，某种程度地收敛于内部，这些是构成"幽玄"最重要的因素。它的意境是"月被薄雾所隐""山上红叶笼罩于雾中"。由第一个场景，产生了"幽玄"的第二个特征，微暗而朦胧。它不是"晴空万里最美"，而是"雾霞绕春花"的优柔、委婉，是"于事心幽然"，对事物不要追究得一清二白。与微暗相关联的第三个特征是寂寥，"芦苇茅屋中，晚秋听阵雨，倍感寂寥"。第四个特征是深远感。它不仅是时间和空间上的距离，还有精神上的深刻、难解。第五个特征是"充实相"，即前面所说的因素最终的合成。它把"幽玄"变成了一个筐，只要与"幽玄"的其他意义不矛盾，都可以纳入这个审美范畴。第六个特征是具有超自然性。第七个特征是要有不可言说、飘忽不定的情趣。

要想形象地感知"幽玄"是什么，可以读描写平安时代贵族生活的小说《源氏物语》。加藤周一对它的评价是，在男女关系上、女人心灵的波动及其微妙的阴翳，写得真是出神入化。作品里那些含蓄朦胧、百转千回的心理活动就是"幽玄"的意境。通过它也可以读出"幽玄"在生活中的形态，已故常陆宫的长女，因为"深居后宫，心眼儿和长相都不清楚，有事儿就隔着围屏谈话"的神秘感吸引了源氏公子。源氏公子与她隔着围屏调情，姑娘甚至让侍女代替答话，两人于是成了情人。

吉田兼好的《徒然草》延续了平安时代的审美趣味。这部被周作人称道的散文作品里，依旧可见"幽玄"的意境："发皎洁之光而令人一望千里的满月，不如期盼了一夜，到天快亮时才姗姗来迟的月有意味。此时的月，略带青苍之色，或在远山之杉树梢间隐现，或为天上之云雨遮断，都极其有味。"

到了近现代，"幽玄"虽然在日本也并不常用，可它早已经渗入到文化肌理之中。小津安二郎的电影，就从视觉上传达着一种微暗朦胧的幽玄之美。这种意境的形成除了标志性的固定拍摄和景深镜头的使用，还有他对拍彩色电影的谨慎琢磨。他在1946年的一次谈话里说："天然色电影给人以用锦绘的器皿吃炸虾盖饭的感觉。与我们有时想用彩釉的器皿品尝茄子的清香一样，喜爱原来的黑白电影。我以为这样的情况会一直持续到天然色电影具有更加完美的表现力的时候。"

小津第一次拍彩色电影时，并没有用大多数人用的伊斯曼彩色系统，而是用了爱克发彩色系统。根据当时人的回忆，伊斯曼系统很容易拍成美国式的华丽色彩，爱克发系统中的深褐色基调，是一种古朴、温和的色彩，更加符合日本人的国民性。

在建筑这样更为国际化的领域，日本设计师还是在用通用的建筑语言表现幽玄。安藤忠雄的风格经常是外观简洁，内部却有复杂的建筑空间。他自己的解释是，东方空间的魅力在于它的神秘性，往往把重要的部分放在人们看不见的地方。这种含而不露的思维与幽玄是一脉相承的。他设计的京都府立陶板名画庭，在只有200平方米的展廊中，通过不同标高的空间、瀑布和水池的穿插变化，创造了许多不同的空间序列，《最后的晚餐》《睡莲》等9幅陶板名画复制品，分别布置在不同朝向的清水混凝土壁体或水池中。参观者在建筑师精心布置的路线中前行，这些作品就会以不同角度呈现出来，给人在日式回游庭院里的感觉。

留白

"秘"的意象还在于留白，这里的留白并不是界限清晰的空白，而是像墨的晕染逐渐淡化到白色。黑川雅之用日本国宝——长谷川等伯的《松林图》来说明留白：几簇松林，仔细看其中的任何一簇，它的外沿都是向周边虚化着、延伸着，没有清晰的界限。这种绘画手法不会过度地描绘细节，更不会表现整体，而是聚焦于某一个局部，给人留下充分的想象空间，或者说是余韵。

日本人对余韵的喜爱可以从水墨画的历史中看出究竟来。日本本土的民族绘画是以《源氏物语绘卷》为代表的大和绘，它有艳丽的色彩和清晰

京都龙安寺枯山水庭院。留白的魅力在于给人想象空间，日本美学的基础就在这"空"的空间里

流畅的线条，可到了镰仓时代的末期，日本开始大量进口中国水墨画。有趣的是，日本人最喜欢的、进口画作最多的画家并不是中国美术史上赫赫有名的南宋院体画代表马远或者夏圭，而是名不见经传的牧溪。牧溪是南宋末年到元代初年的僧人，画风拙稚自由，不遵循传统画法，所以在中国的评价并不高："诚非雅玩，仅可僧房道舍，以助清幽耳。"

中国水墨画在日本的流行与禅的兴起有关。在镰仓、室町时代，禅院是学问和艺术的宝地，禅僧是学者、艺术家，被贵族奉为教养的鼓吹者。禅不但是宗教生活，也影响着文化领域。日本禅僧在与中国的交往中，获得了水墨画。铃木大拙在《禅与艺术》里写道，禅的绘画和书法所表现的精神，给予日本人强烈的感铭，马上被奉为楷模加以学习。这里似乎有一种男性的、不屈的东西，取代了前代女性的、"温雅优美"的风格。

禅僧和武士把从中国进口的水墨画挂在居所和书房，他们的审美趣味决定了进口的方向。牧溪的画不以线条为主，而以墨的浓淡和墨晕来显出效果，给欣赏者留出用心去联想的余地。这符合禅宗"无"的意境，也契合了幽玄的审美趣味，给人以神秘感。日本画家东山魁夷评价牧溪的画，有浓重的氛围，又非常逼真，而他却将这些包含在内里，形成风趣而柔和的表现，是很有趣、很有诗韵的。因而，他的画最符合日本人的爱好，最符合日本人纤细的感觉。日本美学家数江教一说牧溪的作品之所以受到日本人的喜爱，是因为它们在柔和的线条中藏着敏锐的禅机，在或浓或淡的和谐墨色中包含着多样的变化，能使观赏者无限扩展他们的思绪。

长谷川等伯是南宋水墨画的模仿者，但他的作品有意识地表现出日本人的审美趣味。《松林图》的重点不是树，而是树与树之间因为墨晕而让人联想到的雾气。设计师原研哉在分析这幅画时写道，日本人高度尊重绘画艺术中这种对"空"的空间似是而非的表现，这一点帮他们发展出来的想象力远远超过了自然描绘性的细节。一处没有画过的空间并不应被视为一处无信息区域，日本美学的基础就在那"空"的空间之中，大量的意义就构建在那上面。

留白的魅力，被原研哉用在了无印良品的广告理念上。原研哉的解释是，广告并不呈现一个明确的画面，但是从效果上，向观众提供一个空的容器。传播并非将信息从一个实体或个人分派给另一个，而是启动信息的互相交换。当受众得到的不是一条信息，而是一个空的容器时，传播因为受众自己提供的意义而发生变化。

具体说来，消费者喜欢无印良品的理由各不相同，广告不去表现这些原因中的任何一个，而是创造一个很大的容器，把它们都装进去。追随这个理念，无印良品的广告都是简洁的风格，产品被放在画面中央，标识会在某处出现。

2003 年，无印良品广告的主题是地平线。一条地平线把画面分成上下两段，"无印良品"的标识就放在地平线上。2005 年的主题是简单，想在简单中寻找美的日本美学之源。原研哉所谓的容器是足利义政的书房同仁斋、别墅银阁寺、京都的茶室，无印良品的饭碗放在中间，标识被放在左或右的角落。"这些照片混杂着国宝和饭碗，但却非什么广告的把戏。它们显示了具有相同美学精神的不同时代的两种创造间的联系。"

阴翳

秘是阴翳的礼赞。日本传统民居没有墙，四周围着"明障子"。阳光直射在明障子上时，所糊的纸熠熠生辉，屋外的风景和屋内人都像剪影一样映在上面，而远处的幽暗就形成了阴翳。这种光与影的日常形成了日本独特的审美文化。

阴翳之美是羊羹那冰清玉洁的表层，仿佛要将阳光吸至内部深处一般。"即使羊羹具备如此色泽，若将它置于茶点用的漆器之上，表层的朦胧之黑便沉入难以辨识的漆黑，愈发引人冥想。当人们将那冰凉滑溜的羊羹含在口中时，会感到室内的黑暗宛如化作一粒甜美的方糖，融入舌尖。"

这段描述吃甜品的文字，出自谷崎润一郎的《阴翳礼赞》。对有些读者来说，这个作家和这本书显得过于陈旧，可这段文字，却打动了日本国宝级的摄影师杉本博司，设计师原研哉、深泽直人，作家原田宗典。他们的工作都是用现代手段展示日本审美趣味，而《阴翳礼赞》正是一本详细描述何为日本之美的书。

谷崎润一郎用了灯、厕所、纸、餐具、建筑、室内空间、颜色、服饰甚至人的肤色去比较西方现代化生活的"明"和日本传统生活的"暗"，赞颂"暗"中的阴翳之美。

西方现代的光是简单直白的光，日本的阴翳之光是阴暗和留白的境界。"我们居室美的要素，无非在于间接的微弱光线。这温和静寂而短暂的阳光，悄然洒落室内，沁入墙壁间，仿佛特意为居室涂抹了一道颜色柔和的沙壁。"

而只有在阴翳之光的暗中，才能显现出在现代生活里看来，花哨庸俗、缺少雅味的漆器、泥金之美。"在烛光摇曳的光影里凝视菜肴与食器时，即会发现这些漆物仿佛具有沼泽那样清澈深浓的光泽，带有前所未见的魅力。"同样的道理，观赏泥金画不是在现代白光下，而要在幽暗处。"其豪华绚丽的模样，大半隐于暗之中，令人感到不能言喻的余情韵味。"

阴翳之美不是谷崎润一郎的个人发明，川端康成在《岁月》里也有类似的描绘。松子跟在父亲后面走进茶室，在暗淡的壁龛里，伊贺花瓶的色泽，好似微光莹然一点，一眼就把她给吸引住了。宛如一枚神秘的夜光贝，在海底熠熠生辉。经水打湿后，格外艳丽妖娆。伊贺瓷的釉面青里透黄，给周围那片微明薄暗一衬托，愈益显出蓝莹莹的光泽。

日本人发现了阴翳之美，又为了增添美而利用阴翳。谷崎润一郎最为欣赏壁龛的设计："只是以清爽的木料和洁净的墙壁隔出一片'凹'字形的空间，使射进来的光线在这块空间随处形成朦胧的影窝儿。不仅如此，我们眺望着壁龛横木后头、插花周围、百宝架下面等角落充溢的黑暗……那里的空气沉静如水，永恒不灭的闲寂占领着那些黑暗。"町家建筑里的坪庭，也是光与影。町家建筑是外形细长的木质房屋，走进去却豁然开朗，内置一个数平方米大的坪庭为房子通风透光。坪庭要布置出美感，关键就是树木、青苔、石头小径和净手钵彼此互相不遮挡，留下空隙，阳光照射时，才能形成丰富多彩的景象，高低不同的树木相互重叠形成阴影，净手钵的水面倒映着阳光。不必出门，就可以在这一方小天地里感受到光与影的交错，四季的更迭。

以现代设计手段来体现光影交错、时间更迭的是小筱邸。设计师安藤忠雄在墙面与屋顶的交接处开了一个口，光影通过开口流入室内。最美的时刻在每天下午，当西南方的太阳透过缝隙射入客厅时，阳光洒落在阴暗的墙上，再移动到地板，最后消失。阳光的轨迹取代了钟表的嘀嗒声，安静地记录下时间流逝。

光之教堂是安藤忠雄另一个追寻光与影的经典设计。他曾经说过，在到处布满着均质光线的今天，我仍然追求光明与黑暗之间相互渗透的关系。在黑暗中光闪现出宝石般的美丽，人们似乎可以把它握在手中，光挖空黑暗并穿透我们的躯体，将生命带入"场所"。

光之教堂是用厚实的混凝土墙体围合出一个封闭的方盒子，在与入口相对的墙上划开一道十字形的开口，光线从这个缝隙涌入室内，破开了方盒子里的黑暗。光线在黑暗的衬托下更加明亮，具有一种崇高和神圣的感觉。安藤忠雄想展现的阴翳之美至此并没有结束，混凝土的墙壁、天花板和木质地板在这样的光线里，自然的肌理和细节也清晰地展现出来。

摄影师杉本博司拍摄的《蜡烛的一生》，也是光与影的结合。"我每晚独自一人在无垠的黑暗中看着点燃的蜡烛……有时，火焰会变得无比黯淡，燃烧的烛芯前端会有蜡油一滴滴落下，而这瞬间，眼前又突然一阵光芒灿烂。"他对《阴翳礼赞》亦十分有共鸣，拍摄海景时，一定会带上一盒羊羹。"切开紫色的羊羹，红豆的切口浮出表面，宛如寒空中月光照耀下错开的满天白梅。这种眼睛难以区分的，黑暗中的另一层黑暗，成为我拍摄'夜之海'的标准。"（文：杨璐）

四季花传书：川濑敏郎的花道『侘寂学』

京都一寺的住持命小沙弥给宗旦送一枝新开的椿树花，只是此花飘零太快，小和尚一路送到宗旦那儿只剩下一空枝和一掌的落花，宗旦却惜此空枝，将它供在千利休传下的护城寺花筒里，为小沙弥敬上茶。

日本花道的世界里有太多流派，令人眼花缭乱，从600年前室町时代的池坊，到小原、草月，如今在日本花道协会注册的派别就有400多家。这个多神崇拜、相信万物有灵的岛国，恋花、惜花情结是那样自然地根植在平民意识里。在东京六本木的喧嚷街町中，巷道弯弯折折，神社、庙宇掩映在带着萧瑟之意的夏末之草中，我们来到一个叫"花长"的花店，闲云野鹤般的当红花道师川濑敏郎的"临时工作室"。

闹市的屋顶花园

初识"川濑敏郎"这个名字是在上海的一位茶道老师的茶室中，他的《四季花传书》被作为布景摊在中式的博古架上。茶是中国的茶道，这本融合了日本禅宗以及千利休茶禅思想的书，置于中国茶道现在大兴的绫罗绸缎做的茶席边，更显得侘寂。虽然他的《四季花传书》《一日一花》已经在中国出版，但身在日本的川濑敏郎见到我的时候还是表示，不知道中国人是否能接受他书里的"侘び寂び"，这个词真正蕴含的况味是一种"陋"。

与其说他是一个炙手可热的插花师，不如说他就是个护花、懂花的痴人，年近七十还精瘦健朗，独门独派让他看起来散淡，却无时无刻不妙语连珠。"花长"的四楼天台是他的乐园，钻进那一片欣欣的绿意中，这位带着泥土气的智者就和屋顶花园融为一体了。在中国，网上对他的介绍是"自然野趣流"的代表，而他对我说，他不属于任何流派，可能是因为30年前欧洲人看了他的花道觉得颇有意思，让人联想起自然和野。

齐人高的萩草长着如同爬山虎的叶子，在风中晃动着长茎，花园里到处是芜蔓的绿条，已经沾上了些许秋的枯色；一种叫作"鬼灯"的酸浆果形如圣女果，却已经褪去了橙红的皮囊，露出干干的纤维；野菊是玲珑似拇指盖大小的，孑立在疯长的野草边几乎不被发现；还有一种"见返草"，叶子上缀满虫洞，有的都已噬得成网状了，川濑有些爱不释手，拎着其中一片跟我解释很久："自然有春夏秋冬，人有生老病死，为什么要去除这些叶子呢？"对于自然造就的荣与枯，他认为应该照单全收。

这个花园里有枯荣，有萌芽和荒秽，是川濑的主要取材处，他需要季节的轮回、自然的雨露在植物上体现，所以这片花园对他来说就是自然的截面。"花长"老板那些卖不完的花就放在天台上，久之就长成了如今的野样，等着有心人来摘取。老板不会为他特意留着好花好枝，对于日式花道来说，单朵盛开状的花其实是"末"。花道师不在乎其本身的鲜活美观，所以川濑认为，去欧洲讲日式花道是困难的，对于爱浓艳丰润以及形态美的欧洲人来说，怎么向他们解释日本花道里的那种侘寂、枯淡呢？川濑玩笑道，在中国人和欧洲人面前，他只讲配比和造型上的要领。

墙角小瓦坛里只剩莲叶，花被送去了库房。只见一茬茬木屑色的干莲花倒扎在屋顶，乍看如纸花，去年摘下的花苞就这样风干待用。还有枯成绛紫色的莲蓬，里边有未取的莲心，川濑拿起一枝倚在墙上，衬着一两片水中新捞的荷叶，变化出不同的造型。就是花萼两三厘米处有道折痕，莲蓬45度状垂脑的样子是最可爱的，他如擎着一根钢丝般擎着荷的硬杆子，在墙上转来转去，使我突然想到很多日本文学作品里爱用"姿"字。如《源氏物语》里借花喻人，"若用花比，可谓樱花，然比樱花优美有加，这姿容的确殊异"；东山魁夷在《与风景对话》里，将"姿"与一条路联系起来："如今这条路的姿影果真一见如故吗？"

插花师收藏的古代花器

地震与花道

第二次见到川濑敏郎，是在玉川高岛屋四楼的文化中心。在那里他有一个专属的讲座室，当他向我打开一面墙上的壁柜门时，一摞摞的木匣子填满视线：初看以为是酒窖，可没想到，他收集的200个古花器一个个装在木匣里，其中有千年前的"唐物"，如白头宫女沉睡在深深的时光里，一时间统统醒来，喧噪着旧年的低吟。这些器具全可供学生在课上选用，只是不卖。他是个爱淘旧货的人，在日本淘到千年旧物并不是稀奇事，有些东西世代传下来都能说出个准确源头。川濑敏郎有点像个沉浸在自己那本经里的传道人，他认为："永远没有一个作品是完成的，因为自然是在不停流转着的……"

川濑敏郎毕业于日本大学艺术系，初学戏剧，又在巴黎大学学了电影，回国后却潜心研究起花道来，并当了个自由派，不拜师门也不自立门户。35年前，著名的能剧女伶白洲正子为了写书而遍访日本花道、茶道上的各派，找到川濑时，惊为天才花人。那时一些爱花人从全国各地赶来向他讨教，他渐渐开起了自己的授课班，如今他的工作是每周教三天课，其余时间就用来创作和写文章，和他的御用摄影师一起出书。

川濑敏郎生于京都，家里是池坊花道的御用花商，从小就接触了这种最古老的花道体系，却从未入门。在日本花道界，宗派林立且等级森严，还各占山头，彼此不相往来。川濑4岁起就爱摆弄些花草，那时池坊花道的老师来花店见到他，总是赞叹他。在《四季花传书》中他提起跟花的宿缘，那时京都北野天满宫的御用祭祀菜种是油菜花，每年2月25日菅原道真的忌日，神道祭司们头戴的礼帽上缀满油菜花，满目黄澄澄地在空中舞蹈。一种报春的幸福感就自然而然地植入少年的记忆。

"花长"的老板收集了他的全套画册，六卷本的36开硬面，叫作《青花》。每部只印了1500册，都在同道人中流传，毕竟一册要上万日元。这让我的翻译相知美和子女士有些咋舌，她的母亲也是花道小原流的老师，不过那是在第二次世界大战前，当时东京中产阶级的家中也只能供子女中的一个学习花道或茶道，再多就负担不起了。至今花道仍然是上流社会传统教习的一部分，花道中的女子在日常生活里穿着随四季不同花卉变化的和服，学习在纤毫之变的季节里选择花器和花材。美和子家在战后家道中落，所以她小时候只学了费用仅是花道几分之一的剑道。

川濑真正在国际上崭露头角是在2011年日本大地震后，那时他有了个一日做一花的创意，历经366天，集结成《一日一花》。与各个已成形的流派不同，他依据时节到山野里找最时令的花叶，融入花器中。使日本人眼前一亮的是，他的花多使用单枝，只用寥寥几叶陪衬。花器是古拙质朴的，越体现历史沧桑就越是他所爱，既有20世纪的玻璃细瓶，也有室町时代的金铜亚字形华瓶，还有希腊陶器。孤花配拙器，一种日本人集体无意识中的古侘和寂寥盈满陋室，颇得现代人喜欢。正如《源氏物语》中光源氏所说，"佳人孑然无依，更加惹人怜爱"。

"也就是日本地震后，我开始更深地思考花和人生的关系。岩手县几万棵松树被摧毁，许多古老植被荡然无存，但这些年在灾难现场慢慢长出了些新的野花野草，我想用足迹探访这些新生命，记录些微妙的物候特征。"川濑告诉我，他与池坊的区别是池坊讲规范，把有生灵的花嵌于

川濑将"唐物笼"插花放到了挂轴书画前，他说背景不同，效果是不同的

千百年形成的条条框框里，主枝与副枝，各自的空间关系和花器的胖瘦长短，都有烦琐的模式。但他几乎不讲这些，他讲自然、哲理，日本传统文化或佛教，所以慕名而来的人很多。

所以，比起一个花道师，他更想以一个生命的思考者的角色进入我的采访，强调人与自然的关系。"花和人都是自由的生命，材料、数量都不是关键。日本人喜欢讲集体主义，无法离开一致的东西，但我想倡导个人意识里的'个'，生命是自由发展的，我想把作品变成我一生中意识流变的投射。只是遵循的自然规律都是一致的，所以流派之别是表象，背后的精神应是不变的。"他说。

2015年，他的随笔集《四季花传书》在中国发行，那是他10年间在《艺术新潮》连载的单篇文章汇编，花照样是些鸟啄虫蛀、风雨侵蚀、濒临枯萎等生死随缘之花。他用了更自由的"投入花"的形式。"日本从古至今一直是一个未经人工雕琢的自然之邦，崇尚'素'之美的心情大概也源于此吧。在这样花草环绕的生活中所衍生出的'投入花'便是'素'之花，即不添加任何人为因素、展现草木花自然姿态的插花。"他在前言中这么写道。他说，素就是添一分则嫌多，减一分则嫌少的极致之美。

从"立花"到"投入花"

川濑一页页翻开《青花》，跟我解释"投入花"与传统之"立花"的区别。立花是池坊花道的代表花型，在室町时代，"立花"是作为书院壁龛的装饰花而产生的样式，是插花（Ikebana）的原型。室町时代流行"书院造"建筑，普通人家的和屋墙角开始有了"押板"（日本人今称"床之间"），是一块比地面高出一阶的凹间，可挂条幅或者立以花瓶，当时女子效仿宫廷及庙宇的供花，在逼仄的押板上立花，逐渐成风。

"立"字讲究把花固定，如今是用木塞、海绵、木格等各种小工具，意在让花挺立。川濑将挺立之花解释为"有芯"："万物生灵皆有主心骨，你从中间不偏不倚地插下去，笔直之态代表阳，是一种不会错的真理。但投入花可代表阴，你将花枝随意投入盛水的器皿，让它以本身之形坠落于器口，没有被赋予人为意志。在我看来'立'是公，'投入'是'私'。"他把花型比作日本传统文化中的个体与自然及社会的共处关系，所以立花如同社会伦理、道德一元论，而投入花就是种"私"的追求。

川濑早年做投入花，现在他将在下一本书里探讨立花，他说"立"是很难解释的，是人的立身之根本，也是宇宙运行的基本准则，"万物从始点到终点都循环往复在一个'立'字里，'立'就是大道至简"。我问他，是否因为立的探索之难，所以立花比投入花难做，他却回答，"即使是投入，也要把无形中的那个'芯'时时挂念在心里"。他翻到去年做于京都大德寺一间草庵里的作品，特意选择茅草和土坯混砌的已经炭黑的墙面做布景，上面挂着一只褐漆锃亮的竹筒，口上倚着一片竹叶，旁边衬着几乎看不见的细细小茎。

"这就是千宗旦（千利休之孙）用过的竹筒，我还原了千利休所崇尚的一种风格。虽然你看到的不是立起来的，但是在我心里它是有'芯'的。在日本这就叫'侘'，在中国也许你们根本不会注意，或者认为是穷乡僻壤里的东西。"他说。

立花与投入花的产生其实相差不过一个世纪，立花的严谨之风，源于池坊花道里的佛教、天人合一及神道教的融合。池坊之名来自京都三条通顶法寺的一个池子，寺庙的本堂六角堂看起来如同普通凉亭，却是圣德太子给当时的遣隋使小野妹子造的，让他潜心编纂带回的佛典，并日日以花礼佛。侍佛者当时被称作"专务"，所以后来池坊花道的"家元"（传承人）都以"专"字传承，如16世纪初确立了池坊花道的池坊专应，在他以后池坊代代本家都是僧人。

在骨法图里，日本人呼应山川依代信仰，将宇宙分为阴阳二元，日本人将插花又称为"五景花"，即插花本身便具有五体——阴、阳、天、地、人，加之五景花又有五格，正花、令、通用、体、留，所以役枝与副枝讲究点线面的呼应，不能错置，其中也有"诸佛列坐"的意思。

只是后来，第45代家元池坊专永提出一种"风兴"的概念，认为"看到风吹摇曳的菊花，会情不自禁地就有随着菊花摆动的意念；看到秋天太阳映照在窗上的竹帘，会自然生有凉意之感"。所以，风致始终是日本花道里的一种无言之精髓，花道在日文里叫"華道"（kadou），也叫"生花"（ikebana），生花讲究的是如何撷取自然物，使之在壁龛中仍显出生动。

自然·生命·侘寂

"日本花道并不在于看花，而在于花里的世界观，这是它和西方插花

用茅草插的花，显得寥寥清寂

最大的区别，对我们来说，插花只是花道中的一部分。"川濑告诉我们。在《四季花传书》里，哪怕是对于一簇油菜花，花器的选择也有讲究，比如用玻璃器皿盛水八九分，投入油菜花，可在迎客时显出亲和力。但用竹编、草编的篮就不上档次了，显得如菜市场里一抓一把的轻贱。"竹笼适合野菊，但稍有不慎，就会插成一个粗野的农村姑娘，最好能用朝鲜李朝白瓷那种有年代感，未加修饰的器皿……"

川濑敏郎的世界观里，有一种不以微渺而不屑的万物平等之价值取向，比如他还喜欢用棉花来插，那种以档次和价格来区分优劣的取材方法对他来说根本不存在。传统插花中通常将棉花比作雪，与一品红、蔷薇搭配以庆祝圣诞，川濑认为棉花要单插，从江户时代起，棉布的地位与瓷器、红薯相当，所以作家柳田国男写道，棉花是种"崭新的幸福"，川濑也喜欢其中可喜的精神。

也许物哀的反面还有"物喜"，总之关注现象的日本人，寄情于秋之末毫，春之初芽，都是极日常的把玩。在我和美和子的面前，花店的老板用两个手掌大的白瓷碟盘，各盛了一块扁扁的箬叶黑糖粽，里边是淀粉和的，凝如黑脂，囫囵一口，美和子欣喜道，这是高档的甜点，还有竹子的香。当她看见碟上有个金线描的菊花图案时，称赞"老板真是有心人"，采用的正是这个季节的配器。

我告诉川濑，在中国，鲜美欲滴、形态拔萃之花为上乘，如玫瑰、郁金香、百合是好的，花死了是必然要扔掉的，路边的野花是不会采的……川濑认为从中可见日本人的侘寂美学在世界范围内是独特的。《万叶集》中继胡枝子、梅、菊之后，歌咏得最多的就是芒草，如"秋野美草徒手割，铺屋遮顶居其中，宇治行宫小茅舍，今夜无眠思念中"。这种漫山遍野的廉价之草从古之茅屋，到今之花材，都可见日本人对它的喜爱。

奈良时代的《万叶集》，已经有插花于头上，甚至是船上的记载，虽然与800年后的花道没有关系，却可见与花为伴的世俗之乐。"春花摘来插头上，秋叶摘来插头上"；"藤花插上船，游浦又游湾，群众不知此，争言是海帆"；"春柳若青丝，折来头上放，梅花摘下来，浮在酒杯上"……清少纳言的《枕草子》里，其中一章《清凉殿的春天》，有一幅细致描绘的春日图景，描绘有荒海的障子里，女官在弘徽殿上且憎且笑，栏杆边是个青瓷花瓶，"上面插着许多非常开得好的樱花，有五尺多长，花朵一直开到栏杆外面来……大纳言穿了有点柔软的樱的直衣，下面是浓紫的缚脚裤，白的下著，上面是浓红绫织的很是华美的出袿，到来了"。

古典时代的日本文学里繁花漫天的景象，到了禅宗传入日本后有了根本的美学上的转化，将"侘寂"的基因植入禅宗和后世的日本文化的功臣里，人们会本能地提起千利休。自古以来日本人所欣赏的朝颜（牵牛花）花姿，应该如画师狩野山乐、狩野山雪所描绘的妙心寺天球院的隔扇画般，在围墙上争相竞放，直到千利休给丰臣秀吉展示了一枝后，有所改变。那个著名的典故，就是千利休为表待客之道，将满园的朝颜尽毁，留了一枝在茶室的土陶碗中独自芬芳。

而他的孙子千宗旦的一则传说更是侘寂美学的完美注脚。京都一寺的住持命小沙弥给宗旦送一枝新开的椿树花，只是此花飘零太快，小和尚一路送到宗旦那儿只剩下一空枝和一掌的落花，宗旦却惜此空枝，将它供在千利休传下的护城寺花筒里，为小沙弥敬上茶。那天川濑敏郎也给我讲了个例子，日本文学家折口信夫曾经这样描绘雪，他没有写它的白，"而是把一把雪焐在手里，看着雪水从指缝里流出来，直到手摊开空无一物，却留一种冷清冰洁之感在手心。在花道里，我讲美的时候总讲这个雪"。（文：王丹阳　摄影：黄宇）

素・静

素简本色：日本的自然之美

日本的糖不甜，烟不烈，清酒也不过20度，料理传统讲究清淡，和服色彩雅素，衣食住行总透着淡淡的味道。除此之外，日本人的情感表达也总是平淡克制。

作为主宰色的白和淡雅

日本人爱雪。富士山常年白雪皑皑，最早以之为主题吟诵的是万叶歌人山部赤人，"雪飘山巅上，一片如银白"。川端康成曾写道："在雪中，家家户户低矮的屋顶显得越发低矮，整个村子静荡荡地沉没在深渊之中。"结尾又有雪中大火。雪的洁净意象是直观的，是日本艺术创作中非常受偏爱的素材。岩井俊二的电影《情书》，开场就是茫茫雪野，之后也始终有雪和雪的大片白色贯穿，不时蔓上镜头的白色，与纯真的青春情思融为一体。

日本人爱雪，因为他们素来喜好白色。

日语中有"面白"（おもしろい）一词，现在是"新奇有趣"的意思，最早却意味着美的生命力，指"生辉的状态"。日本的古代神话中，天神往往以白鹿、白鸟这样的白色动物出现。中国许多朝代的龙袍为明黄色，而日本平安朝的天子着白色。其实雪和月都是白色的，而花当中，也尤以

现代语境里的白，反映在家居生活中，就是对素简器物的偏爱

白色的最受日本人喜欢。《源氏物语》描述的美人，都化着白粉妆，事实上，从平安朝开始，日本女子就开始流行浓施白粉。

淡雅的白色，无疑是日本的主色调，日本电影里，常有的元素也是在白的基础上调和出的淡雅，如庭院里的梅子树，贴窗花的拉门，瞧得见室外的暖炉桌，梅雨时节走过的阶梯，樱花交织的山道，火车经过的小镇。这几乎是电影创作者共有的美学理念。

物哀之美：日本风物记

平淡风格的电影里，总有落后于时代的电灯吊在头顶，裸露的电线就在身后平铺，谷崎润一郎认为这种风景与民间茅屋调和起来，"实在感到风流得很"。朴素才得风雅的真髓。是枝裕和导演的《海街日记》里，四个女儿住的那所房子"大而旧"，固定镜头往往在拉门前一摆，日常的对话就拉开帷幕了。电影《情书》里也如是。

日本的糖不甜，烟不烈，清酒也不过20度，料理传统讲究清淡，和服色彩雅素，衣食住行总透着淡淡的味道。除此之外，日本人的情感表达也总是平淡克制。《情书》好像一直在轻轻抚摸柔和的东西，情节也好，表演也好，一切都很淡。小津安二郎的《东京物语》，讲述的是一对老夫妻为了与儿女们相见，从海边城市来到东京的故事。它有许多令人印象深刻的表述情感的段落。其中一幕描写的是上了年纪的妻子，在二儿子遗孀的单身公寓里过了一夜，她盖着二儿子生前用过的被子，说道："真想不到啊，能够盖着昌二的被子睡上一觉。"而这大概算是本片中最煽情的一幕。

小津的电影无一例外地给人这种"淡淡"的感觉，他曾说："我在摄影方面颇费苦心，但在表演方面则要求演员不要夸张，将人的情感压抑到最低。"这种压抑情感的表演方法，或许正好用来表达日常生活里最常见的朴素感情，重复的日常琐事与细微变化。《东京物语》得到了观者广泛的共鸣，人们看完这部表达克制的电影，却痛哭流涕。

现代语境里的白，反映在日本的家居生活中，就是对素色物品的偏爱。其中一个例子就是无印良品的设计。它的设计哲学中，白的运用处在极为显要的位置。素色的易污性是它的缺点，却能勾起人们的同情，如设计师原研哉所说白是"逃避颜色"，反而使触觉有了苏醒的空间。而与素紧密相连的"空"正是日本禅学的概念，用空的容器来引人注意。原研哉曾多次提到长次郎的乐茶碗，说它这个无光泽的浓缩体寂静无声，"宛如吞噬了一切诠释和能量"。寓言故事《皇帝的新衣》，也被尊崇"虚空"的日本人解释出另一层含义——赤裸裸的国王披着"空"，因为空无一物，所以自信满满地准备好接受一切评价。

素简之美

所谓"素"，即添一分嫌多，趋于极致的一种美。

"素简"是日本文化当中最核心的审美意识。不过，它和从西方流行至全世界的"极简主义"（Minimalism）还是有微妙的区别，后者或多或少都与反消费主义的理念和生活方式相关。日本人所说的素，却讲究"削减到本质，但不要剥离它的韵；保持干净纯洁，但不要剥夺生命力"。而且，素简美的意识也比极简主义出现得早得多。

物回归到了物本身，是"素"这个审美意识的本质。

路易十四时期，以繁复著称的巴洛克风格趋于鼎盛，哪怕是现在走在凡尔赛宫镜厅的红毯上，也会胆战心惊、脚底不稳，当年给谒见者的威慑力恐怕更厉害十倍。《权力的游戏》中那张铁王座由战败敌人的数千只剑打造，它反复出现，惹人垂涎。这都是繁复代表权力的典型例子。近代社会的等级不再如此森严，信仰"人生而平等"。这意味着物作为权力符号的价值逐渐消弭，椅子不再有"宝座"之意，只需要单纯地满足"坐"这个基本需求，复杂象征权力的时代无论怎样，都走到了尽头。顺应这一潮流，人们开始率真地重新衡量设计与功能之间的关系，朴素生活的探索也逐渐成为设计者和使用者都在追求的理念。

但这是世界范围内的去繁就简运动，日本文化中的核心审美意识——"素简"的产生，却要早上将近100年，彼时还仍然是繁复称霸全球的时代，素的审美谱系自然是罕见的。原研哉在《欲望的教育》一书中，提到一个细节，说年长的京都人，提起"早前的战争"时，通常是指"应仁之乱"，因为第二次世界大战的战火并未蔓延至此。

开启了日本战国时代的应仁之乱，发生在15世纪的室町幕府时代，比千利休活跃的安土桃山时代要早100年。文献中记载，时任第八代最高统治者足利义政，荒于治国，"不爱江山爱艺术"，权力旁落，引发了这一场权力争夺之战。京都也因此大半化为焦土，著名的相国寺等古建筑都惨遭破坏，贵族宅邸也被洗劫一空，那些代表贵族与权力的物品当然也随之毁坏，以致城市空了大半。战争结束后，足利义政让位于子，但仍旧对艺术痴迷，于是他在东山修建了隐居所"东山御殿"。

现在叫作"慈照寺"的这处居所，与战前的风景大异其趣，它呈现出来的，是足利义政对朴素简洁的美的理解，这大概是战争带给他的思考，与先前的审美观出现了极为对立的变化，历史学者称他"仿佛抓住了某种全新的感知力"。

足利义政的书斋位于东求堂，叫作"同仁斋"，是一处仅有四叠半大小的居室，仅以拉门隔离户外，书桌就置于拉门前，抬头就可将庭院景致收入眼底。绚丽和华美也曾在日本兴盛一时，例如受中国唐朝风尚的影响就颇为深刻。不过从足利义政晚期开始，日本就孕育出这样一种对抗华丽的素雅美的意识，及至安土桃山时代，这种审美意识日趋成熟，随着插花和茶道大师们的影响，日本人对"素"的敏感几由天生，日常生活中也随处体现这样的美学观念。

日本普通住宅，由拉门、日式屏风和榻榻米三个基本要素构成，踏入之前需要脱下鞋子，客厅整洁有序，通常会有壁龛，上方悬挂画轴，也会插着当季的花。而千利休以后的草庵风格茶室，其极端状态就是狭小的"一叠台目"。

本色和自然之美

素与简的具体表现，就是日本人偏好物的本色之美，并且常对自然抱有亲切感。加藤周一在《日本艺术的心与形》中总结日本美的特征，其中就有"尊重自然"，偏爱本色的审美意识，从源流上讲，就是日本人对自然怀有的亲切之情。

日本是一个南北向的狭长国家，寒暖同时，木材的种类对面积这么小的国家而言，算得丰富，而日本人对木材的嗜好也从至今享受手工艺的传统上可以得见。桐、杉、松、樱属于相对柔软的木材，而坚硬的则有榉、栗、橡，黄色的桑，青色的黑柿，有斑点的枫，直木纹的柏，许多日本人能对手里的木头说出个一二三来。

日本人与植物亲缘深厚，他们常以树和花为家徽，酒常冠以植物的名字，一位演员被称为"花形演员"则意味着他已成名。古典作品中，作家格外偏爱描绘自然。《万叶集》自不必说，《枕草子》也因为清少纳言朴素地记录她眼中的自然而受到日本人喜爱。

川端康成在诺贝尔文学奖获奖感言中，向世界传达了日本对自然的感情。他提到日本美术史家矢代幸雄，曾把日本美术的特色用"雪月花时最怀友"表达出来，"雪月花"代表着四季之美，在日本，这是包含着山川万物和宇宙的一切，也代表着日本传统美的意象。

茶道当中，茶室建筑作为其艺术要素，也追求"外甬道有郊野之趣，内甬道有山麓之趣"。外虽有拉门与自然阻隔，但茶室是相当狭小的四叠半空间，直接坐落在自然之中，千利休对茶室的特别留意之处是，以雪月之色涂抹墙壁，以岸阴山之弱光线设计窗户，更是直接将自然引入茶室了。

插花大师川濑敏郎，自幼师从最古老的"池坊"花道，用古老、质朴、布满历史痕迹的器皿当作花器，而且花束本身，也依据时节，去往山野里找寻最当令的花叶。他的插花习惯是先定器皿，断竹、朽木、被人视为破烂的铁板、水管等，几乎任何物品都可被他用来插花，再选相照应的花材和花器，谁主谁次已经很难分辨，两者都呈现出的自然和本色状态却是一脉相承的。他著名的作品《一日一花》始于2011年东日本大地震后，灾区废墟的早春也草木萌生，荒野和生命的对比给了川濑以灵感，他开始每日创作一个作品，并在网上连载，一共进行了整整一年的时间，特别受到日本人的喜爱。

西方花艺有它的华丽与娇艳之美，对比之下，日本的花道但求野趣，自然简朴，呈现生命最本色的美。后者提倡的"待花如待人"，用待人的爱惜之心对待花，这种待人之心，也是日本花道从来不只是简单插花的缘

素·静

插花大师川濑敏郎的作品《一日一花》

由，它往往和人的道德品性联系在一起。

日式家居当中，木头保持原色，器皿雕刻后仍维持本来的形貌，它们经由人手踏实而仔细地制造出来，其中材料的本色之美保留得十分完整。日本民艺的特点在于，它并非观赏性的工艺品，而是日常生活所需用具，其作者也是无名的工匠。日本民艺运动发起人柳宗悦在他的《民艺四十年》中，将民艺提炼为"普通民人日常所需的器具，也可称为民器"，因而本色之美，委实是渗透在日本人的日常生活中的。在这个基础之上，当使用这些不论是陶器还是漆器的器皿时，会由衷地令人对它们所处的环境产生相应的要求，会希望那只漆木碗或陶瓷小钵，是置于一张收拾齐整的桌子之上，而桌子，则要处在简朴的厅堂之下，这时候再放眼四周，就更容易欣赏到墙上的漆画、榻榻米的纹路，以及拉门之外满院的风光。从这个角度来看，日式器皿的本色与素简，其本质并不在于如何显示器皿自身的魅力，而是由此及彼，复原一种能够感知它们魅力的生活。

本色之美里面，还有对现代主义的抵抗之情。在中国有颇多作品的建筑大师隈研吾，有一句著名的话叫"让建筑消失"。无论是长城脚下竹制的公社竹屋，还是瓦制的中国美院民艺博物馆，都崇尚将建筑化解在自然中，并且主张就地取材，让建筑设计不去关注体块造型，而是重拾材料和人感官的联系。他在《负建筑》中写道："我们的欲望让我们把建筑从周围环境中分割出来，我们忘记了建筑的本意是让我们容身，让我们居住得更舒服，而一味地将建筑当成'物'，在其身上画满了各种符号，直至将我们自身淹没。"

《阴翳礼赞》中，谷崎润一郎喋喋不休地讲述过往器具的恩惠，并设想："假设我们有独立的物理学、化学，我们也就能独立完成以此为基础的另一种发展，日常使用的各种机器、药品和工艺品等，就会更加适合我们的国民性。"日本人对本国文化的自珍态度，也是追崇本色的美学传统。

本色之上，旧物更佳。日本茶道追求"寂"（さび）色，屋顶是茅草的黄灰，墙壁是泥巴的黄灰，房梁是木的原色，但这个字还是很难用词语准确地描绘出来，日本美学大师大西克礼就"寂"写了一整本《风雅论——"寂"的研究》，来论述何为寂。若寻找一些与之接近的词，则有"古色""水墨色""烟熏色""复古色"，总之是一些陈旧的颜色。感觉上，寂色的器物大概还有"磨损""朴素"的特点。

"寂"和日式幽默

世人常把"寂"和"侘"放在一起，后面一词是茶道专用。侘道的茶师，又崇尚淡泊朴素。茶道之宗千利休的一则流传甚广的故事，常被用作诠释何为"侘寂"：牵牛花开了满园，千利休剪下一枝，然后叫徒弟把园子里的牵牛花都剪了，"舍去满园芬芳，只留一枝独秀"。日本茶道论侘的风姿，常认为一箪食、一瓢饮，自然而然就是"侘"了。茶道界另流传一个叫善次的人，更夸张，他一天到晚以饮茶为乐，到头来身无长物，只剩下一只生了锈的小铁锅。可谓素简至极。

"俳谐"（はいかい）一词源自汉语，说的是谐谑取笑的言辞，通常是指俳谐连歌这样的文体。其中最著名的创作者就是松尾芭蕉。

被称为"蕉门第一俳论家"的各务支考曾说"所谓俳谐的风骨在于'寂'与'可笑'"，这里面所包含的幽默感，与西方的黑色幽默区别很大，后者喜欢变相讽刺，追求转一两个弯达到的智慧效果，可是日本人更喜欢直截了当的滑稽，尤其是"一本正经地装疯卖傻"。这种一本正经地玩世不恭的本事，在现代社会中的体现，就有电视节目《世界奇妙物语》的经久不衰，以及《搞笑漫画日和》的广泛传播。

虽然日本人总给人以"不苟言笑"的印象，这是他们为人谨慎克制的一部分，但是日本人并不缺乏幽默感。在我们的认知当中，"日式"后面很难加上"幽默"二字，然而他们的"滑稽美学"却是美学当中极为重要的一部分。对于将俳句推向顶峰的芭蕉翁和他的门人而言，"风雅"几乎就是"俳谐"的同义词。

大西克礼在《风雅论》中摘录了《荫凉轩日录》里的一则逸事。说的是细川氏的家臣中有一个叫作麻的男人，他被没收了领地，但奇怪的是，这人并没有因此而苦恼，而是甘守清贫，终日以吃一种叫"思给纳"的食物为生。亲戚朋友们就笑话麻，他也不以为耻，作了首俳歌，这样唱道：我仍"侘"之家，全靠"思给纳"，春夏秋冬不怕啥。结果主人听闻后，竟然很感动，又把领地还给了他。

所谓"思给纳"，是一种野草的名字，也有"过日子"的意思，甚至，还沾着"风雅"的边儿。这则故事中的反讽意味在于，明明日子过得很消极，却在消极中寻找积极，其中就有了"风雅"，否则，主人为何会感动呢？

芭蕉本人几乎一生都在游历中度过，他的作品鲜有豪壮主题，多写"秋风啊，掠过莽丛、旱田、不破关"这样的俳句，优哉游哉，很有一股子落魄侠士的味道。

大西克礼说审美意义上的幽默，"包含着对人生与世界的一切事物的局限、缺陷、矛盾和丑恶的一种消极的谛观"。而"寂"的语义当中，拥有诸多消极因素，比如"孤寂、粗野、残缺"，麻的故事听上去喜剧意味十足，甚至让人觉得可笑。这么一个凡事不理、粗野不堪的人，竟也冠上了"洒脱自在"这样的好名声，想起来也大大不合理。这不由让人想到北野武在《菊次郎的夏天》中塑造的中年男人形象。菊次郎整日无所事事，行为处事也一派流氓习气，被派去带领小男孩走上寻找母亲之途，他也不以为意，把盘缠赌了干净就上路，一路上坑蒙拐骗，不是砸人家的车玻璃，就是在庙会上占人家的小便宜。可是这样一个人，居然成了另几个游手好闲者的领袖，大家对他言听计从，任他摆布，想起来同样大大地不合理。可是他帮助小男孩完成心愿的意图，又显得十分合理了。总之也是一个十分好笑的人物。

　　菊次郎与小男孩为了搭便车，在一个简陋破败的公交车站等了两天两夜，很是符合"寂"所含的"寂寥"之意，不过菊次郎是不甘寂寞的，干了好些偷人食物、扎破汽车轮胎这样的坏事。松尾芭蕉作过一首《过冬》，其中写道"倚靠在这房柱上，度过了一冬天啊"，被认为是"真人气象，实乃乾坤之寂声"，听着总有微妙的可笑。支考曾说"心知世情之变，耳听笑玩之言，可谓俳谐自在人也"，两者之间的气韵，不免给人以相通的意味。（文：驳静）

静谧的日本

夏夜的日本庭院，光和影透过树木的缝隙射在寂静的地面上。偶尔一阵风，吹得廊檐下风铃响起很轻的声响。正是这一刹那的铜铃声，反而衬托出夏日晚间，一种最极致的安静来。这就是松尾芭蕉风格的"有声比无声更静寂"。

"静"，是日本文化中一种并不难体会到的感觉。无论是川端康成《阵雨中的车站》中无声细腻的女子心理描写，还是《雪国》开头那种纯白无迹，甚或是夏目漱石的《我是猫》那种几乎能让人想象到猫爪无声地在街道上行走的状态，再及日式设计中素白低调的审美取向，抑或日本单色电影中无声的隐忍，这个国家由表及里呈现出一股子静气。

美学家大西礼克认为，在幽玄中，与微暗的意味相伴随的，是寂静的意味。在这种意味中有相应的审美感情，如鸭长明所说，面对着无声、无色的秋天夕暮，会有一种不由自主的泫然泪下之感。这种"寂静的意味"，总使我想起小津安二郎的电影《东京物语》。这部影片用一种白描的手法，平实记录了父母对子女浓烈、不求回报的爱以及子女对父母的凉薄和自私。面对这一沉重的主题，小津安二郎却用一种"静"的方式处理。他在电影里体现的"静"，是一种静谧的隐忍——"静隐"。而在影片大段的"静隐"铺排之下，是潮水般的暗涌。这或许是日本文化中"静"所蕴含的巨大力量：在表面的静之下，是更多层的积攒、更深层的爆发。

日本电影《雨月物语》剧照

　　日本电影大师沟口健二的作品《雨月物语》中，"静"是通过男主角十郎和妻子的对比体现的。陶瓷匠源十郎的妻子宫木持家稳重、善良隐忍，可他却被女鬼迷惑，厮混日久。之后，鬼迷心窍的十郎回到家中，发现宫木在如豆的油灯下缝补衣物，沉静的画面缓缓拉升，像是灵魂隐隐的倾诉。这时，宫木的"静"在十郎"动"的映衬下，显得格外凄婉动人，但同时，又有一种悲凉的告别意味。果然，第二天醒来，十郎才发现宫木早已离世。昨夜的温和安静，不过是宫木的灵魂在做最后的告别。

　　日剧《面包和汤和猫咪好天气》，全面呈现出一个女人"静"色调的故事。女主角亚纪子（小林聪美饰）是一个出版社编辑，某一日，她突然接到母亲去世的噩耗，而她自己也遭遇了婚姻的失败。与其他电视剧刻画失婚女人哭天抢地的悲号不同，《面包和汤和猫咪好天气》则用一种平静的方式处理。亚纪子没有懦弱，迎面接受了生活中的挫折。她辞去出版社的职务，将母亲留下来的"食堂"（日本民间小饭馆）按自己喜欢的风格装修成全木制的清新样式，并做起了自己热爱并擅长的食物——三明治和汤。

这一部平淡精美的日剧，其中的"静"，不仅表现在故事的情节——几乎没什么惊涛骇浪的跌宕起伏，还体现在其间呈现出的隐忍、坚强、不浮躁的价值观。剧中有一集，女主角找到了自己失散多年的弟弟，他在一座庙里当和尚。得知消息后她并没有前去相认，而是一有空就去弟弟寺庙里的廊檐下坐一会儿，有时会有一只猫跑过来，伏在她的膝盖上。

《日本风雅》这本书中，说古典文艺美学范畴的"寂"是飘落中的叶子，它有三个层面的意义："寂"之声、"寂"之色、"寂"之心。那么，《面包和汤和猫咪好天气》，无论是在声（少量的台词和不高的声调）、色（清淡的颜色和简约的构图）、心（女主角波澜不惊的心态），都完整印证了"寂"的意味。这也代表了日剧一种独特的风格。同样风格的，还有《深夜食堂》《海鸥食堂》《四重奏》《鸭川食堂》《只有吉祥寺是想住的街道吗？》……

"寂"的三个层面的含义，"寂之声"很好理解，即听觉上的寂静、安静。那么，"寂之色"是什么意思呢？据大西克礼在《日本风雅》中的论述，寂色与"陈旧的颜色"在视觉上相近，但它并不是一种否定意义上的视觉评价，"寂色"是一种完整意义上的肯定评价，它是一种具有审美价值的"陈旧之色"。水墨色、烟熏色、复古色，都可称之为寂色。

《伊豆的舞女》开头，作为青年学生的"我"在阵雨中向天城山上艰难地前行，望着"深邃幽谷的秋色"，便很显然是寂色的体现。随后，当"我"望着"群山的形象分不出远近，都染成一片白，前面的小河眼见得混浊了，变成黄色，发出很响的声音"。这些寂色又衬托出"我"没有结识舞女前的烦闷。

日本设计师冈尾美代子所著的《没有动力的时候，一个人发发呆也好》，用拍照和随笔的方式，展示了诸多日本日常生活中的寂色。她对于"毛毛"的迷恋，买的"红茶色大尺寸毛毯""紫罗兰色的套头毛衣""浅灰色毛拖鞋"，从质感本身展现出自身具有独特品位的"寂"；书中展示的桃子酱、核桃酱、蔓越莓酱，让人看到了她吃食上的"寂"。而"下雨天想喝咖啡"，则是一种"寂心"了。

"寂心"是一种抽象的精神姿态，是深层的心理学上的含义。松尾芭蕉在《嵯峨日记》中说："没有比离群索居更有趣的事情了。"村上春树的偶像约翰·欧文写了一本《独居的一年》。这些作品均表现出"寂心"美学。这种"寂"的生活，并非是要做一个苦行僧，而是为了更好地感知生命中的美与快乐。大西克礼总结道，"寂"是要淡乎寡味，在无味中体味有味。村上春树在《没有色彩的多崎作和他的巡礼之年》中叙述了一种深山温泉的禅意和梦境，其实是一种很典型的"寂"的意味，正因为极度放空，生命的真相才格外分明。"80后"女作家青山七惠的《村崎太太的巴黎》记述了一个写字楼里普通但又奇异的清洁女工的故事。总穿奶油色工作服的村崎太太，染着一头紫色的头发。她长相非常平庸，但总喜欢说自己年轻时的美丽；她做着低微的工作，却总跟旅行社工作的"我"说自己有朝一日要去巴黎。最终，村崎太太在几个男子的追逐下突然消失在那座大楼，从此以后再没出现。而当"我"重新坐在楼顶上她一贯喜欢打坐的地方时，发现远处那个黑色的小电视塔，果然有点像埃菲尔铁塔。文章似乎在暗示，村崎太太对于巴黎的渴望，并非为了虚荣和面子，而是真诚的。小说中那种日本写字楼寂静清冷的色调，人与人之间的冷淡和疏离，以及最终结局的隐晦深刻，凸显出非常浓烈的"寂"意味美学。

就像《日本风雅》中阐释的，"寂"本身是一种超然的审美境界，能够超越它原本寂寞无聊的消极心态，把"寂寥"化为一种审美。摆脱世事纷扰、物质、人情与名利等社会束缚，达到一种超然自我的状态，从而获得一种灵魂上的洒脱和自由。江国香织的《寂寞东京塔》，叙述了一个中年女性和朋友的儿子相恋的故事。小说从男孩的视角叙述这一不伦恋，可是不知为什么，读起来并不让人厌恶和恶心。这和小说沉静冷冽的文笔以及慢节奏的"状况式"写法脱不开干系。书中有诸多寂色调的天气、环境的描述："狭小昏暗的店铺""啤酒冰得很好""黄瓜和海蜇的甜味""风从敞开的大门吹进来"……无意中营造了作品"高冷"的氛围，这一切使得肉欲被放在了一个高置的、精美的地位，少了一丝鄙俗，多了一丝甜美的气质。

不变

"静"除安静、寂静、幽静，还表现为日本人的一种"不变"的情结。生鱼片一定要放在桧木上切片，牛排一定要放在不锈钢板上切斩，洋风建筑物和家具一定要用阔叶树的木材，传统和风建筑与家具一定要用针叶树，冬天时家里一周一定要吃一次"锅物"（火锅），从泡菜坛子取泡菜时不得用"直筷"（自己的筷子），一定要用"菜筷"或"公筷"……很多规矩都是自古以来就这么传下来的，直至现在的日本社会一直沿用。

《孤独的美食家》中有一集——我认为是此系列中最有文化内涵的一集：五郎去米乡新潟，坐在米乡的一间小饭堂里，吃着全日本最好的大米产地的米，他内心那种对于传统的坚守和自豪，是突破表面的饱腹感的更深层的东西。最后一幕，当他站在广阔的水稻田里吃下一个纯粹的没有任何装饰的饭团时，是把日本这种"不变"的精神升华了。

提到日本对传统的坚守，很多人一下就想到京都。人们对于京都的第一印象，似乎都是一座古都。外国人去游览之前，总也预先想象着它是一座如何古老的城市，女子穿和服在这座城市里是多么熨帖。日本本国人也有此印象。鹭田清一在《京都人生》中说，日本学生经常组织的修学旅行，也常因为京都是"历史城市"而将其作为目的地。但是，他却认为"把京都作为古都"的这一观点是错误的。

作为一个京都人，他说"像京都居民这么缺乏历史意识的可谓罕见"。在他眼里，京都的坚守在于"京都人混淆了回忆和梦"。外地人看上去的所谓"历史感"，其实正是京都人日常生活的现实，"分不清什么是希望、什么是过去的痕迹"。这从某种程度上来说，也是一种"静"。正因为大部分地区的外观没有变化，才禁锢了历史意识的觉醒，使京都人真正"活"在传统之中。

京都的"静"还体现在一种"引人陶醉的无政府性"，这也是京都风雅的核心。哲学专业出身的鹫田清一，在这本书中不仅介绍了非常具体的京都风貌，也有一些很抽象的哲学概念阐释。他在此书中论述了一种京都的"社区意识"，具体解释了这种意识的核心究竟是什么。"社区意识"，指各自身体的空间、视线在日常悠然交错过程中所产生的一种意识。共度冷暖、风雪乃至灾害，牵挂着彼此的辛苦，"是人们之间过剩的阻隔"。这么多年来，京都正是靠着这种团结紧凑的"社区意识"，使得这个古城在很多层面保持了它的传统，在这个高速发展的社会，这种坚守更是难得。

同样在坚守的还有日本的拉面文化。在日剧《爱吃拉面的小泉同学》中，我们得以看见日本人对拉面的敬重。小泉是班里新来的漂亮转校生。崇拜美女的同班同学大泽悠发现小泉同学很是神秘，一放学就急匆匆赶往

日剧《爱吃拉面的小泉同学》剧照

某个地方。一次，大泽悠在拉面店门前全是男性的等位队伍中，发现了鹤立鸡群的小泉，从此揭开了小泉同学神秘的拉面之旅。在这部电视剧中，小泉对各拉面店的历史、做法、吃法、排队等待时的习惯，如数家珍，并且在电视剧中，间接呈现了日本拉面爱好者自发维护拉面文化的集体氛围。这部剧不仅可以让人记下很多赴日旅游必去的拉面店，也从另一个角度看到了日本对拉面传统的坚守和保护。（文：悦涵）

观与感：对日本之美的反思

求真之外，才是求美。日本的动人之处，并不在于一个特定的建筑物，一处极雄壮或婀娜的景色，即使去过再多次的旅人，也很少讲述自己在日本具体去过哪里，又看到了什么。大多数人描绘的往往是一个自己亲身体验的场景，比如一个深夜餐厅里服务人员的笑容，一个大雨中清扫僧人的专注，一个繁忙车站检票员的耐心，一只沿街散步的猫，一列悄声缓缓开过居民区的火车。

我曾经着重写过日本美学当中的"观"。日本启动的是我们的"观"与"感"。像我们这样短期旅行的人，或许比常年旅居的人更能捕捉到日本用心良苦表现出来的美。到一个或大或小的车站信息处，从任何一条线路进入，脑海中都会冒出一些形容词，比如气韵、儒雅、风流、明艳，有一种强烈的生命的律动和节奏，这种节奏不仅来自对自然的描摹，也来自内心的感受。"神光离合，乍阴乍阳。"

俯仰观照，中国人审美一直是从远往近看的。在我们本身具有的精神意境中，既有超脱洒落的立场，也有对当下的抚爱和关切。而这些看起来难以满足的需求，在日本却得到了非常巧妙的应对。曾以为日本的"唐样"对于国人来说最为亲近，容易解读，神道教最陌生不好参明，但遇到"万物有灵"的神道教仪式，没有道德伦理束缚的妖怪传说，有精确含义的古老纹样符号，却也觉得与《楚辞》里，尚在山泽原野中的人，对天地、星云、鸟兽神魔般的生命与力量的表达一般，反而觉得能放下知识的包袱，对那生命的跃动如有共感。

这使日本的时空，在我们的眼中，具有一种别样的风貌。山川海岸、寺院神社，这些具体的所在，映照的却是中国人古典诗画中的时空意识，成了意境中的山水。

我曾经写过在日本山阴道上的山中温泉小路上慢行，美而灵动，一时想不到贴切的形容词，只觉得恍若《兰亭集序》的字掉落眼前。回来细读才想起，"兰亭"确在山阴附近，只不过"山阴道上行，如在镜中游"所写的是绍兴山阴。情景先出现，语言才降临。在日本常常感到现代语言的滞涩，需要调动脑海中的王羲之、屈原、曹植、孔子、白居易、王维来描述这种美。不用去回忆老庄，但凡对中国山水画的线条有些简单印象，或是对着"长笛一声人倚楼"的诗句发出过遐思，在日本就会对美产生强烈的感受。

日本，在一些审美层面，构成的是我们和时间之间的空间。不得不承认的是日本对中国文化真正的吸取，我们经常能在日本发现中国文化的博大精深，绝大多数时候并不是来自物质，而是中国传统中的精神力量、文明成果。日本人对王羲之推崇备至，日本近年几次书法大展成为世界级文化事件，其原因就是日本人对晋人极度个人主义价值的发现，使得王羲之的书法成为个性主义的代表艺术。"向外发现了自然，向内发现了自己的深情。"这正是日本人热爱王羲之的原因。

约十年前我去日本旅行，"美学"这两个字还没有被滥用。当形式上的东西越来越被喜爱和模仿，日本美学在很多传播语境里变成了一种看起来固定的模式。这十年当中，大量的日本杂志、生活方式书籍翻译极多，成为一类非常方便好用的工具书门类。对于日本的审美更多地偏向到了实用。而形而上的层面，讨论起来有难度的议题被略过了。

日本自古以来就有"表""里"这样的结构性命题，导致其在经济腾飞结束后的时代里，长时间进入自我寻找、自我确认的过程。深入京都这个世界上最迷人的城市，很快就会发现，修建人工水渠，建立私立大学和公立大学，成立各种有严格行规的行业协会，远远比今天游客看到的风景更能解释京都为何能在世界级古城中独具魅力。

只谈论美，或只谈论美的形式，对生活的感受就难免失真。从现代化的角度来看，日本早就完成了城市化进程，普通日本人的生活体现的也是高效率、高标准的现代思维，同时出现了典型的城市病。每次去日本旅行，我的关注点都不在经济、政治和社会层面上，尽管这些年，在城市人、家庭关系这些话题上，中日两国有越来越多现实层面的趋同，日本电影、电视剧、推理小说对于现实问题都毫不避讳地抽丝剥茧，也同样影响着这一代读者观众，越是真实，越触动人心。

我们喜欢用日本的"治愈"概念，却很少考虑，为什么我们本身难以直接被治愈？甚至连想被治愈都不好意思说出来呢？在对日本国民性的概括中，很多文化研究都指向了一个字："感"。如果把"感"分为两极，无感和敏感看起来是矛盾的，却又相辅相成、不可分割。这也成为现代社会，越来越多的心理问题的根源。

在"感"上做文章的日本人，无感和敏感都在不断地拓展其词语的内涵和外延。我在写《守破离》一书中曾提及匠人的概念，它是高度的身心合一。而现在的很多企业强调匠人精神，却只注重了"工具性"，刻意忽略了另一面相辅相成的人的敏感。去掉人性的"感"，就是匠人吗？正是因为日本处处把"感"做到了极致，才如此吸引我们。本心如果没有被认真对待，再多的外在形式雷同也是无用。

从实体中解脱出来，返求于自己的内心世界。我不断地前往日本，并非去填补好奇，追求真理，而恰恰在于希望向王羲之学习，向外发现自然，向内发现深情。"群籁虽参差，适我无非新。"

葛维樱

延伸阅读

美学

叶渭渠、唐月梅:《物哀与幽玄:日本人的美意识》,广西师范大学出版社,
　　　　2002年。

〔日〕加藤周一:《日本文化中的时间与空间》,南京大学出版社,2010年。

　　　　　　《日本艺术的心与形》,外语教学与研究出版社,2013年。

〔日〕能势朝次、大西克礼:《日本幽玄》,吉林出版集团有限责任公司,2011年。

〔日〕大西克礼:《日本风雅》,吉林出版集团有限责任公司,2012年。

　　　　　　《幽玄·物哀·寂:日本美学三大关键词研究》,上海译文出版社,
　　　　　　2017年。

〔日〕黑川雅之:《日本的八个审美意识》,河北美术出版社,2014年。

　　　　　　《依存与自立》,河北美术出版社,2014年。

〔美〕李欧纳·科仁:《Wabi-Sabi侘寂之美:写给产品经理、设计者、生活家的
　　　　　　简约美学基础》,中国友谊出版公司,2013年。

　　　　　　《重返Wabi-Sabi:给日式生活爱好者的美学思考》,行人文
　　　　　　化实验室,2015年。

方太初:《浮世物哀:时尚与多向度身体》,新锐文创,2016年。

文化

〔日〕铃木大拙:《禅与日本文化》,译林出版社,2014年。

姜建强:《另类日本文化史》,上海交通大学出版社,2014年。

〔美〕鲁恩·本尼迪克特:《菊与刀》,译林出版社,2015年。

设计

〔日〕原研哉:《设计中的设计》,山东人民出版社,2006年。

　　　　　　《白》,广西师范大学出版社,2012年。

〔日〕田中一光:《设计的觉醒》,广西师范大学出版社,2009年。

建筑

〔日〕田中真澄:《小津安二郎周游》,广西师范大学出版社,2009年。

〔日〕安藤忠雄:《追寻光与影的原点》,新星出版社,2014年。

文学

〔日〕紫式部:《源氏物语》,陕西师范大学出版社,2008年。

〔日〕三岛由纪夫:《潮骚》,上海译文出版社,2009年。

〔日〕谷崎润一郎:《阴翳礼赞》,上海译文出版社,2010年。

〔日〕鹫田清一:《京都人生》,清华大学出版社,2015年。

图书在版编目（CIP）数据

物哀之美：日本风物记 / 葛维樱等著. —成都：天地出版社，2021.8（2022.3重印）

ISBN 978-7-5455-6382-5

Ⅰ.①物… Ⅱ.①葛… ②吴… Ⅲ.①文化史—日本—文集 Ⅳ.①K313.03-53

中国版本图书馆CIP数据核字（2021）第081928号

WUAI ZHI MEI : RIBEN FENGWU JI

物哀之美：日本风物记

出 品 人	陈小雨　杨　政
作　　者	葛维樱　吴丽玮　等
责任编辑	魏姗姗　沈梦原
装帧设计	尚燕平
责任印制	董建臣

出版发行　天地出版社
　　　　　　（成都市槐树街2号　邮政编码：610014）
　　　　　　（北京市方庄芳群园3区3号　邮政编码：100078）
网　　址　http://www.tiandiph.com
电子邮箱　tianditg@163.com
经　　销　新华文轩出版传媒股份有限公司

印　　刷	天津融正印刷有限公司
版　　次	2021年8月第1版
印　　次	2022年3月第2次印刷
开　　本	880mm×1230mm　1/32
印　　张	10.25
字　　数	241千字
定　　价	68.00元
书　　号	ISBN 978-7-5455-6382-5

从声音列文字，分黄人类画谱